台頭する中国の草の根NGO

――市民社会への道を探る

李 妍焱 編著

恒星社厚生閣

まえがき

　中国に関するおびただしい量の書籍が毎日のように出版されているなか，中国の市民社会を話題にした書物は，残念ながらまだ1冊も見あたらない．未熟ながらも，編者として中国における市民社会の可能性を探るための手がかりとなる本を企画した．

　この本の構想は2年以上も前に遡る．小泉政権下の当時は，日中国交回復後，両国の関係が最も冷え込む時期でもあった．政治的，外交的な関係性の悪化に影響され，マス・メディアの過剰な報道に浸食され，一般庶民の間で相互嫌悪の感情がかつてないほど高ぶった．2005年，日本の国連安保理常任理事国入りに反対する署名運動に端を発した反日デモが中国で起こり，それを日本のメディアが異常なほどの過熱ぶりで報道し，日本人の反中感情を増幅させた．日本リサーチセンターによる「日中関係に関する国際比較世論調査」によれば，2005年の時点で「日本に親しみを感じない」中国人は71.1％，「中国に親しみを感じない」日本人も59.6％に達しており，2002年度の共同通信社の調査結果に比べると，中国では約5％，日本では約14％の上昇となった[1]．安倍政権下では，首脳の相互訪問により両国の関係が多少回復したようには見えたものの，中国製品の安全性が疑われる事件が多発するなか，日常生活の中で見られる中国不信や中国嫌いの傾向が依然として強く，前記の日本リサーチセンターによる2007年の日中関係に関する調査でも，数％の改善が見られたものの，大きな変化には至っていないことが示されている．

　両国の関係改善はいうまでもなく双方にとって利益となる．しかし，利益のための関係改善，そして政治家や経済動向に左右される関係改善は，果たして望ましい方向性だといえるのであろうか．問題は関係の悪化もしくは改善そのものにあるのではない．一般の日本人は隣国の人々について，あまりにも無知であり，隣国の人々とどのような関係を築いていきたいのか，真剣に考えたことがあまりにも少なく，そして考えたとしても，選択できる余地があまりにも

---

[1] http://www.nrc.co.jp/report/pdf/070807.pdf参照．

狭い．問題の所在はここにあると私は思う．国益優先の関係改善は，両国の関係構築に実質的な変化をもたらすことは考えにくい．今求められているのは，何よりも隣国の人々を生身の人間として知ること，生身の人間としてつきあっていくことではないだろうか．

　生身の人間としてのつきあい方の1つに，消費文化の交流と普及によるつきあいが挙げられる．電化製品などの生活用品から，漫画やアニメ，テレビドラマや音楽，ファッションなどの文化製品に至るまで，日本の消費文化はいまや中国大陸に大量になだれ込んでいる．むろんそれ以上に，中国からの輸入品なしでは，日本人の日常生活はもはや成り立たない．しかし，消費から生まれるものは，さらなる消費のためのつきあいでしかない．社会にとって有益な，生産的なつきあいは生まれにくい．

　本書が市民社会に注目したのはそのためである．消費文化ではなく，社会の問題に目を向け，より豊かな価値観と生活様式を実践する市民たちの相互理解と交流の分野に，私は「生身の人間としてのつきあい」の，もう1つのあり方を見つけていきたい．すなわち，「市民文化」の交流と共有および相互理解である．本書はとりわけ中国の草の根NGOに注目し，中国から見いだされる市民社会のロジックとそれを可能にする諸要素を明らかにしていきたい．それは中国における市民社会の可能性を検討するための考察であると同時に，特定の1つの方向性に議論のすべてを導いていくのではなく，ダイナミックな社会変動をありのままの姿で描き出すための試みでもある．

　本書は3部構成となっている．第1部は，現状の紹介と概念理解，歴史的背景を探ったうえで，本書の理論的枠組みを示す．第2部は，草の根NGOの存続と市民社会のロジックを内部から支える諸要素について論じる．具体的には，人的資源として知識分子と社会中間層の問題を第4章で取り上げ，資金源の問題を第5章で取り上げ，社会的資源としてNGOのメディア戦略を第6章で論じる．第7章は社会関係資本の視点から人的ネットワークの可能性を考察し，第8章は，活動空間の可能性の視点から「社区」に注目する．第3部は，草の根NGOと外部環境との関係に目を向け，海外のNGOとの関係，政府との関係，企業との関係をそれぞれ第9章，第10章，第11章で取り上げる．

　本書は，駒澤大学2007年度特別出版助成金の助成を得て，また，恒星社厚生

閣の片岡一成様の真摯なるご理解とご協力を得て出版される運びとなった．ここで深く御礼申し上げたい．また，若年者で未熟な編者を最後まで支えてくださった執筆者の皆様にも御礼を申し上げたい．本書によって中国を知る新たな窓が開けられることを期待したい．

編者　李妍焱（Li Yanyan）

目　　次

まえがき……………………………………………………………………… iii

第1部　中国における草の根NGOの現状とそれを見る視点 ……… 1

第1章　中国における草の根NGOの現状 ………………………… 3

第1節　草の根NGOの台頭 ………………………………………… 3
1. NGOの急増（3）　2. 単独活動から提携・協働のネットワーク化へ（6）
3. カリスマ的マネジメントから制度的マネジメントへ（8）

第2節　草の根NGOの定義 …………………………………………10
1. 本書の「草の根NGO」とは（10）　2. 用語と概念の整理（10）

第3節　草の根NGOの位置づけと評価 ……………………………14
1. マス・メディアによる注目（14）　2. 社会一般による認知と評価（16）
3. 中国の草の根はもはや国境を超えている?!（17）　4. 草の根NGOの可能性をどう理解・評価すべきか（18）

第2章　中国における草の根NGO台頭の社会的背景 ……………21

第1節　民間組織の歴史的背景 ……………………………………21

第2節　社会主義中国建国後の社会情勢の変化と民間組織 ……24
1. 社会主義中国建国直後に行なわれた民間組織の改造と改編（24）
2. 文化大革命後における民間組織の台頭（26）

第3節　社会団体の規模と現状の分析 ……………………………28

第3章　草の根NGOと中国の市民社会—既存研究の検討— …………35

第1節　中国国内における既存研究：「市民社会」の理論的枠組みから…37
1. 「市民社会」の研究隆盛の背景（37）　2. 中国における市民社会研究の内容（39）

第2節　海外の研究者による既存研究 ……………………………44
1. 市民社会論による解釈（44）　2.「コーポラティズム」モデル（46）
3.「動的プロセス」分析（47）

第3節　市民社会の論理を支える草の根NGO ……………………50

1. 既存研究が抱える問題点（50）　　2. 市民社会の論理（ロジック）に目を向ける（53）

第2部　草の根NGOを支える内的要因とその戦略 ……………………61
第4章　「知識分子」の役割 ………………………………………………63
第1節　特殊な社会集団—「知識分子」…………………………………63
　　1.「知識分子」≠知識人（63）　　2. 苦難に満ちた知識分子の歴史（65）　　3. 知識分子の現状と公共知識分子という概念の提起（66）
第2節　草の根NGOと知識分子 ……………………………………………70
　　1. 民間シンクタンクや研究機関を創設する知識分子（70）　　2. 草の根NGOを創設する知識分子（72）　　3. 第三部門全体のエンパワーメントを図る知識分子（74）
第3節　公共知識分子から社会中間層へ………………………………75
　　1. 知識分子の社会的信用度と社会的影響力（75）　　2. 中間層の潜在的力（77）
第5章　草の根NGOの資金集め ………………………………………81
第1節　草の根NGOの創設者による寄付 ……………………………82
　　1. 農家女実用技術訓練センター（82）　　2. 太陽村（北京市太陽村特殊児童救助研究センター）（83）
第2節　草の根NGOを支える海外の組織 ……………………………84
　　1. 援助の歴史と変遷（84）　　2. 海外組織の分類（87）　　3. 国際NGO・外国財団による支援の形式（89）　　4. 国際NGO・外国財団による支援の問題点（90）
第3節　社会的起業の試みとその将来性 ……………………………92
第6章　草の根NGOのメディア戦略 …………………………………95
第1節　NGOとメディアとの関係：理論的枠組み ……………………95
　　1. メディアとNGOとの関係に関する既存研究（95）　　2. 両者の関係に関する本章の主張（97）
第2節　草の根NGOのマス・メディア戦略 …………………………100
　　1. 社会的な影響力を拡大させ，社会的なイメージ作りにメディアを活用

戦略（101）　2. 組織の理念を宣伝し，公衆の参加を得るためにメディアを活用する戦略（102）　3. アドボカシー（代弁者）機能を果たすためにメディアを活用する戦略（103）

第3節　草の根NGOのマス・メディア戦略に見られる新たな傾向 … 105

1. マス・メディア戦略の新動向（105）　2. まとめ（108）

第7章　社会関係網から社会関係資本へ …………………………… 111

第1節　草の根NGOと人間関係資源 ……………………………… 111

1. 社会関係網（111）　2. 組織の合法化における社会関係網の働き（113）　3. 資源動員における社会関係網の働き（116）　4. 政府のシステム内部に入り込むための社会関係網（120）

第2節　人間関係資源から社会関係資源へ ……………………… 122

1.「公」と「私」を媒介し，新しい公共性を作り上げる草の根NGO（122）　2. 中国における「公」の二重性と「私」の二重性（124）　3. 新しい公共性の創出に向けての戦略：社会関係網から社会関係資本へ（126）

第8章　社区における草の根NGOの発展空間 ………………… 133

第1節　「社区」政策とその目的 ………………………………… 133

1.「社区」とは（133）　2. 社区に関する政策（134）　3. 昔は「単位」，今は「社区」？（135）　4.「社区」事業の具体的な進め方（138）

第2節　草の根NGOによる社区事業：事例研究 ……………… 142

1.「社区参与行動」の社区戦略：独自の技術とノウハウで突破口を作る（143）　2. 活動空間としての社区（144）　3. 草の根NGOの活動によって生じた社区事業の変化：ケーススタディ（146）

第3節　生活者によるアソシエーション―「小区」に生まれる草の根… 149

1.「小区」と「生活者」（149）　2. 小区から生まれる草の根組織：京華苑の顧問委員会の事例（151）　3. 生活者が作り上げる「自組織」（154）

第3部　草の根NGOとそれを取り巻く外部環境 ……………… 157

第9章　国際NGOと草の根NGO ………………………………… 159

第1節　中国における国際NGOの概況 ………………………… 160

第2節　国際NGOと中国の草の根NGOとの関係 …………… 162

1. 国際NGOが中国の草の根NGOに与え得る影響（162）　2. 事例の紹介（166）　3. 事例の分析（171）　4. まとめ（174）

第10章　草の根NGOと政府
　　　　―中国における民間非営利活動の規制緩和……………177

　第1節　中国における民間非営利組織制度の動向………………178
　　1. 民間非営利組織制度の概要（178）　2. システム転換における民間非営利組織（179）

　第2節　草の根NGOの発展と規制緩和 ……………………………183
　　1. 黙認から価値の利用へ（184）　2. 相互利益と協力（186）　3. ニッチと協働（188）　4. 慈善活動インキュベーター（孵化器）（190）　5.「民間組織に属す」という規制（191）

　第3節　規制緩和の行方……………………………………………194
　　1. 制度の維持と脱却（194）　2.「党建設」は目的かツールか（196）　3. おわりに（197）

第11章　草の根NGOと企業
　　　　―企業によるCSR，そして社会的企業への注目…………201

　第1節　中国における企業の社会責任（CSR）の展開……………201
　　1. 中国における「企業市民」の理念の提唱（201）　2. 企業とNGOとの連携のあり方（203）　3. 中国における「企業市民」が草の根NGOにもたらすもの（206）

　第2節　社会的起業家と社会的企業への注目：GLIの活動を中心に…212
　　1. 社会的起業家および社会的企業の概念（212）　2. 社会的起業家と社会的企業の理念と手法を中国で提唱するGLIの活動（213）

あとがき……………………………………………………………………219

第1部

中国における草の根NGOの現状とそれを見る視点

第1章
中国における草の根NGOの現状

徐宇珊・李妍焱[1]

　中国には，現在いったいどれほどの自発的な草の根NGOが存在するのか，誰も確かな数字を挙げることはできない．「二重管理[2]」の制度的制約により，行政機関に登記していない組織が大量に存在するためである．しかし，各種メディアを通してだけではなく，私たちは日常生活の中でも確実にその台頭ぶりを肌で感じられるようになった．乾燥無味の数字よりも，本章では豊富な事例紹介を通して，密かに変化を遂げている草の根NGOの動きを示し，その現状と特徴を捉えていきたい．

第1節　草の根NGOの台頭

1．NGOの急増

　1990年代より以前，NGOや「民間組織」[3]などの言葉は中国人にとっては馴染みのないものであった．1993年，北京市が初めてオリンピック開催地に立候補した際に，国際オリンピック委員会のあるメンバーが「中国には民間の環境NGOがあるのか」と尋ねたという．この質問に中国の関係者が面食らい，答

---

1) 本章第1，3節は主に徐宇珊，第2節は李妍焱の執筆によるが，邦訳と全体の内容および文章の再構築は李妍焱の責任において行なわれた．
2) 中国では，NGOが法人格を申請するには，組織の日常的な業務や活動に対して責任を負う「主管単位」が要求される．行政機関や半行政的な人民団体などの，「主管単位」となる権限を有する組織だけが認められているため，主管単位が見つからずに登記できない団体も多い．登録管理を担う「民政」部門，業務を管理する「主管単位」による「二重管理」は，NGOが法人格を取得する際の法的障害として挙げられることが多い．
3) 用語については第2節で説明する．

えに困っていたと伝えられている．1994年3月31日，「自然の友」[4]が設立され，国家民政部[5]で登記した初の純民間環境NGOが誕生したのである．その後，環境の分野で草の根の力が伸び始め，1996年前後には「北京地球村」[6]「緑家園（緑のふるさと）」が相ついで設立され，「自然の友」とともに中国の環境NGOのリーダー的存在となった．2001年11月に北京で開かれた「中国・米国環境NGOパートナーシップ・フォーラム」では，中国の環境NGOはすでに2000団体以上に達しており，数百万人の参加を得ていると発表している[7]．環境NGOが活動する地域も北京から他の省，市に広がり，浙江省寧波市象山県という小さな港町で，漁民たちが2000年に中国初の海洋環境保護NGO「青を守る志願者（ボランティア）の会」を設立したことからも，その広がりを見ることができよう[8]．

中国の草の根NGOが環境保護の分野から発足できたのは，この分野がもつ純粋な公益性，政治的敏感度の低さ，そして政府の理念との一致による部分が大きいと思われる．その後，活動空間の拡大に伴い，草の根NGOは環境の分野に留まらず，エイズ，女性，出稼ぎ者などの社会的弱者支援の問題，社区服務（コミュニティ・サービス）の問題など，多くの分野に進出し，全国に名を馳せる組織や個人も続々と登場するようになった．1998年8月，広州市番禺では「番禺出稼ぎ者サービスクラブ」が成立し，農村から来た出稼ぎ者に法律相談のサービスを提供し，文学や職業安全，健康などをテーマとしたセミナーを開催し，権利擁護のためのホットラインも開設した．2002年，北京に出稼ぎにきた青年 孫恒が「出稼ぎ者青年芸術団」を結成し，出稼ぎ者のためのライブ

---

4) 自然の友は1994年に中国文化書院の教授梁从誡が設立した中国初の草の根環境NGOであり，主に環境教育や野生動物・植物の保護プログラムを実施している．
5) 非政府・非企業の領域の組織の登記と管理を行なう行政機関は「民政部門」であり，中央政府レベルには「民政部」，省レベルには「民政庁」，市レベルには「民政局」が設けられている．
6) 地球村は1996年に，哲学の修士号をもち，米国訪問留学の経験の持ち主で，中国社会科学研究院に勤めていた女性研究者廖暁義が設立した環境NGOであり，中国中央電視台（国営中央テレビ）と協働して環境保護を訴える番組を製作し，啓蒙的な書物を出版し，北京市でゴミの分類を実験的に行なう「緑の社区」モデル事業を展開するなど，環境分野では最も影響力のあるNGOとされている．
7) 「中国草の根NGOの困難に満ちた成長」『南方週末』，2002年1月7日第4版より．
8) 汪居揚・曹輝「自由与規制之間－対当代寧波市非営利組織的実証研究（自由と規制の間－現代寧波市非営利組織の実証的研究）」寧波大学学報（人文科学版）第18巻第5号（2005年9月）参照．

を始めた．この芸術団を母体に，出稼ぎ者の子弟を受け入れる小学校，出稼ぎ者に生活用品を安く提供するリサイクルショップ，出稼ぎ者の歴史を記録するための博物館の開設など，複数の事業を同時に行なう「工友之家（出稼ぎ労働者の家）」というNGOが誕生した．2000年，現役の警官張淑琴によって創設された「北京市太陽村特殊児童救助研究センター」では，服役中の犯罪者の子弟を800名以上育て上げ，犯罪に手を染める人は皆無であったという．また，中国大陸では，エイズの分野において，感染者の子供たちの救助，感染者同士の互助，カウンセリング，同性愛者の権利を擁護する専門的な草の根NGOが100社近く活動しているという[9]．「北京愛源情報相談センター」（2004年4月設立），「駐馬店上蔡県文楼村赤いリボン協会」（2002年8月成立），「青島サンシャイン同志プロジェクト」などがその例である．障害者サービスの分野では，「北京星星雨教育研究所」，「北京慧霊知的障害者コミュニティサービス機構」「北京豊台知的障害者リハビリセンター」などの草の根NGOが多様かつ専門的なサービスを展開している．

　2004年，新しい「基金会管理条例」が交付され，非公募型基金会[10]という新たなタイプの草の根基金会がいくつも設立されるようになった．国内初の草の根基金会は，同年に広東香江企業グループCOE翟美卿が5000万元を出資して設立した「香江社会救助基金会」である．その後北京で設立された十数社の非公募型基金会のいずれも草の根基金会である[11]．これらの草の根基金会は，徐々に区域性をもった草の根NGOの支援組織に転換しつつあるように見受けられる．

　このように非政府／非企業の領域に属する多様な組織が中国において，短期間に急速な発展を遂げている．本章第2節で組織の分類と定義について解説す

9）北京にあるNGO「愛知行健康教育研究所」が2005年6月に編集・発行した『中国エイズ組織名簿』による．
10）非公募型基金会とは，社会一般から募金を集めてはならない基金会である．200万元の資金で設立が可能であるため，公開募金が認められる公募型基金会（400万元以上が要求される）より設立のハードルが低い．また，「基金会管理条例」は，民営企業や個人の資産家，海外の個人・財団によって基金を設立することを認めているため，基金会設立に対する規制緩和として捉えられている．
11）これらの組織は資金規模の面から言えば一般的な草の根NGOより遙かに大規模ではあるが，民間の有志が自発的に設立した組織である点と，組織の自治性が高い点から，本書では草の根NGOとして考察する．

るが，法人格を取得した組織と取得していない組織，また，取得した法人格に違いはあるにせよ，中国の行政組織やマス・メディア，そして普通の人々にとって，この領域はもはや「馴染みのない」領域ではないことは，否定できない事実であろう．

2．単独活動から提携・協働のネットワーク化へ

　組織数と組織の類型，活動領域の拡大に伴い，草の根NGO間の交流と協働も日に日に活発になり，最初の孤立無援の状況からネットワーク化の時代を迎えつつある．初期の組織のいくつかが支援型組織の役割も果たすようになり，関連分野の新しい組織に情報を提供し，各種トレーニングを実施し，資金的な支援も行なっている．草の根NGOの交流のためのポータルサイトも複数できており，情報提供／交換の拠点として資源の共有化が図られている．また，草の根NGO関係者の会合も数多く企画され，各種シンポジウムや会合において関係者が盛んに意見交換を行なっている．

　現在中国国内でよく知られている草の根NGOのポータルサイトとして「NPO情報諮問センター」http://www.npo.com.cn/0105.htm，「NGO発展交流ネット」www.ngocn.org，「中国草の根NGO学習ネット」www.learning.ngo.cnなどが挙げられる．「NPO情報諮問センター」は2001年に設立された民間の支援組織であり，「中国の非営利組織に優れたサービスを提供し，中国非営利事業の健全な発展を促進すること」を組織のミッションとしており，他領域とのパートナーシップの促進，非営利組織間の協力と連携を促進するサポート組織として自らを位置づけている．ポータルサイトの運営だけでなく，各種セミナーの開催や書籍の出版などの事業も同時に行なっている．「NGO発展交流ネット」は「雲南NGO論壇」というネット上の掲示板を母体に2004年に作られたものであり，メーリングリストや年4回の定期集会および不定期の研修会を通して，NGO間の情報交換を促進する緩やかなネットワーク組織となっている[12]．この組織は雲南省を本拠地としているが，ネットに参加するボランティ

12）毎年季節ごとに4回の「西南部NGO交流例会」を行なうほか，求人情報，海外の財団のプログラム募集情報を提供し，NGO分布図の作成やその他の資料・情報の発信も行なっている．

アは地域を超えた交流活動を行なっている．「中国草の根NGO学習ネット」は，フォード財団，香港楽施会（Oxfam Hong Kong）とオランダ駐中国大使館の資金提供によって設立されたサイト運営組織であり，草の根NGOの能力向上に必要な各種リソースを開放し，「中国の市民社会に寄与する」ことを目的としている．

　設立の早い草の根NGOによるネットワーク作りやサポート活動の例もある．例えば「地球村」は雑誌『草の根の声』を編集し，ネット上だけでなく，刊行物としても出版している．中国でエイズの予防に最初に取り組んだ草の根NGOの1つである「北京愛知行研究所」は，現在エイズ問題の分野では支援型組織としても機能している．2005年には全国各地の当事者グループ，血友病患者組織，男女同性愛者組織などの20以上の組織もしくはプロジェクトに資金援助を行ない，情報，設備，技術的な支援も行なった．2006年5月19日に，北京愛知行研究所のリードのもとで，エイズ防止分野で活動する39の草の根NGOによって「中国エイズ分野民間組織全国連合会」が北京で設立された．この連合会は全国規模でエイズの分野で草の根NGOが協調しながら活動していくための組織であり，その構造は，北京愛知行研究所が他の組織を支える軸となる，いわば「傘構造」であるという．組織間は横のつながりによって，緩やかで対等的なネットワークを形成し，協働プロジェクトや交流シンポジウムの開催も決まった形式や時期ではなく，必要に応じて随時開催されることとなっている[13]．環境分野の組織間ネットワークも，このような構造と動き方が見られる．例えば2004年に「地球村」，「世界自然保護基金会（WWF）」，「中国国際民間組織合作促進会（CANGO）」，「自然の友」，「環境と発展研究所」，「緑家園」が連携して「エアコンを26度に！　プロジェクト」を実施した．2005年9月には，「中国河川ネット」，「環境と発展研究所」，「アラゼンSEE生態協会」，「自然の友」，「地球村」，「北京天下渓教育諮問センター」，「社区参与行動」，「グローバル環境研究所」，「緑の島」という9団体が，国家林業局発行の「中国緑色時報」に「虎跳峡を後世に残そう，長江一の浅瀬を後世に残そう」と題する「呼びかけ状」を投稿し，行政関係部署に対して，金砂江流域の生物の多様性

---

13) http://www.aizhi.net/index.asp？action＝article_Show＆ArticleID＝685（2006年7月5日参照）．

と文化の多様性を保護する観点から,また,この地域に居住する民族の生存権を尊重する観点から,虎跳峡ダムの建設を中止するよう呼びかけた.2003年11月と2005年4月に,地球村はそれぞれ「ヨハネスブルク・プラス・ワン:中国環境NGO論壇」と「ヨハネスブルク・プラス・スリー:中国民間環境組織論壇」を開催し,全国50余りの環境NGOから100名を超す代表と大勢の有識者,専門家を招き,中国の草の根NGOの問題点,直面している課題と将来的な展望について討論を行なった.この2つの論壇は,2002年にヨハネスブルクで開かれた「持続可能な開発に関する世界サミット」に12の中国の環境NGOが参加したという実績を踏まえて開かれたものである.「連携して継続的な論壇を開催し,対等的なネットワーク作りを進めるべき」という1つの環境NGOによる提案が多くの賛同を得て,単一組織による活動から,連携的な活動スタイルへの転換が見られるようになったのである.その影響力はまたたく間に何倍にも増大し,複数の環境NGOから意見が出された場合,関係部署の政策制定がその声に耳を傾けざるを得ない状況が作り出された.

草の根NGOの協働と交流活動のタイプも多様化が見られる.専門性の高いネットワークもあれば,緩やかな,流動的なネットワークもある.1つの組織を中心とする「傘構造」の連合体もあれば,多くの組織が対等に加入するフラット構造の連合体もある.しかしいずれのネットワークも,1つの組織の声は弱いものの,連携すれば強大な影響力をもつようになる,という共通の信念をもっている.

3.カリスマ的マネジメントから制度的マネジメントへ

中国の草の根NGOの発展史には注目に値するリーダーたちがいる.梁从誡,廖暁義,汪永晨,万延海,孟維娜,周鴻陵…….ある意味では,これらの名前は,彼らの組織よりも知名度が高く,広く注目されている.大多数の中国人がNGOについてよく知らない,市民社会とは何かについてよく知らない状況において,彼らはあふれるほどの熱意で果敢に行動を起こし,実績によって中国の草の根NGOの成長史を書き上げてきた.マックス・ウェーバーの古典的な議論に基づいていえば,彼らはまさに「カリスマ的リーダー」である.しかし,このような統治類型の正当性は,リーダー個人の魅力や非凡な性質に基づいて

おり，明らかな不安定性を有する．事実上，中国国内の草の根NGOは，おおよそカリスマに頼るような初期段階から，制度的・組織的な運営方法に転換していくべきだと認識するようになった．

「自然の友」は，カリスマ支配から制度的建設に転換した典型的な事例である．創始者 梁从誡は中国近代史の有名人 梁啓超の孫に当たり，著名な建築家梁思成と、同じく著名な詩人、建築史家である林徽因女史の息子である．名門の出であること，全国政治協商会議委員という特殊な身分が，彼と「自然の友」におおいに役立った．「自然の友」の成功は，梁从誡個人の成功なのか，それとも組織としての成功なのか明確ではない．なぜなら「自然の友」の政策提言の多くは，政治協商会議委員という梁の身分を通して初めて可能となったものだからである．2004年から「自然の友」は意識的に「脱梁从誡化」を目指すようになった．これは梁从誡本人が望んだことでもあった．「人民代表大会の環境分野に関する立法委員会で，自然の友は唯一招かれたNGOであり，招待状の宛名は『自然の友』で，梁从誡ではない」と，10年の活動を経て自然の友がやっと認められるようになったことを誰よりも喜んだのは，梁本人であった．もう1つの著名な環境NGOである「地球村」の創始者 廖曉義も，かねてから組織の能力向上を強調し，組織構造と運営の効率化を目指してきた．廖が週に1回しか地球村に出勤しなくても，地球村の運営に何ら支障はない．彼女は「2005年からは，廖曉義のいない地球村を創らなければならない」と，日常的な管理業務から手を引き，舞台裏で他の仕かけを考えたいと語っている[14]．

むろん，カリスマ的支配から制度的なマネジメントに至るまでには長い道のりが予想される．現段階の多くの草の根NGOは，依然として責任者個人の社会的ネットワークと社会的地位や名声に頼っており，短期間でカリスマ的支配の組織がなくなるとは考えにくい．しかし，NGOの創始者たちはすでに制度的マネジメントの重要性に目覚め，「カリスマからの脱却」戦略を取り，新たな人材の育成に力を入れ，組織の長期的かつ安定的な運営をねらっている．

---

14)「梁从誡的十年和自然之友的十年（梁从誡の10年と自然の友の10年）」『南方週末』2004年6月10日，「北京地球村：草根NGO生長之困（北京地球村：草の根NGO成長の困難）」『21世紀経済報道』2005年2月2日，「草根NGO為何長不大（草の根NGOはなぜ大きくならないのか）」『公益時報』2004年9月15日を参照．

第2節　草の根NGOの定義

1．本書の「草の根NGO」とは

　本書では，「草の根NGO」という用語を用いる．一般的に草の根（grass-roots）とは，社会の底辺を成す民衆や庶民を意味する言葉であるが，本書では「草の根NGO」を「植えられたもの，育てられたものではなく，自生してきたNGO」，つまり政府や政府の関係組織の動員，呼びかけに応じてできた組織ではなく，草のように大地から自然に生えてきた「野生」NGOの意味に用いる．したがって，本書で用いる「草の根」は，大衆や庶民を指すものよりも，「自生」「野生」を意味する部分が多い．

　なぜ非政府組織を意味する「NGO」や，非営利組織を意味する「NPO」をそのまま使わないのか．そこには中国独自の，特殊な事情がある．中国で使われる「NGO」や「NPO」は，意味的には「官弁NGO（政府が設立に関わったNGO）」「半官半民のNGO（政府が組織に強い支配力と影響力があるNGO）」が多く含まれるからである．実際，NGOやNPOという概念で議論を進めていくと，必ずと言っていいほど，官弁NGOや半官半民のNGOがデータの中心となり，野生の草の根NGOの姿が見えにくくなってしまう．官弁もしくは半官半民の色彩が強い前者は，「法定NGO」として国の管理機関である民政部門に正式に登記しており，各種データが取得しやすいためである．それらは確かに中国の社会勢力のうちの，大きな部分を占めており，市民社会を考えるうえでも重要な意味を有するが，本書ではあえて市民社会の底流を成す存在として，野生の草の根NGOに注目したい．

2．用語と概念の整理

　中国におけるNGOの概念は複雑である．まず用語について説明しよう．最も多く用いられる用語は「民間組織」「NGO」「NPO」であり，他にも「社団」や，「社会中介組織（中間組織）」などの用語がある．「民間組織」はNGOと同様な意味で使われるが，「政府ではない」ことを前面に出さない概念であるため，政府や政府関係者，および一部の研究者が好んで用いる．それに対して

「NGO」は，マス・メディアやNGO活動者自身が好んで用いる用語であり，「NPO」は1999年以降に中国に輸入された概念で，研究者の文章に多く登場する．「社団」とは，「社会団体法人」を意味し，図1.1で示しているように，法的には「社会団体」「基金会」「民弁非企業単位」の3種類の法人が含まれるが，多くの研究において，また，一般的な使い方として，法人ではない未登記の団体も「社団」と呼ばれている．「学生社団」がその使い方の典型例である．「社会中介組織」とは，「中間組織」を意味し，国家と個人の間に存在する独立した組織を指す．その場合，非営利の組織が大半だとされるが，営利組織も含まれる．

中国におけるNGOの分類について，例えば清華大学大学院で教科書として用いられる王名・劉培峰編の『民間組織通論』においては，以下の2つの図によって示している[15]．

法的地位による分類では主に法定NGOと草の根NGOに分類され，NGOの性質による分類としては，主に共益型と公益型に分けられることがわかる．本書

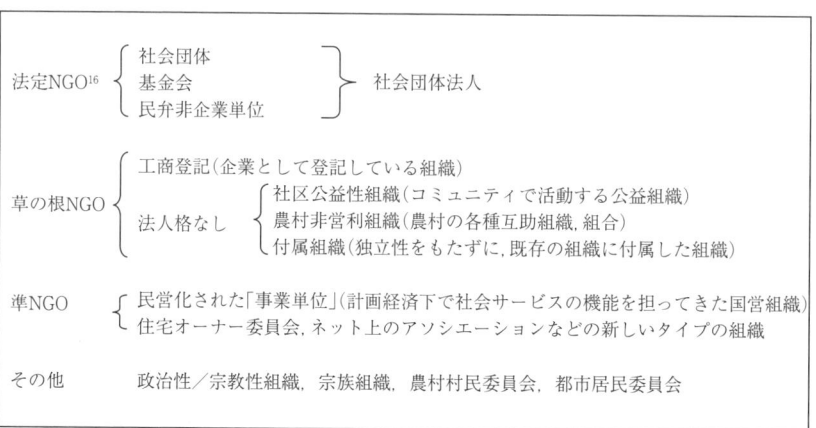

図1.1　法的地位による分類

---

15) 脚注と括弧内の説明，米印の説明は筆者による．
16) 法定NGOには，会員制のアソシエーションである社会団体，何らかの社会サービス事業を行なう事業体である民弁非企業単位（民間主催の，企業ではない職場という意味），そして基金会の3種類が含まれる．

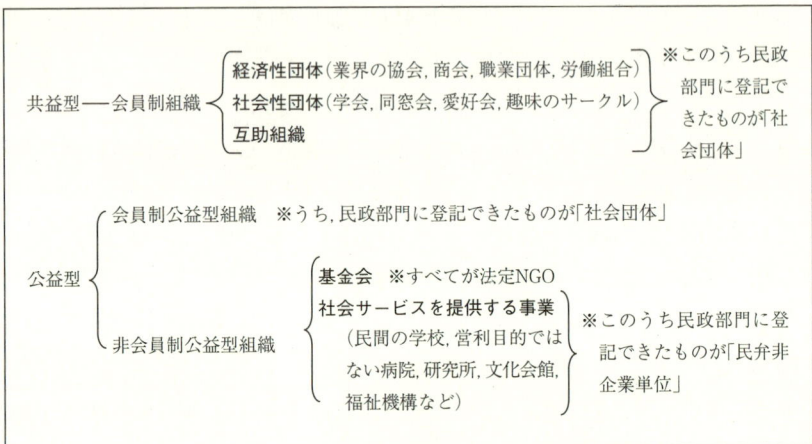

図1.2　組織の性質と体制による分類

で用いる「草の根NGO」は,「自発的な,自生するNGO」という意味合いが強く,「法人格を有していない」ことを意味しないため,図1.1とは完全に一致するわけではない.しかし,草の根NGOの大半は法定NGOではないことは事実である.図1.2でいえば,本書で言う草の根NGOには,互助組織などの共益組織も含まれるが,主に公益型のNGOを指している.

中国のNGOを理解するうえで重要なのは,用語や定義,法人格の問題よりも,これらの組織が実際中国社会においてどのような位置づけにあるのかについて考えることである.例えば,社会団体は2006年末の時点で約18万6000団体あり,その大半はいわゆる「官弁NGO」や「半官半民のNGO」,すなわち,政府が何らかの形でその設立と運営に関わっている団体である.業界の連合会や職業団体,労働組合と学会が社会団体の主流を占めており,計画経済下においては政府の補助機関として機能してきたこれらの組織は,市場経済に移行してからも,政府の仕事の補助をしている点では大きな変化が見られない.経済改革の必要上新たに設立された官製NGOも多く存在する.中国のNGOを代表する組織である「中国国際民間組織合作促進会(CANGO)」も,1992年に旧国家対外貿易経済合作部(現商務部)が設立した官製NGOであり,海外からの資金援助の獲得と,国際組織との協力関係を築くことを目的としている[17].この

ように社会団体は，会員のニーズに基づいた組織であるというよりも，会員制の形式を用いながらも政府の仕事に協力する組織であるといえよう．

他方，民弁非企業単位は，1998年以降に，新たな社会的ニーズに応じて生まれた組織である．構成員の福祉サービスを一手に引き受けていた国営企業の多くが経営破綻する中で，福祉サービスを新たに担う民間の事業体が数多く誕生した．これらの事業体の性格と発展の方向性を「非営利」と規定し，管理を実施する根拠となっているのが，民弁非企業単位の制度である．2006年末に民弁非企業単位は約15万9000団体存在するという．

社会的ニーズから生まれた組織として特に注目に値するのは，「草の根NGO」である．中国の草の根NGOは，1995～2002年までが第1世代，2002～2003年以降が第2世代と分けて論じられることが多い．第1世代は，シンボル性とカリスマ性が強く，社会に対して問題提起をし，啓蒙的な活動に精力的に取り組んできた．第1節にも登場した「地球村」「自然の友」のほかに，「北京紅楓女性心理諮問センター」（略称「紅楓」），「農家女文化発展センター」（略称「農家女」）などが第1世代の代表例として考えられる[18]．第2世代の草の根NGOは，2003年のSARS（重症急性呼吸器症候群）危機以降に劇的に増加し，社会的認知度も急速に高まっている．その設立に見られる特徴として，第1世代のNGOで仕事を経験した人々の「独立」，そして第1世代の人々の影響を受けた知識人による起業の傾向を指摘することができる．例えば「農家女」の元スタッフが設立した「北京協作者文化伝播センター」では農民出稼ぎ者を対象にしたサービス活動を展開しており，「地球村」の元スタッフが「社区参与行動」というNGOを作り，コミュニティにおける住民参加の促進に取り組んでおり，「紅楓」の元スタッフが「恵澤人」というNGOを設立し，出所した囚人の地域への復帰を手助けしている．その「恵澤人」のスタッフがさらに独立して「北京瀚亜文化発展センター」を設立し，草の根NGOの中間支援組織を目

---

17) http://www.cango.org/newweb/jianjie.asp（2006年7月5日参照）．
18) 紅楓婦女心理諮問センターは1988年に設立された女性の権利擁護を目指すNGOであり，1992年からホットラインを開設し本格的な活動を展開している．農家女文化発展センターは雑誌の編集者が1992年に設立したNGOであり，「農家女実用技能訓練センター」と「打工妹之家（出稼ぎ女性の家）」という2つの主要なプロジェクトを展開している．

指している．草の根NGOに関する精確な統計はないが，清華大学公共管理学院NGO研究所の推計によれば，工商登記しているNGOは約10万社，社区（コミュニティ）レベルの未登記団体や学生未登記団体は約20万社，農村民間組織は約150万社存在するという[19]．本書で議論の対象として想定しているのは，このような民間人が自発的に設立し，その管理運営も政府から直接大きな影響を受けることのないNGOであり，その多くは法定NGOではない．

第3節　草の根NGOの位置づけと評価

　草の根NGOは，今日の中国においてどのような役割を演じているのだろうか．本節は実際に起きているいくつかの動向を見ていくことによって，草の根NGOの位置づけについて考え，本書全体の問題提起につなげていきたい．

1．マス・メディアによる注目

　2000年より以前，草の根NGO自身の発展が十分ではなかったため，マス・メディアに注目されることはほとんどなく，報道数はごくわずかであった．しかし新しい世紀に入ってから，NGOは流行語になる勢いさえ感じられ，多くのメディアがNGOに目を向けるようになった．

　2005年に『南風窓』という雑誌の第11号に，「中国NGO啓示録」の特集が企画され，「NGOは本当に中国の問題を解決するのか」「愛徳基金会，包囲を突破する」「NGOに春の風が」などの文章が寄せられた．雑誌の編集者は前書きにおいて，以下のように指摘している．

　　かつてメディアは2004年を「中国におけるNGO元年」と称した．確かに，それまでは「非政府組織」を意味するこの概念は，一般の中国庶民にとっては馴染みの薄いものであった．しかし，今となっては，NGOはもはやWTOに次ぐファッショナブルな概念の1つとなっている．

　2004年以来，NGO，民間組織，非営利・非政府組織などの言葉が，『南風窓』，

---

[19] 2005年10月19日東京で開催された中国民政関係者による「日本NPO法制度視察研修会」において，清華大学公共管理学院NGO研究所 王名所長が中国の民間組織の統計について報告した内容に基づく．ただし，これらの統計数字は検証済みとは言いがたい．

『南方週末』,『21世紀経済報道』,『中国新聞週刊』,『新華文摘 (ダイジェスト)』などの,知名度の高い新聞や雑誌に多く取り上げられるようになった.表1.1は,筆者が調査したメディアの関連報道の例示である.このほかにも,中央テレビ (中国国営放送) 教育チャンネルの「公益行動」「人と社会」などの番組が草の根NGOの存在と活動の現状を紹介しており,例えば前述の北京豊台知的障害者リハビリセンターも,「公益行動」の番組において,「あなたと一緒に遊びたい」というタイトルで詳しく報道されている.

表1.1 草の根NGOに関するメディアの報道例

記事名	メディア名	日付データ
成長する中国NGO	新華文摘	2002年8号
NGO:神聖無垢の権化とは限らない	新華文摘	2002年8号
未来の中国NGOを創造する	商務週刊	2004年22号
NGOがNGOを助ける	新聞週刊	2002年14号
可可西里 (地名ココシリ) の環境NGOの困難	新聞週刊	2002年39号
中国NGO:私は反対!	新聞週刊	2004年24号
NGO:弱者の代弁者	新聞週刊	2004年48号
NGO,水面に浮上	南風窓	2003年3号
現代中国環境NGO図解	南風窓	2005年4号
NGOは本当に中国の問題を解決するのか	南風窓	2005年11号
愛徳基金会,包囲を突破する	南風窓	2005年11号
NGOに春が	南風窓	2005年11号
ある農民協会の成長	南風窓	2005年11号
ある民間商会の財政	南風窓	2005年14号
中国のNGO:政府とパートナーシップで貧困救済を	中国新聞週刊	2006年1号

これらの報道の中で,記者はカメラレンズと文字で中国の草の根NGOの姿を記録しているだけでなく,専門家や研究者に劣らぬ観察力と分析力を発揮している.彼らは時には具体的なケーススタディを通して,わかりやすくNGOの行動と理念を説明し,またときには草の根NGOが発展するためのマクロ的な背景や制度的環境について深く考え,NGOの生存環境の考察を行なっている.

彼らの生き生きとした言葉が，NGOの理念や，「舶来品」であるこの概念を学術研究から一般の人々の生活に広げ，定着させたのである．メディアを通して，人々がNGOの存在を知り，理解し，そして自分の身の回りには似たような組織がないのかどうか観察することも学んでいる．

2．社会一般による認知と評価

　2005年12月28日，「2005年度CCTV中国著名人物ランキング」が北京ホテルで正式に公表され，地球村の責任者 廖暁義が社会公益賞を受賞した．このイベントは国営テレビである中央電視台によって主催されたものとはいえ，この受賞から読み取れるのは，草の根NGOに対するメディアの評価ではなく，社会一般による認知と評価である．なぜなら，このイベントは広範な社会参加によって進められたものだからである．第1段階では一般の視聴者から50名の候補を推薦してもらい，第2段階は，メディア関係者35名，有名実業家20名，経済学者20名，国内外の著名人25名による100人審査団が投票を行ない，その結果，50名中23名がノミネートされることになる．さらに第2次投票が行なわれ，最終的な受賞者が決まる，という仕組みである．したがって，廖暁義の受賞は，社会一般と社会の著名人が彼女と彼女の組織を認知し，評価していることを示している．廖が受賞式で述べているように，「公益活動に対する社会の注目には感激している．私たちが行なった省エネの活動は，多くの草の根活動の1つにすぎず，社会に対する多くの提言の1つにすぎない．この受賞は，政府と公衆が我々民間の環境保護組織にたいへん期待していることを体現したものにほかならない」．

写真 1.1　授賞式で発言する廖暁義
出典：http://www.cctv.com

　社会による認知と賛同は，メディアの報道だけによってもたらされるものではない．草の根NGO自身の努力と行動こそが，その社会的正当性の源である．彼らは具体的な活動を通して，社会に向けて声を上げ，提案を行ない，サービスを提供し，人々に自分たちの存在を知らしめている．1994〜1999年の間に，「自然の友」の会員が，学校や各地の社会団

体の要請を受けて，100回を超す講演会やセミナーを開催し，さらに環境教育に関する交流・研修活動を数多く行なった．地球村は全国各地から3400名のボランティアの参加を得て，「緑のボランティアネット」を立ち上げ，もう1つの環境NGOである「緑家園」の場合は，7000〜8000人のボランティアの直接参加を得ている．これらの地道な活動を通して，草の根NGOは社会における影響力を着実に強めている．2005年に発表された洪大用の文章によれば，北京市海淀区における彼自身の調査の結果，41.5％の人が「自然の友」などの環境NGOの名前を知っていることが分かった．自然の友の責任者である梁从誠も，「私たちは毎週のように，自然の友の活動に参加したいという申し込みの手紙を受け取っている．これは10年前までは想像もできないことであった」と，述べている[20]．

3．中国の草の根はもはや国境を超えている？！

1995年，中国で開かれた第4回世界女性フォーラムにおいては，慣例に従ってNGOの会議も同時に開かれた．当時の中国人にとってNGOは未知の世界であり，懐柔県で開かれた「非政府論壇」も，「間に合わせ的」な印象を否めなかった．しかし今，中国のNGOはすでに第一歩を踏み出し，中国の草の根の代表として国際社会でも活躍している．これは中国のNGOの発展ぶりを示していると同時に，NGOが中国政府からもある程度認知，尊重，信頼されていることを示していると考えられる．

2002年8月に南アフリカのヨハネスブルクで開かれた「持続可能開発に関する世界サミット」において，中国の草の根NGOが国際会議での第一声を発した．その声には多くの人が注目し，国単位で草の根NGOを紹介した冊子『草の根集』に，初めて中国の草の根NGOが登場した[21]．その後，UNEP（The United Nations Environment Programme）の会議で，伝統的なチャイナ服で優雅に身なりを整えた廖暁義と「香港地球の友」の呉方笑薇が質問に立ったと

---

20) 洪大用，「民間環保力量成長機制研究（民間環境保護勢力の発展のメカニズム）」，http://www.bjsjs.org/news/news.php?intNewsId=1738，2006年7月5日参照．
21) 梁可，「中国草根从約翰内斯堡帰来（ヨハネスブルクから戻った中国の『草の根』）」『21世紀』2002年第12号．

き，会場にいる全員の視線が釘付けとなり，カメラのフラッシュがいっせいに光り出した．2003年11月，「緑家園」の汪永晨と「大衆流域」の于暁剛ら草の根NGOの代表者がタイで開かれた第2回世界ダムシンポジウムに参加し，「中国最後の河川生態を守ろう」という署名活動を呼びかけ，60ヵ国から集まった80以上のNGOの支持を得た．

廖暁義が，2000年と2001年にそれぞれ「ノーベル環境賞」と呼ばれる「ソフィー賞（Sophie Prize）」と，「オーストラリアBanksia環境賞」を受賞したことは，中国の草の根環境NGOが世界に認められた証である．環境分野以外のNGOも，海外の関心を引きつけるようになった．一例を挙げれば，2001年に創立された北京大興区行知学校は，農民工（農民出稼ぎ者）の子弟に教育を提供する草の根NGOであり，学校成立以来，すでに13ヵ国から訪問者が見学に訪れ，寄付やボランティアを通して，学校の教育活動に参加し，支援している[22]．

4．草の根NGOの可能性をどう理解・評価すべきか

中国における草の根NGOの政治的・社会的認知度の上昇と影響力の拡大は，否定できない事実としてある．しかし，巨大かつ複雑な中国社会に草の根NGOをどう位置づけることができるのだろうか．これは本書全般を通して追求していく課題でもある．

後章で詳述するように，政府の政策や行為に対して，さらに社会全般に対して，草の根NGOによる提言や行動は無視できない力を発揮しつつある．だが，それによって，草の根NGOは中国において，市民社会を形成する底流となっているといえるのかどうか，いえるとすれば，それはどういう意味において底流となっているのか，考えなければならない．

そのためには，我々はまず草の根NGOが存続の環境を獲得した背景にどのような社会的・時代的状況とニーズ，そして契機があったのかについて探り，草の根NGOをよりマクロ的な社会環境と歴史的な時系列に位置づけていく必要がある．次に，「市民社会の底流を成す草の根NGO」という視点から考える際に，中国における「市民社会」の概念をどのように理解し，草の根NGOと

---

22) 北京行知学校http://www.21xz.org.cn，2007年7月5日参照．

市民社会の論理的接点と関係をどこに求めればいいのか検討しなければならない．以下の第2章と第3章においてこの2つの内容についてそれぞれ詳しく述べていく．

引用文献

　直接本文中で引用した書籍，論文だけをここにリストアップしている．新聞記事は含まない．また，中国語の文献は，可能な限り原文を日本語の漢字で表示した後に，括弧内で邦訳して表示している．以下各章でも同様である．

中国語の学術論文と書籍

洪大用，2005「民間環保力量成長機制研究（民間環境保護勢力の発展のメカニズム）」（http://www.bjsjs.org/news/nes.php?intNewsId=1738）．

梁可，2002「中国草根从約翰内斯堡帰来（ヨハネスブルクから戻った中国の『草の根』）」雑誌『21世紀』2002年第12号：18-20．

汪居揚・曹輝，2002「自由与規制之間－対当代寧波市非営利組織的実証研究（自由と規制の間－現代寧波市非営利組織の実証的研究）」寧波大学学報（人文科学版）第18巻第5期（2005年9月）：111-117．

王名・劉培峰編，2004『民間組織通論』時事出版社．

第2章
中国における草の根NGO台頭の社会的背景

劉培峰[1]

　中国の草の根NGOは，未曾有の社会的転換を背景に，政府が管理できない領域，または政府がうまく機能しない領域において，人々の多様なニーズに応える存在として現れた．1949年に社会主義中国建国以来に形成されてきた全体主義社会において，民間組織は抑制，分化，制限，取り締まり，などといった政策下に置かれていたため，現在の草の根NGOは歴史的な民間組織とは直接のつながりがあるとはいえない．しかし，歴史上政府が民間組織に対して取ってきた態度や管理の方法は，現代の社会管理にも一定程度の影響を及ぼしている．したがって，草の根NGOが台頭する背景を理解するためには，現代の社会的転換と社会的ニーズを見るだけでは不十分であり，歴史上の国家と社会との関係の問題に遡って考察しなければならない．このような認識に基づき，本章では中国における草の根NGOが発展する背景について整理を試みる．結論からいえば，草の根NGOが発展するための単一の社会的要因，もしくは背景は存在せず，その発展および問題点を理解するためには，草の根NGOを含めた「民間組織」全体が発展するための社会的背景と状況を把握しなければならない．

第1節　民間組織の歴史的背景

　民間組織は中国では数千年の歴史を有する．東晋時代に高僧 慧遠が設立し

---

[1] 本章の中国語原稿は劉培峰によるが，邦訳と文章の再考は，李妍焱による．

た白蓮社をその始まりだとしても，1000年以上の歴史は下らない．数千年来，民間組織は社会救済，文化娯楽，民衆の自助などの分野で積極的な役割を果たしてきた．結社に参加した人々も社会の各階層にわたっている．文人には詩を詠む「詩社」があり，女性には念仏と精進料理を主な活動とする「共信団体」がある．官僚たちの間にも「複社」のような不正を監視する利益共同体があり，島流しにされた罪人でさえ結社で孤独な日々をしのぎ，厳しい自然環境と社会環境の中を生き抜いていた[2]．しかし，厳密にいえば，近代以前の中国では自発的な結社は存在していたものの，結社の自由があったわけではない．その根本的な原因は，市民による結社の権利が法的に認められず，制度的布置には民間組織が合法的に存在する余地がなかったことである．民間組織は，国家政権の管理が及ばない隙間で生存空間を求めてきたのであり，政府による絶えざる弾圧の中で運営に努め，民衆の自助と社会公益の実現を目指してきたのである．中国の伝統社会において，各種結社は形態においても規模においても一定の水準に達していたとはいえ，民間組織は，独立した社会セクターになるには至らなかった．独立した行為規範や価値理念が存在していたわけではなく，社会においては補助的なメカニズムとして存在していたにすぎず，その合法性には常に不確かさが伴ってきた．政治的に比較的にオープンな時代においては，民間組織も緩やかな生存空間を得ていたが，政治的に敏感でクローズな時代においては，結社は人々にとって自らを守る手段となる一方で，身の破滅をもたらし得る存在でもあった．この点は，漢末の「党錮」，明末の「複社」「東林」などの組織の歴史的運命によって立証されている．公に活動する結社以外に，秘密結社も中国社会において絶えず存在していた．東漢末期の「太平道」，元末の「明教」などの秘密結社はいずれも朝廷の運命を左右する存在となった．秘密結社の普遍的な存在は，伝統的な中国社会において民間組織が合法的に存在することがいかに困難であったか，人々は法の外で組織の生存空間を求めざるを

2）史料によれば，清の時代には罪人の間に結社の現象が見られた．例えば1650年12月に盛京というところに流された罪人で，僧侶の函可が「氷天詩社」を設立し，1665年に寧古塔に流された罪人張縉彦が，「七子之会」を組織した．ウルムチに流された罪人も「梨園昆曲部」を結成している．これらの記述から，結社は普遍的な現象であり，人々の基本的なニーズを表したものであることがわかる（張永江，2002「試論清代的流人社会（清代の流人社会試論）」『中国社会科学院院生学報』第6号）．

統治を維持するために，権力側は意見や不満を吸収するツールを増やすと同時に，社会の底辺におけるいかなる非体制的な政治結社や政治的な意思表示に対しても，抑制の態度を取ってきた．人々の間で継承された，あるいは意図的に築き上げられた社会的なつながりを断ち切り，民間組織を弾圧し，権力の分散と社会の多様化を防ぐのは，歴代の権力者が力を惜しまずに取り組んできたことである[3]．これらの政治的処置が行われてきた結果，「大共同体社会」が形成されたという[4]．その基本的な特徴は，政府が分家や移転を促すなどの措置を通して，宗族（共通の先祖をもつ一族）と地方勢力の増長を抑え，「編戸斉民（等しく戸籍を作る）」制度を通して，コントロールを社会の底辺にまで拡大させ，さらに科挙による人材登用制度によって，奨励する価値観を広め，政治と価値規範の両面から統治を行なうものである．このような状況下において，政府から独立した民間組織は独自の生存空間が与えられないのみならず，存在する正当性と合法性さえ認められない．民間組織は政府の付属物として，もしくは政府の体系上において存在するしかなかった．構造的に，理念的に政府と異なる民間組織に対して，政府は常に高度に警戒する姿勢を見せ，往々にして抑制と弾圧の政策を取り，民間組織の存在と発展を制限してきた．行動規範と価値観において政府寄りの組織に対しては，政府は相対的に容認する態度を取ってきたものの，それらの組織の変質を絶えず警戒してきた[5]．

農民による蜂起と政治的な意思表示は，しばしば宗教結社の形式を取っていたため，宗教団体に対して，特に権力側に歩み寄らない宗教団体に対して，政

---

3) 例えば唐の開元時代（713年-741年）の高級官吏が次のように命令を出している「如開諸州百姓，結構朋党，作排山社，宜令県厳加禁断（各地の民衆が，朋党結社を結成するのを，各地の官吏が固くこれを禁じなければならない）」．天宝7年（748年）に，朝廷はさらに同様な命令を出している（出典は同脚注4））．
4) 秦暉，1999「从大共同体本位到公民社会－伝統中国及其演進的再認識（大共同体本位から市民社会へ－伝統中国社会およびその変遷への再考）」秦暉編『問題与主義（問題と主義）』長春出版社．
5) この点については，中国の家法（家のおきて）の内容からはっきりと見て取れる．歴史的に家法に関する記録を調べると，政府の法令を遵守し，家族と親族に災いを招かないことが，最も重要な部分となっている．家法に背いた個人の違反行為に対して，国法による処分よりもさらに厳しい処分が下される場合もある．これによって，民間組織の中で活動する個人の「変質」がある程度未然に防がれていたと思われる．

府は一貫して厳しく弾圧してきた．一般民衆は災いを避けるために，自発的な組織化と政治的意思表示に関しては，「腫れ物を触りたくない」一心から無関心の態度を取ってきた．「国事を論ずるな」は，一般民衆のやむを得ない，かつ理性的な選択である．その結果，2つの結末がもたらされた．まず，国家主導型の社会が，制度作りにおいて自然かつ最優先される選択肢となった．第2に，長期的な抑圧により中国では市民社会が未発達の状態に留まり，社会構造においては，制度的に，力強く国家権力を制限できる社会的なメカニズムが存在しない状況がもたらされた．したがって，国家が社会統合のプロセスにおいて極限状態に向かいやすく，「極権政体（権力を極端に拡大させる政治体制）」になりやすい[6]．極権政体による民間社会の弾圧の結果，国家権力の位置づけの異常と，国家-社会関係のアンバランスがもたらされたのである．

第2節 社会主義中国建国後の社会情勢の変化と民間組織

1．社会主義中国建国直後に行なわれた民間組織の改造と改編

現代の民間組織の大半は，改革開放後に出現したと見てよい．それは，中国の社会体制の改革と社会転換の結果にほかならない．歴史上の民間組織は機能や運営の方法において現代の民間組織に影響を与えているものの，現代の民間組織と歴史上の民間組織とは，本質的なつながりはほとんどなく，新たな歴史的背景と制度的条件のもとで現れたといえる．このような新たな歴史的背景を理解するには，まず社会主義中国建国直後の状況を見なければならない．

---

[6] これは，「専制」とは異なる政治体制であることに注意しなければならない．専制とは，政府もしくは公共権力が1人もしくは一部の人々の手に握られていることを意味し，専制型の政治体制においても，国家と社会は一定程度において分離状態を見せている．しかし，「極権政体」は，社会全域に対する国家の完全なるコントロールすなわち全面的な管理制度を意味する．その典型的な特徴は，徹底的に人々の思想と意識をコントロールしようとし，暴力的な統治を公開的に行なうことであり，個人と社会のあらゆる側面を徹底的に政治化することによって，「極権（極限の権力）」を求めることである．極権は，民間社会の排除を意味し，「私」の排除を意味する．具体的には以下の6つの特徴が指摘されている．①政府側による思想統制，②全権を委ねられたリーダーによる一党統治体制，③恐怖の警察統治，④政府による大衆メディアの独占，⑤一党独占の軍事力，⑥経済生活に対する国家の全面的なコントロール，である（Surtori, Giovanni, 1987, *The Theory of Democracy Revisited*. Chatham, N. J : Chatham House,（= 1998, 乔薩托利著，馮克利・閻克文訳『民主新論』東方出版社），220ページより）．

1949年以降，社会主義中国の成立に伴い，中国社会は高度に一元化された「計画社会」となり，政権は成立当初から民間組織に対して「改造」の政策を取ってきた．既存の民間組織を社会主義建設の軌道に乗せるために，国は1950年10月19日に「社会団体登記暫定方法」を公布した．社会団体の類型，登記の範囲，手続き，原則などについて規定することによって，民間組織を社会団体として定義したと同時に，各行政レベルにおいて社会団体を管理する体制を確立し，社会団体管理の基本的な枠組みを作り上げた．さらに1951年，当時の内務部が「社会団体登記暫定方法実施細則」を制定し，民政部門が社会団体を専門的に管理する機関となるきっかけを作った．しかし，この2つの法規の主たる目的は，既存の民間組織を整理し，解散させるための法的，政策的根拠を提供することであった．例えば，「登記暫定方法」の第4条では，「国家および人民の利益に反する活動を行なう団体は，その成立を禁ずるべし．すでに登録済みの組織でも，反政権的な活動が判明した場合は，登記を取り消し，解散させるべし」と明記している．これについて信春鷹と張燁は以下のように述べている[7]．

　社会団体の登記過程は，すなわち新政権が社会主義の価値観を用いて，既存の民間組織に対して判断し，選択するプロセスでもある．中国共産党の指導下に置かれた多党協力の政治体制においては，主流に従わない政治団体はすべて解散となった．社会主義的価値観に合致しない民間組織に至っては，封建主義ないし反体制のラベルを貼られ，登記取り消しとなった．また，改造される民間組織もあった．

整理と登記作業を経て，政府から独立した民間組織は基本的にはすべて消え，中国は高度に国家と社会が一体化する時代に突入した．「単位制（所属組織を利用した都市部の統治管理体制）」と「人民公社（農民を公社に所属させ，統治管理を行なった農村部の体制）」を通して，国家はすべての社会資源と社会活動の空間を独占し，民間組織と市民社会が生存を託す空間を根本から奪ったのである．このような社会を，研究者たちは「全体社会」と呼んでいる．全体

---

7) 信春鷹・張燁，2000『亜洲公益事業及其法規（アジア公益事業およびその法規）』科学出版社，83-84ページより．

社会の基本的特徴について，社会学者孫立平は以下のように指摘している[8]．

①社会動員力がきわめて強く，全国に展開する緻密な組織系統を利用して，全国の人的，物的資源を動員し，国家の特定の目標，例えば経済分野における重点プロジェクトや危機対策に用いることができる．②社会中間層の役割が完全に欠如し，国家と民衆の中間に位置するクッションはなく，社会秩序の維持は完全に国家によるコントロールの強さに依存する．国家コントロールの力が弱まる場合，社会は無政府，無秩序状態に陥りやすい．③社会的自治と自発的組織の能力が衰え，組織の未熟化，自己コントロールの不完全さが目立ち，全社会が政治化，行政化の傾向を見せ，社会に見られる様々なシステムが独立した運営を維持できなくなり，それぞれ異なる機能を有するシステムのすべてを支配しているのは，同一の原則である．④共振効果により，いかなる局部的な矛盾や緊張状態にも全体的な危機を誘発するリスクが含まれている．⑤身分制が横行し，社会的な流動も，指令に基づいた流動に変わり，硬直した構造が形成される．⑥全体的な思想統制は，社会統合の道具であると同時に理性の象徴でもあり，道具としての機能と理性としての機能との矛盾により，内部から弱まっていく宿命を辿っていく．⑦エリートの欠如により，民衆による抵抗運動のレベルは低く，破壊性が強く，民衆の意見の凝集に必要な組織形態を整えられずに，政策の次元に力が及ぶことなく，理性に欠けた運動に終始することが多い．

2．文化大革命後における民間組織の台頭

1976年，10年間に及ぶ内乱が終結を迎えた際に，建国以来の政治，経済体制の弊害が明らかとなった．高度に集権的な政治，経済体制は，長期的に社会の安定を保てないだけではなく，社会構造の歪みと体制の硬直化を招いた．内乱

[8) さらに，孫立平によれば，「全体社会」では，国家が経済および各種社会資源に対して全面的な独占を行ない，政治，経済と思想の3つの領域がほぼ完全に重なっており，国家が社会に対して全面的なコントロールを行なうという．その基本要素として，孫は以下の3つを挙げている．①国家は大部分の社会資源に対して直接の独占を行なう．②社会・政治構造の横の分化が少なく，政治的な中心と経済的な中心，思想的な中心は高度に重なる．また，思想は全体主義的であり，政治は高度にイデオロギーに依拠し，経済は高度に政治化されている．③縦の方向で見れば，統治階級を滅亡させ，過去の国家－エリート－民衆の三層構造を，国家－民衆の二層構造に転換させる（孫立平，2004『転型与断裂－改革開放以来中国社会構造的変遷（転換と断裂－改革開放後中国社会構造の変遷）』清華大学出版社，31ページ）．

と経済の崩壊は，近代以来ずっと課題とされてきた社会統合と再建を阻害し，社会主義政権の正当性にも危機的状況をもたらした．集権体制の失速は，民主化と多元性を呼び起こす．70年代末からの改革は，まさにこのような背景において行なわれたのである．政権の正当性の危機，集権の失速，民主の欠如は，市民社会が台頭する契機を作ったといえる．新たな社会団体の台頭は危機に対する社会の自然な反応であり，改革開放によって，民間社会は自主的に支配できる資源と，自由に活動できる空間を獲得していった．このような空間は，市民社会の形成，そして多様な社会的ニーズを満たしていく可能性をもたらした．多くの草の根NGOの成立も，このような状況下においてであった．

改革開放後の中国における民間組織の台頭は，「誘発的な変遷」と「自発的な変遷」の性質を同時にそなえている．王名によれば，「社会公益資源に対する政府の独占が徐々に緩くなり，政府が社会公益の領域の一部から徐々に撤退するようになったのは，中国のNGOが誕生・発展する重要な体制的土台である．同時に，中国社会における伝統的な互助，慈善の精神と普遍的な社会責任感は，下から上へとNGOを突き動かした原動力であり，各種社会問題の解決にNGOが取り組む精神的な背景を成している」[9]．政府の撤退は「誘発的」側面であり，伝統的な互助・慈善の精神と社会責任感は，「自発的」側面だといえる．誘発的な側面により，その後も政府が民間組織の台頭において主導的な役割を果たすこととなり，自発的な側面により，民間組織の発展には多様性と活力が伴うようになった．長い間継続されてきた国家主義的な伝統と民族国家を建設するという歴史的課題が存在する以上，「誘発的変遷」の側面は今後も長期にわたって消えることがないと思われる．政府主導の改革の方向性，それによって与えられた自主的な空間の広さは，直接民間組織の発展に影響を与え，民間組織の変遷を左右する．政府主導型のNGO（第1章で言及した官弁NGO，半官半民のNGO），もしくは法人格制度に則ったNGOが，今後中国社会においてNGOが発展していく基本的なモデルとなろう．短期間においてNGOが政府の力を制約する勢力になるとは考えにくい．政府と協力していく勢力，あるい

9）王名編，2001『中国NGO2001－以個案為中心（中国NGO2001－ケーススタディを中心に）』北京連合国区域発展中心，18ページより．

は政府に一定の圧力を与えられる勢力に留まると思われる．

第3節　社会団体の規模と現状の分析

　草の根NGOの現状については，第1章で詳しく述べてきたが，草の根NGOも含めた「社団」（第2節でいう「民間組織」とほぼ同じ意味である）が，80年代以来展開してきた経緯について，本節で簡単に述べておきたい．

　社団は，まさに国家と社会が分離するプロセスにおいて，発展の契機をつかめてきたのである．80年代にはまず大量の社団が経済領域において出現し，90年代になると，社会サービスの空白が，大量の民間学校やその他のサービス組織を誕生させた．1998年の行政改革により，政府から機能転換して社団になった組織も大量に出現した．改革開放当初数千であった社団は，80年代末には20万を超え，90年代の数回に及ぶ整理と規制[10]によって一時は激減したものの，2000年になると再び80年代並の規模になった．

　社団の発展は4つの段階を辿ってきたといえる．まずは1989年以前の段階である．依拠できる法律がない状況であったが，最も数が増大していた時期でもある．しかし，1989年に「社会団体登記管理暫定条例」が公布され，社団に対する政府の規制と管理が始まった．第2段階は，1995年以降，政府がNGOを容認する段階である．1995年まで，中国にはいくつかのNGOは存在していたものの，NGO自身も組織としての自らの性質や位置づけについて明確に認識していなかった．1995年に世界女性フォーラムが北京で開かれ，NGOは初めて自らの存在について認識し，価値理念や行動規範などの面においてNGOとしてのア

---

10) 建国後，政府は社団に対して3回にわたって大規模な整理を行なった．それぞれ1950年代，1990年と1997年に行なわれた．1950年代の整理は，本章ですでに述べたとおりであり，ここでは詳述しない．1990年に始まった第2次整理は，1989年の条例制定を受けて実施されたものであり，当時の国策である「4つの現代化」に反して，長期にわたって資本主義的な自由化を求めた社団，社会的ニーズから乖離し，社会的現実にそぐわない社団，同一分野で重複設置の社団に対して，登記取り消しの措置を取った．その結果，全国規模の社団は400，地方社団は2万団体以上が登記取り消しの処分を受けた．その後も，1992年にさらに全体の6.6％，1993年には7.3％，1994年は4.7％が登記取り消しとなった．1997年から始まった第3次整理は，2000年末までに継続され，その結果社団の総数は20万から一気に13.6万までに減少した．全国規模の社団も1849団体から1500団体前後に減少した．

イデンティティを獲得していった．1999年から2004年に至る第3段階においては，希望工程（希望プロジェクト）の実施により，初めて社会においてNGOがその力と役割を示すことができ，人々にNGOの存在を認知させた．希望プロジェクトは，NGOが行なった典型的なプロジェクトだといえるが，いくつかのスキャンダルの発覚によって，人々はNGOによる公益活動にも腐敗が生じ得ると認識するようになった．その結果2000年以降，NGOのキャパシティ・ビルディングやマネジメントが組織の核心的な課題となった．2004年以降の第4段階においては，環境領域のNGO，特に草の根NGOが政府の政策決定に影響を及ぼすようになり，周辺から中心へ，単純なサービスを提供する存在から公共政策に提言する存在へと，NGOが変化を遂げ始めた．環境以外の領域でもNGOの役割が重要視され，政府による委託事業のケースも見られるようになった．

社団の分類については第1章でも紹介したが，ここではさらに詳細に11の類

表2.1　社団の詳しい分類

A	1998年に改訂された「社会団体登記管理暫定条例」と同年に制定された「民弁非企業単位登記管理条例」に基づき，登録を行なった社団であり，法的NGOの主な部分でもある．
B	法律によって，民政部門で登録する必要がないと定められた団体，例えば赤十字，弁護士会などである．
C	中国人民政治協商会議に参加している社会団体，すなわち8つの民主党派と全国労働組合，共産主義青年団中央委員会，全国婦女連合会，中国科学技術協会，全国帰国華僑連合会，全国台湾同胞連誼会，全国青年連合会，全国工商業連合会，およびその地方支部である．これらの団体は，中国では特殊な政治的，法的地位を有しており，社会団体として存在していながら，社会団体を管理する民政部門の権限が及ばないところに位置づけられている．
D	上記のA，B，Cに付属した社団（二級社団と呼ばれる）．その合法性は，付属先の社団の合法性によって保証されている．その結果，社団が社団を管理するという現象が生じた．学術団体や業界団体において特にその傾向が顕著に見られる．
E	国務院が直接民政部門での登記を許可した社会団体，例えば中国文学芸術界連合会，中国作家協会，中華全国ジャーナリスト協会，中国人民対外友好協会，中国人民外交学会，中国国際貿易促進会，全国障害者連合会，宋慶齢基金会，中国法学会，中国労働者思想政治研究会，欧米留学生同窓会，黄埔軍校同窓会，中国職業教育社など．
F	社区の社団，例えば業主委員会（不動産オーナー委員会），社区の高齢者組織など．
G	農村社団．農村の社団は大半民政部門に登記しておらず，法定NGOの範疇に入らないが，2つのタイプが見られる．第1は伝統的な社団で，宗族の組織などが代表例である．もう1つは現代の社団であり，農民の互助組織や各種専門業界組織（例えばスイカ協会，リンゴ協会，水産協会など）である．

H	工商行政管理部門で登記する社団。現在の法体制のもとでは、主管単位が見つからず、企業法人の形式でしか登記できない社団である。海外のNGOも企業法人の形式で登録しているケースが見られる[11]。
I	中国国籍を有する者によって海外で組織された社団が、国内で活動を行なうケースである。華僑が作った社団が、国内でも同一名義で活動する場合である。
J	何らかの「単位（職場組織）」に付属した内部社団。例えば学生社団、職場の内部クラブ、学校の同窓会などである。これらの社団は所属する職場の許可を得て活動しているが、民政部門で登記しているわけではなく、したがって法定NGOではない。
K	ネット上の社団である。インターネットの出現は、社団の存在形式にも影響を与え、ネット社団も多く誕生している。例えばネット上の論壇、ネット上の環境保護組織などである。現実的には民政部での登記はほとんど不可能だと考えられる[12]。

型に分けて、より明確に示したい。

このように、中国においては、社団はきわめて複雑な形態で存在している。登記社団もあれば未登記社団もある。民政部門で登記する社団もあれば、別の行政部門で登記する社団もある。法的に特殊な地位を与えられている社団もあれば、与えられていない社団もある。合法的に存在する社団もあれば、非合法的に存在する社団もある[13]。伝統的な社団もあれば、ネット社団のような新興社団もある。基本的には、表の内のF～Kが、本書で取り上げる草の根NGOの主たる部分であると考えてよい。

---

11) 例えば、英国児童救助の会（Save the Children UK）は、外国企業の形式で初めて雲南省工商部門で登記した国際NGOである。その後、多くの国際NGOがその形式を真似て、雲南省で活動を展開するようになった。企業として登録するのは、主管単位が見つからないことによるが、税制面の優遇措置は受けられないだけでなく、民政部門の監督を受けずに活動するため、組織の不正や腐敗に対する監督体制が不十分である。
12) 民政部で社団の管理を担当する李勇の、「社会団体法律問題研究討論会」での発言による。
13) 合法的社団と非合法的な社団を区分するのは、中国では困難なことである。一般的には、民政部門で登記していない社団は、「法的に認められた地位にない」という理由で「非合法的社団」とされる。しかし、このような言い方は必ずしも適切ではない。なぜなら、学生社団や社区で活動する社団のように、そもそも民政部で登記する必要がないと思われる社団も多く存在するからである。また、多くの場合、社団はその成立時に、上級組織の幹部や政府の関連部署の役人に出席してもらうことによって、間接的に「認められている」ことをアピールし、事実上の合法性を得ている。非合法的な社団は、違法な社団を意味するわけではない。多くの登記できていない（もしくはしていない）社団は、社会において積極的な役割を果たしている。このような実質的な合法性と法人格の取得とは、現段階では連動していないため、政府による社団の管理と社団の存在形式に混乱が多く見られるのである（高丙中、2001「社会団体的興起及其合法性的問題（社会団体の台頭とその合法性の問題）」中国青少年基金会発展研究員会編『処在十字路口的中国社団（十字路にさしかかった中国の社団）』天津人民出版社）。

第2章 中国における草の根NGO台頭の社会的背景

このような状況においては，第1章の冒頭でも述べたように，社団全体の数は未知数であると言わざるを得ない．民政部門は，登記している社団はおよそ総数の5分の1程度という推測を述べているが，あくまでも推測の域を出ていない．このような未知数の状態は，社団に対する国家管理の欠陥を示していると同時に，社団の問題の複雑さをも示している．しかし，統計的な数字は，相対的な意味しかもたず，「統計できない」こと自体，中国社会が大きな転換期にあること，国家統合的な全体主義社会から，国家－社会が分立する社会形態へと転換し，市民が自主的に支配できる資源と活動の空間が増大していることを説き明かしているといえよう．民主主義は数量の比例関係ではないと同様に，市民社会も，社団の数だけで図れるものではない．重要なのは社団の性質であり，政府に付属しているのか，それとも政府から独立しているかである．政府に付属した形式で存在しているのであれば，それは政府による権力実現の方式の変容を意味するにすぎず，社会統治の構造上の変化を意味しない．政府から独立して存在する社団こそが，政府と異なる行動規範と社会的理念をもち得る．政府による恣意的な圧力を制限する存在になって初めて，市民社会は「独立した」形態になったといえる．

法的地位における実際の状況から見れば，社団は3種類の形式で存在している[14]．登記できている法定NGO，法定NGOに付属する二級社団，そして登記していない民間社団である．しかし，いずれの形式の場合でも，合法性を得るための独自の資源をもっている．法人格を取得していない社団でも，形式的合法性ではなく，実質的合法性を獲得し，社会における自らの生存空間を切り拓いている[15]．社団が社会的秩序と法的秩序に順応する側面もあれば，衝突が生じる場面もある．未登記の民間社団の場合，明らかに法的秩序に則った形式で存在しているわけではなく，法的規定との矛盾を抱えている．登記している既存の社団でも，既存の社会的秩序との間に価値観や行動様式の面で衝突を見せるケースがある．しかし，全体的にいえば，社会団体の存在は中国社会にとっ

---

14) 蘇力，1999『規制与発展－第三部門的法律環境（規制と発展－第三部門の法律環境）』浙江人民出版社．307-308ページより．
15) この点については，本書第7章で詳しく言及している．

て，社会の健全化を促進していく積極的な役割を果たしているといえよう．現状において，コーポラティズム（法人主義）に基づいた社団管理体制が主流であるものの[16]，政府から独立した草の根NGOの発展は，中国における社団全体の発展の方向性に大きな示唆を与えていくであろう．むろん，中国において市民社会はすでに形成されている，ましてや成熟した市民社会が形成されているとは到底いえない．市民社会が形成されていくための道と可能性を探っていくことが，本書全体を通して取り組んでいきたい課題である．

　改革開放から20年以上が経過するなかで，社団は幾度もの荒波を乗り越えながら，急速な拡大と発展を遂げているように見える．今日，社団はすでに重要な社会的勢力として，社会が発展するためのメカニズムとして位置づけられている．社団の台頭，中でも草の根NGOの台頭は，改革開放以来最も刺激的で興奮に値する出来事であり，それが直接中国の未来に影響を及ぼそうとしている．むろん，法的位置づけの問題，草の根NGOの多くに見られるカリスマ的支配の問題，社団自身のエンパワーメントの問題など，様々な問題は山積しているものの，我々は社団の発展について，とりわけ草の根NGOの今後の展開については，可能な限り期待を込めた楽観的な認識をもちたいと考えている．NGOは，中国の社会変動を示した存在であると同時に，社会問題を解決し，変動を引き起こし得る存在でもある．NGOの活動に従事する人々は，まさに新しい歴史を作り上げようとている．ある意味では，バランスの取れた社会構造がまさに形成の途中にあり，現代を生きる我々は，平和な社会の創造者の一員となるかもしれない．

---

[16] 社団管理のコーポラティズム的特徴について，康暁光は以下のように述べている．「今日の中国においては，制限付きの自由民主主義と市民参加の空間が存在しており，政府の容認を得て存在している社団は，政府と民衆との間の媒介として，架け橋として，連絡ツールとしての機能を果たしている．政府はこれらの団体を通して，利益団体の独立した活動に対して制限を加え，コントロールを試みる．合法的な団体は独占的，代表的な存在として認められ，その代表性と機能の遂行は連動している．特定分野を代表すると認められ，国家の政策制定にも参加する権限が与えられる反面，これらの社団には，国家の公共政策が決定的な影響を与える．これはまさに標準的なコーポラティズムによる社団管理の図式である」（康暁光，2001「転型時期的中国社団（転換期の中国社団）」中国青少年基金会発展研究員会編『処在十字路口的中国社団（十字路にさしかかった中国の社団）』天津人民出版社，9ページより）．

引用文献

中国語の学術雑誌と書籍

高丙中，2001「社会団体的興起及其合法性的問題（社会団体之社会団体の台頭とその合法性の問題）」，中国青少年基金会発展研究会編『処在十字路口的中国社団（十字路にさしかかった中国の社団）』天津人民出版社：75-91.

康暁光，2001「転型時期的中国社団（転換期の中国社団）」，中国青少年基金会発展研究会編『処在十字路口的中国社団（十字路にさしかかった中国の社団）』天津人民出版社：3-29.

秦暉，1999「従大共同体本位到公民社会－伝統中国及其演進的再認識（大共同体本位から市民社会へ－伝統中国社会およびその変遷への再考）」『問題与主義（問題と主義：秦暉文集）』長春出版社：350-402.

Sartori, Giovanni, 1987, *The Theory of Democracy Revisited*. Chatham, N. J : Chatham House.（＝1998, 乔・薩托利著，馮克利・閻克文訳『民主新論』東方出版社）

蘇力，1999『規制与発展－第三部門的法律環境（規制と発展－第三部門の法律環境）』浙江人民出版社.

孫立平，2004『転型与断裂－改革開放以来中国社会構造的変遷（転換と断裂－改革開放後中国社会構造の変遷）』清華大学出版社.

王名編，2001『中国NGO2001－以個案為中心（中国NGO2001－ケーススタディを中心に）』北京連合国区域発展中心.

信春鷹・張燁，2000『亜洲公益事業及其法規（アジア公益事業およびその法規）』科学出版社.

張永江，2002「試論清代的流人社会（清代の流人社会試論）」『中国社会科学院院生学報』第6号：49-55.

第3章

草の根NGOと中国の市民社会
―既存研究の検討―

李妍焱・朱惠雯・趙秀梅[1]

　2004年10月,『転型中国:頂級学者訪談(転換期の中国:ビッグ学者との対談)』が中国経済日報出版社から出版され,高い評価を得た.この本は,売れっ子の経済記者が,現在中国で最も影響力のある15名のビッグ学者との対談をまとめたものであり,清華大学NGO研究所の王名教授もその1人である.NGO研究が,中国の学界において大きく注目され始めた証となる本であった.

　2000年以降,中国国内においても,非政府/非市場の「第三の領域」に関する研究が劇的に増加してきた.これらの研究は大まかにマクロ的考察(概念や制度的考察,全体の現状の分析と問題点の指摘)と,ミクロ的考察(具体的な組織のケーススタディ)に分類できる.マクロ的分析として,概念の分類と制度環境を論じた兪可平(2006)[2],全体の現状を描いた王紹光・何建宇(2004)[3],国家や政府との関係を論じた康暁光・韓恒(2005)[4],趙秀梅(2004)[5],田凱(2005)[6],郭道久・朱光磊(2004)[7],法的環境を論じた謝海

---

[1] 本章は,基本的には序の部分は李妍焱,1節は朱惠雯,2節は趙秀梅,3節は李妍焱の執筆によるが,3人が議論を重ねたうえでの内容となっており,邦訳と全体の文章の再構成は,すべて李妍焱によって行なわれた.

[2] 兪可平,2006「中国公民社会:概念,分類与制度環境(中国の市民社会:概念,分類と制度環境)」『中国社会科学』2006年第1号.

[3] 王紹光・何建宇,2004「中国的社団革命:勾勒中国人的結社全景図(中国の社団革命:中国人の結社の全景図を描く)」『浙江学刊』第149号.

[4] 康暁光・韓恒,2005「分類控制:当前中国大陸国家与社会関係研究(分類とコントロール:現代中国大陸の国家−社会関係の研究)」『社会学研究』2005年第6号.

[5] 趙秀梅,2004「中国NGO対政府的政略:一個初歩考察(政府に対する中国NGOの戦略:初歩的考察)」『開放時代』2004年第6号.

[6] 田凱,2005「政府与非営利組織的信任関係研究:一個社会学理性選択理論視角的分析(政府と非

定（2004）[8]，福祉制度との関係を論じた田凱（2003）[9]，発展していくための課題を整理した劉偉（2005）[10]，社会的効果を問うた郭宇寛（2005）[11]，NGOの統治構造の変化を論じた陳林（2002）[12]，イタリアの社区を考察したPutnam（1993）Making Democracy Work: Civic Traditions in Modern Italyの研究に依拠しながら，ソーシャル・キャピトルの概念を用いて，政治・経済の発展にとっての民間組織の意義を考察している陳健民・丘海雄（1999）[13]など，多くの論文が発表されている．ミクロ的分析として，農民出稼ぎ者のNGOを考察した占少華・韓嘉玲の「中国的農民工非政府組織：経験与挑戦（中国の農民工非政府組織：経験と挑戦）」[14]，環境NGOの発展メカニズムを考察した洪大用のネット論壇への寄稿「民間環保力量成長機制研究（民間環境保護勢力が成長するメカニズム）」[15]，武漢市を事例に政府によるNGO解釈を考察した郭娜の「第三部門還是第一部門：一項透過扶貧活動対非政府組織的解釈，以武漢市為例（第三部門それとも第一部門：武漢市の救貧プロジェクトから見る非政府組織への理解）」[16]，出稼ぎ者子女を対象にした民間学校を例にNGOの組織目標について論じた鐘一彪「非営利組織目標替代的制度分析：以外来工子弟学校為

営利組織との信頼関係に関する研究：合理的選択理論のアプローチから）」『学術研究』2005年第1号．
7) 郭道久・朱光磊，2004「杜絶新人患老病：構建政府与第三部門間的健康関係（新人が古い病気に感染するのを防げ！：政府と第三部門との健康的な関係作りのために）」『戦略と管理』2004年第3号．
8) 謝海定，2004「中国民間組織的合法性困境（中国民間組織の合法的困難）」『法学研究』2004年第2号．
9) 田凱，2003「機会与約束：中国福利制度転型中非営利部門発展的条件分析（機会と制約：中国福祉制度の転換における非営利部門発展の条件）」（http://www.sociology.cass.cn，2007年9月1日参照）．
10) 劉偉，2005「当前中国第三領域発展面臨的難題（現代中国第3領域発展の困難）」『当代中国研究』2005年第3号．
11) 郭宇寛，2005「NGO発展能否化解中国真問題（NGOの発展は本当に中国の問題を解決するのか）」（http://www.yannan.cn/data/detail.php？id=7527，2007年9月1日参照）．
12) 陳林，2002「従非国有化到非営利化：NPO法人治理問題（非国有化から非営利化へ：NPO法人のガバナンス）」『中国研究』学術年刊第8号．
13) 陳健民・丘海雄，1999「社団社会資本与政経発展（社会団体の社会的資本と政治経済的発展）」中国社会科学院『社会学研究』1999年第4号．
14) http://www.sociology.cass，2007年9月1日参照．
15) http://www.bjsjs.org/news/news.php?intNewsId=1738，2007年9月1日参照．
16) http://mumford.albany.edu/chinanet/shanghai2005/guona_ch.doc，2007年9月1日参照．

例（非営利組織の組織目標の転換に関する制度分析：農民工子弟学校を事例に）」[17]などが挙げられる．マクロ分析とミクロ分析のいずれの場合も，論点を政府との関係，法的・制度的環境に置く「関係論的／環境論的考察」と，組織の整備と発展に置く「組織論的考察」が主に見られる．

とりわけ「関係論的／環境論的考察」の顕著な傾向として，「市民社会の理論的枠組み」の使用が挙げられる．特にマクロ的考察においては，「市民社会」の用語は必ずといっていいほど登場する．市民社会に草の根NGOをどのように位置づけるべきか，本書の視点を明らかにするために，本章ではまず中国国内における既存研究，次に，海外における既存研究をそれぞれ検討していく．

第1節　中国国内における既存研究：
##　　　「市民社会」の理論的枠組みから

中国国内における既存研究を見ていると，「市民社会」の理論が多くの研究の理論的土台になっていることに気づく．

1．「市民社会」の研究隆盛の背景

なぜ「市民社会」の枠組みが注目されたのか．この概念が頻繁に中国学界を賑わすようになった90年代の中国に，どのような研究背景があったのか見てみよう．

市民社会という古典的な政治思想は，1989年の東欧革命をきっかけに，地球レベルで復権してきた．「新しい市民社会論」と呼ばれるこれらの議論では，「市民社会」はもはや国家に対置する「すべての非国家セクター」を指すのではなく，国家および市場と区別された「第三の領域」を意味するようになった．グローバリゼーションの進行に伴い，武力紛争や環境問題，貧困格差などの社会問題は地球レベルで日に日に深刻化していき，国益を優先する国家システムと利益を優先する市場システムの歪みと無力さは火を見るよりも明らかとなった．市民社会論が再び世界の表舞台に舞い戻ってきたのは，国家と市場の侵入

[17) http://www.sociology.cass.cn，2007年9月1日参照．

から市民の「生活世界」を守る必要があるためだと，篠原は指摘している[18]．

　市民社会の理論に中国の学者たちが情熱を示したのは，市場経済体制の確立を受けて，政治体制の改革の方向性を模索するためだと思われる．学者たちは，市民社会の理論に国家と社会との理想的な関係を求めたのである．当初議論された市民社会は，政治体制の近代化の理念と方向性を示す「規範的な概念」として用いられたといえよう．

　中国における市民社会の研究は，大きく２つの段階に分けられる．第１段階は，1992年頃から20世紀末までの期間を指し，「理論の導入期」とされる．経済改革が市場経済の段階に進んだ1992年，中国の政治体制も転換期に入り，すべてを包摂する国家行政体制が変化し始めた．先進国の近代化の経験を学ぼうと意欲に燃える中国の知識人たちは，当時復興しつつある市民社会の理論に注目した．この段階では，中国の近代化を中心に，中国における市民社会の可能性と適切性，西洋の市民社会論の評価などに関する研究が展開された．「規範的概念」としての市民社会論が主導的地位にあった．

　第２段階は，21世紀以降，グッド・ガバナンスや地球市民社会などの理念が国際社会において大きな反響を呼ぶようになった時期である．中国政府にとってもガバナンスの変革が課題となり，制度改革に関する研究が急速に進化を遂げていった．市民社会は，政府のグッド・ガバナンスを促進し，市民の政治参加，政治の公開化，市民自治，行政機関の廉潔や効率性，政策決定の民主化にとって，重要な意義をもつ「実践的概念」になったという[19]．

　1998年に設立された清華大学NGO研究所を皮切りに，ボランティア活動と社会福祉に研究対象を特化した「北京大学志願服務与社会福利研究中心（北京大学ボランティアサービスと社会福祉研究センター）」，政府改革との関連でNGOを研究する「人民大学政府管理与改革研究中心（人民大学政府管理と改革研究センター）」NGO研究室，持続可能な社会をコンセプトとした「中国社会科学院可持続発展研究中心（中国社会科学院持続可能な発展研究センター）」

18）篠原一，2004『市民の政治学：討議デモクラシーとは何か』岩波新書，97ページより．
19）兪可平，2002「中国公民社会的興起及其対治理的意義（中国市民社会の台頭とガバナンスへの意義）」兪可平編『中国公民社会的興起与治理之変遷（中国市民社会の台頭とガバナンスの変遷）』社会科学出版社，208ページより．

など，市民社会の実践に関わる諸問題を研究テーマとする研究所が次々と誕生した．第2段階においては，実体としての市民社会，すなわちNPO・NGOなどの民間組織を対象とする実証研究が数多く行なわれるようになった．

2．中国における市民社会研究の内容

(1) 訳語の問題

市民社会の理論を中国に導入する際に，まず直面するのは言葉の問題である．日本においても，「市民社会」という訳の定着に時間がかかったというが[20]，中国の場合には，Civil Society の訳語として「公民社会」「市民社会」「民間社会」など複数の言葉が使われており，統一に至っていない．1992年までは，マルクス的な「市民社会」概念に親しんできた中国の知識人たちによって，「市民社会」という訳語が最も多く用いられていたが，近年，「公民社会」の方が適切だとする主張が増えてきた．その理由の1つは，日本と同様，市民社会の「市民」は行政上の意味における「都市市民」に混同される可能性があることである．8億の農民を抱える中国では，日常的に「都市住民」を指す「市民」という言葉は，農民の排除を連想させるため，なるべく使わないほうが好ましいとされるようになった．もう1つの理由として「公民社会」という用語には，市民の権利や市民による政治参加を強調する意味合いが含まれていることが挙げられている．

(2) 新しい市民社会論における市民社会の一般的定義

市民社会の定義は，長い歴史を通して変化してきた．ここでは一般的に「三元論（国家-市場-市民社会という3つの次元）」[21]と呼ばれる「新しい市民社会論」から，代表的な定義を簡潔に紹介し，その共通点を探ってみよう．

このモデルの起源はヘーゲルにあるとされ，T・パーソンズやJ・ハーバーマスも用いている．ハーバーマスは，「市民社会の制度的核心を形成しているのは

---

20) 松下圭一，1985『市民文化は可能か』岩波書店，1ページより．
21) 市民社会論の二元論と三元論に関しては，例えば山口は古典的な市民社会論を「国家-社会の二元論」としたうえで，アジアの市民社会を論じるにはJ・ハーバーマスやギデンズ，J・L・コーエンらによって代表される「国家-市場-市民社会の三元論」という枠組みを採用すべきであると主張している（山口定他，2005『現代国家と市民社会：21世紀の公共性を求めて』ミネルヴァ書房，19ページより）．

むしろ，公共性のコミュニケーション構造を生活世界の社会的構成要素につなぎとめているような，自由意志的な基礎に立つ非国家的で非経済的な結合であり，アソシエーションである」と述べている[22]．一方，M・ウォルツァーは，「市民社会という言葉は，非強制的な人間の共同社会（アソシエーション）の空間の命名であって，家族，信仰，利害，イデオロギーのために形成され，この空間を満たす関係的なネットワークの命名である」と主張する[23]．

　この2つの定義は，いずれも市民社会を「自発的なアソシエーション」と規定したことに注目したい．ここの「自発的」とは，国家と市場の論理から自由であることを意味し，「アソシエーション」とは，「人と人とが出会い，語り，理解し合い，結び合い，決定し，そしてともに行為する，相互肯定的な関係」であるとされる[24]．

（3）中国における市民社会研究の推移：二元論から三元論へ

　中国の市民社会研究は，第1段階では，政治国家からの市民社会の独立を強調する「二元論」が主流であった．そもそも市民社会という概念に対する最初の認識は，「二元論」であるマルクスの市民社会論から始まったこともあり，第1段階においては，マルクスの市民社会論に依拠した研究が多い．

　マルクス主義研究者たちは，「マルクスにおける市民社会はイコールブルジョア社会である」という一般的理解に対して反論し，マルクスがいう市民社会概念は，「生産関係」と「経済基礎」の概念よりも，豊富な社会関係と生活内容を包含していると指摘する．一部のマルクス研究者によれば，マルクスは，生産力の発展の産物として，また，個人と国家の間で個人利益と普遍利益を調和する媒体として市民社会を位置づけ，認識していたという．A・グラムシやハバーマスなどのポストマルクス主義者たちも，マルクスの市民社会論に立脚し，政治国家から独立した文化的批判領域を「新しい市民社会」と見なし，マルクスの市民社会論を発展させようとした．そういう意味では，マルクスの市民社会論は今日においてもなお重要な意義をもつと，彼らが指摘している[25]．

---

22) J・ハバーマス『公共性の構造転換』（1994年邦訳版）「新版への序文」より．
23) M・ウォルツァー『グローバルな市民社会に向かって：多文化時代における市民社会の有効性を問う』（2001年邦訳版）日本経済評論社，166ページより．
24) 佐藤慶幸，2002『NPOと市民社会：アソシエーション論の可能性』有斐閣，156ページより．
25) 王岩，2000「馬克思的"市民社会"思想探析（マルクスの『市民社会』思想の探求）」『江海学刊』

中国の市民社会論者の中で，鄧正来は二元論の代表者だといえる．1992年，鄧正来と景躍進の共同執筆による研究は，国家と市民社会という二元構造で中国の市民社会概念を規定し，市民社会と国家の関係は，「良性の相互作用」であるべきだと主張した[26]．

市民社会の特徴について，鄧正来は中国の研究者たちによる様々な論点をまとめ，以下ように7つの特徴を提示している[27]．

1. 市民社会の前提として，市場経済と私有財産権，社会資源の流動化と社会的分化が挙げられる．
2. 市民社会の内的連帯は，市場経済の中で形成された，平等かつ自治的な契約関係である．
3. 市民社会は法治原則に従い，社会構成員の基本権利の尊重と保護を前提とする．
4. 市民社会の内部において，活動と管理は高度な，相対的な自治性をもつ．自治レベルの高さは市民社会の成熟性を表し，相対性は，市民社会の不足する面を補足するための，国家からの関与と協調の必要性を表す．
5. 市民社会は自治原則に従い，社会活動への個人の参加は，個人の自由な選択への尊重およびそれに伴う責任を基礎とする．
6. 市民社会はマス・メディアを通じて意見を伝達し，また公共空間の中で意見を交換する．社会運動によって国家の活動や政策形成過程に参加し，影響を与える．これは，市民社会の中の「公域」と呼ばれる．
7. 市民社会は内的民主化する過程である．

鄧の整理から読み取れるように，二元論の論者たちは，社会動員，現実批判と精神の整合といった市民社会論の役割を念頭に，中国の近代化の道を探っていたのである．

2000年第4号．
[26] 鄧正来・景躍進, 1992「建構中国的市民社会（中国の市民社会を構築する）」『中国社会科学季刊』1992年総第1号, 59ページより．
[27] 鄧正来, 1997『国家与社会－中国市民社会研究（国家と社会：中国市民社会研究）』四川人民出版社．

市民社会研究の第2段階に入ると，「国家－市場－市民社会」という三元論が中心となっていった．二元論から三元論へと転換していく背景として，市場経済の発展に伴った民間組織の活躍，個人の自主的な生活空間の形成が想定されよう．海外から三元論の市民社会論が数多く紹介され，中でもハバーマスによる影響が最も大きかったといえる．そのきっかけは，2001年4月のハバーマスの中国訪問であった．講演会は北京と上海で開催され，ハバーマスは，人権の概念から語り始め，民主や民族国家について，そして理論と実践との関係に至るまで，刺激に富んだスピーチを展開した．中国におけるハバーマス・ブームが引き起こされ，「国家と社会の間に存在し，両方とも参入できる領域」としての「公共領域」に研究者たちがこぞって興味を示した．

　三元論の視点から議論を展開する研究者として，例えば童世駿は「第三個向度（第三の志向）」[28]としての市民社会と政治，経済との関係を分析し，陳晏清らは「市民社会観念的当代演変及其意義（市民社会観念の現代的変容とその意味）」において，市民社会は，商品交換によって形成された，個人の自律的な経済活動を行なう領域から，自主的な社会文化領域に転換したと指摘している[29]．

　三元論の立場から非営利組織に関する国際比較研究を行なうL・サラモンは，中国の市民社会研究に多大な影響を与えたもう1人の人物である．サラモンの研究に依拠しつつ，非政府・非市場である第3の領域に関する研究が大量に行なわれ，「第三部門（サード・セクター）研究叢書」などの専門書も続々と登場した．「第三部門」「非政府組織」「非営利組織」「民間組織」「群衆団体」「第三域組織」「志願者組織」など，組織や領域を示す名称が混沌していたものの，この領域の組織を規定する根本的な特徴については，サラモンの議論への同調が目立つ．兪可平はそれを次の4つに整理し，これらの特徴をもつ組織が，民間公共領域を意味する「公民社会」の基礎または主体を成すと述べている[30]．

28）童世駿，1993「第三個向度－与政治，経済関係微妙的市民社会（第三の志向：政治と経済と微妙な関係性を持つ市民社会）」『欧州』1995年第3号．
29）陳晏清・王新生，2001「市民社会観念的当代演変及其意義（市民社会観念の現代的変容とその意味）」『南開学報（哲学社会科学版）』2001年第6号．
30）兪可平，2006（前掲書＝注2）参照．

1. 非政府性．民間的な組織であり，政府や国家を代表しないこと．
2. 非営利性．利益の獲得より，公益や公共サービスの提供を目的とすること．
3. 相対的な独立性．政治上，管理上また財政上は，政府から独立していること．
4. 自発性．参加者は自発的に参加していること．

清華大学NGO研究所の所長 王名教授もサラモンの影響を大きく受けた1人である．彼は研究所の学生とともに大量な調査研究を実施した．それをもとに，中国におけるNGOの定義，分類そして歴史の整理を行ない，NGOの健全な発展は中国の近代化を促進すると強調している[31]．

国家との対立を強調する二元論に対して，三元論は，市民社会と国家との協力関係に目を向けた研究が多い．中国社会の構造転換に伴い，公共政策への参加形態の転換が求められ，公共行政における民間組織の役割が強調されるようになった．アメリカでは70年代，西欧先進諸国では90年代から，国家福祉制度の改革とともに，第三部門による公共事業への参入や社会政策形成へのコミットメントが顕著になってきた．諸外国の経験を踏まえながら，中国においても，政府と第三部門との協力が研究者たちの関心の的となっている．蒋京議は政府との協力関係によって開かれる未来について，次のように描いている[32]．

民間組織が，政府と社会との間の媒介者として働き，市民に公共事業に参加できる空間を提供する．それによって，社会は自治能力を高める手段を獲得し，市民はより多くの参加や共同行為のチャンスを得る．その結果，政府と社会および市民との間に，責任，協調，寛容を特徴とするバランスのとれた相互作用の状態がもたらされるようになる．

2005年9月，「世界文明与公民社会理論国際会議（世界文明と市民社会理論国際フォーラム）」が中国の深圳で開かれた．主催者である中国社会科学院の代表，世界文明研究センターの汝信研究員は，中国における市民社会の重要性

---

31) 王名編．2000『中国NGO研究：以個案為中心（中国NGO研究：ケーススタディを中心に）』北京連合国区域発展中心．同，2001『中国NGO研究2001：以個案為中心（中国NGO研究2001：ケーススタディを中心に）』北京連合国区域発展中心．
32) 蒋京議．2005「国家与社会関係的自主創新（国家と社会との関係の自発的革新）」『中国経済時報』，2005年11月25日付．

と必要性を力説した．

　経済体制改革と政治体制改革の進展によってもたらされた利害枠組みの変化，新しい利益集団や社会階層の出現，社会関係の複雑化などの問題は，政府に頼れば政府機関の肥大化や官僚制化をもたらす恐れがある．社会問題の解決，民主政治と法治社会の構築，また国民の合法的権益の擁護などの点において，市民社会はもはや欠かせない存在である．

　そのような市民社会が，規範的概念ではなく，理想論でもなく，実際に日々活発な動きを見せる社会的リアリティとして大きく存在する日が，いつか訪れるのかもしれない．

第2節　海外の研究者による既存研究

　前節では，「市民社会」の理論的枠組みを中心に，中国国内における既存研究を考察してきたが，本節では，「国家と社会との関係の捉え方」というより広い視野から中国の民間組織に関する既存研究を整理してみたい．海外の研究者による既存研究に，市民社会論の枠組みに包摂されないような議論も多く見られるからである．

　海外の研究者による研究は，「社会団体（社団）」全体を対象に，それを中国の「国家-社会関係」の変化を捉える切り口として位置づけるものが多い．これらの研究は，社団が育つ環境，社団自身の発育状況，外部との相互作用などを考察することによって，国家と社会との関係およびその変化を考察し，そのうえで社団の位置づけに関するいくつかの解釈のパターンを提示している．

1．市民社会論による解釈

　まず第1に提示されたパターンは，前節でも述べた「市民社会」の理論を用いた分析である．例えば，社団組織への実証的研究を通して，一部の研究者は，中国において「市民社会」（civil society）[33]，もしくは「未熟の市民社会」

---

33) Chan, Kinman and Haixiong Qiu, 1998, "Small Government, Big Society: Social Organizations and Civil Society in China", *Series of Chinese Studies*, No. 8.

(nascent civil society)[34]，あるいは「半市民社会」(semi-civil society)[35]，または「国家主導の市民社会」(state-led civil society)[36]が出現していると提起している．これらの研究は主に社会学と政治学，歴史学という3つのアプローチによって行なわれている．

社会学的研究では，国家に対する社団の独立性に主要な関心が寄せられ[37]，社団の発展によって国家と社会との相互作用に変化が生じるのか，国家と社会との間に，独立した，自己組織的な，自律的な領域が出現するのかなどの問題を中心に研究が進められている[38]．これらの研究の多くはヘーゲルの市民社会の理論を援用し，「国家から独立する」という市民社会の構造的特徴を議論の出発点としている．政治学的研究では市民社会による規範化の特徴，すなわち，国家に対抗し，国家権力を制限し，政治的民主化を推進するという市民社会の意義に注目することが多い．これらの研究の大多数は政治的結社活動に焦点を当て，特に1989年前後の民主運動組織およびその活動を対象としている．例えばYuguo Zhang（1994），Sidel（1995），Wasserstrom and Liu（1995）とHe（1997）[39]などが挙げられる．ほかには，歴史学的な角度から社団の変化を考察し，社団が「党の利益を満たすための存在」から「それぞれが代表する集団の利益を求めるための存在」に転換していることを提起することによって，中国

---

34) White, Gordon, 1993, "respects for Civil Society in China : A Case Study of Xiaoshan City", *The Australian Journal of Chinese Affaires* 29（January）. White, Gordon, Jude Howell and Xiaoyuan Shang, 1996, *In Search of Civil Society in China*, Oxford : Clarendon Press.
35) He, Baogang, 1997, *The Democratic Implications of Civil Society in China*, Macmillan Press Ltd.
36) Frolic B. Michael, 1997, "State-led civil society", Brook, Timothy and B. Michael Frolic（eds.），*Civil Society in China*, M.E. Sharpe.
37) 注33参照．
38) 注34参照．梁治平，2001「民間，民間社会与Civil Society : Civil Society概念的再検討（民間，民間社会とCivil Society : Civil Society概念の再検討）」，http://www.gongfa.com/civilsocietyliangzp.htm，2007年9月1日参照．
39) Zhang, Yuguo, 1994, *Civil Society in Post-Mao China*, Canada: Master Thesis of Simon Fraser University. Sidel, Mark, 1995, "issident and liberal legal scholars and organizations in Beijing and the Chinese state in the 1980s", Davis, Deborach S., et al（eds.），*Urban Spaces in Contemporary China*, Woodrow Wilson Center Press and Cambridge University Press. Wasserstrom, Jeffery N. and Xinyong Liu, 1995, "Student Associations and Mass Movements", Davis, Deborach S., et al（eds.），*Urban Spaces in Contemporary China*, Woodrow Wilson Center Press and Cambridge University Press. He, Baogang, 1997, *The Democratic Implications of Civil Society in China*, Macmillan Press Ltd.

における国家と社会との関係が市民社会に向かって発展していることを主張する研究もある[40]。

2．「コーポラティズム」モデル

一方，市民社会のモデルは中国社会の現実を分析するのに適していないと主張する海外の研究者も多い．なぜなら，市民社会のモデル（特に二元論）は，社会と国家の分離および社会の自治を強調するが，中国では国家と社会との間に明確な境界線が存在せず，社会は国家に大きく依存しているからである．これらの研究者は，中国の国家－社会の構造を分析するには，「コーポラティズム」の手法がより適切であると主張する[41]．彼らの分析では，官の色彩の強い社団が対象として選ばれることが多く，典型的なのは労働組合と婦女連合会である．それによれば，中国の国家－社会の関係を「コーポラティズム構造」として解釈できる主な理由は，これらの官主催の社団が国家体制上で制度化されていることと，それによって「業界独占」的な地位を得ていることにあるという．

Schmitter[42]の理論に依拠して，中国のコーポラティズムを「国家コーポラ

---

40) Zhang, Yunqiu, 1997, "From State Corporatism to Social Representation: Local Trade Unions in the Reform Years", Timothy, Brook and Michael B. Frolic (eds.), *Civil Society in China*, M.E. Sharpe. Howell, Jude, 1996, "The Struggle for Survival: Prospects for the Women's Federation in Post-Mao China", *World Development* Vol. 24, No. 1. Howell, Jude, 2000, "Organizing Around Women and Labor in China : Uneasy Shadows, Uncomfortable Alliances", *Communist and Post-Communist Studies*, Vol. 33. Saich, Tony, 1994, "The Search of Civil Society and Democracy in China", *Current History*, September. Howell, Jude, 1995, "Civil Society", Robert, Benewick and Paul Wingrove (eds.), *China in the 1990s*, Houndmills-MacMillan.

41) Chan, Anita, 1993, "Revolution or Corporatism? Workers and Trade Unions in Post-Mao China", *The Australian Journal of Chinese Affaires*, No. 29. Pearson, Margaret M., 1994, "The Janus Face of Business Associations in China: Socialist Corporatism in Foreign Enterprises", *The Australian Journal of Chinese Affaires*, No. 31. Unger, Jonathan and Anita Chan, 1995, "China, Corporatism, and the East Asian Model", *The Australian Journal of Chinese Affaires*, Issue No. 33. 康暁光，1999『権力的転移－転型時期中国権力格局的変遷（権力の転移－転換期の中国における権力構造の変遷）』浙江人民出版社．

42) Schmitter, Philippe C., 1974, "Still the Century of Corporatism？" Fredrick, B. Pike and Thomas Stritch (eds.), *The New Corporatism : Social-Political Structures in the Iberian World*, Notre Dame, University of Notre Dame Press.

43) Chan, Anita, 1993（前掲書＝注41），Unger, Jonathan and Anita Chan, 1995（前掲書＝注41）参照．

ティズム (state-corporatism)」[43]あるいは「社会主義国家コーポラティズム (socialist state corporatism)」[44]に細緻化して分析を展開する研究もある．例えばUnger and Chanによれば，改革開放後の国家と社団との関係は，一種のコーポラティズムの構造を見せており，そこでは権威主義的国家機関と利益団体との間の，「上から下への，強制的な」関係性が強調されているという[45]．Pearsonは商業協会への分析を通して，これらの協会には二重性，すなわち国家を代表する側面と，社会を代表する側面が同時に見られると分析している[46]．Nevittは私営企業協会（自営業者協会，私営企業主協会など）への考察を通して，政治体制内部の規範は，体制外部の規範（国際的な規範など）よりずっと大きく社団に影響を与えるとの見解を示している．したがって，彼は国家体制内部のインセンティブ要因の変化に注目することによって，私営企業協会に対する国家の姿勢の変化を捉えている．その結果，改革開放によって地方財政への税金交付が減らされた一方で，地方政府と地方公務員の裁量権が増大し，地方政府と個人経営者たちとの間に互恵的な共生関係が成立しやすくなったことを彼は発見した．これを Nevitt は「地方コーポラティズム」と呼んでいる[47]．

3．「動的プロセス」分析

　上記の2つのパターンに対して，中国の国家－社会関係を単純に市民社会のモデルもしくはコーポラティズムのモデルに当てはめて分析することは到底できず，国家と社会は交差し，相互浸透し，複雑に相互作用を展開していると主張する研究もある．独立した社会空間を強調する市民社会モデルや，制度的連結と協力を強調するコーポラティズム・モデルは，一種の静態的構造分析であるのに対して，このタイプの分析は国家－社会の関係の変化をより重要視する．その研究の中心は，国家がいかに社団組織を通して社会的コントロールと社会的浸透を図り，逆に社団がいかに国家と取引して組織の目標を達成しているの

---

44) Pearson, Margaret M, 1994（前掲書＝注41）参照．
45) 注43参照．
46) 同注44．
47) Nevitt, Christopher Earle, 1996, "Private Business Associations in China : Evidence of Civil Society or Local State Power?", *The China Journal*, No.36.

かである.これらの研究で注目されるのは,中国で国家−社会の関係がいかなる状態を呈しているかではなく,国家−社会の相互作用の動的プロセスである.例えば Flower and Leonard, Saich, Foster, Ru and Ortolano, Zhao, Guobin Yang が価値ある研究成果を提示している[48].

Yang は「人脈」と「人情」が中国の国家−社会の関係の相互作用において大きな役割を果たしていることを分析し,中国に市民社会が出現するのであれば,それはまず人脈などといった個人の関係の中に出現するであろうと指摘している[49]. Flower and Leonard の分析のねらいは,社会団体の運営における中国の伝統と文化,特に地方の歴史と文化の作用を強調することである[50].

Saich は,NGOがいかに「社会側」の代弁者として国家と駆け引きを行ない,国家−社会の関係が「社会側」に有利に進むようにしているかを分析している[51]. Fosterは,半官半民の社会団体を対象に中国の社団と国家との相互作用を分析している[52]. 半官半民の社団そのものはすでに国家と社団の交差を意味しており,その「官／民」二重性は国家−社会の相互作用と相互浸透を存分に体現している. Fosterの研究によれば半官半民の社団は,国家と密接な関係性を有するがゆえに,容易に社会からの参加を得ており,したがって,むしろ自

---

48) Flower, John and Pamel Leonard, 1996, "Community Values and State Civil Society in the Sichuan Countryside", Hann, Chris and Dunn Elizabeth (eds.), *Civil Society, Challenging Western Models*, London and New York. Saich, Tony, 2000, "Negotiating the State : The Development of Social Organizations in China", *The China Quarterly*, No. 1. Foster, Kenneth W., 2001, "Associations in the Embrace of an Authoritarian State: State Domination of Society?", *Studies in Comparative International Development*, Winter. Vol. 35. No.4. Foster, Kenneth W., 2002, "Embedded within state Agencies : Business Associations in Yantai", *The China Journal*, No. 47. Ru, Jiang and Leonard Ortolano, 2004, "State Control of Environmental Non-Governmental Organizations in China", *Sengo Conference*, Beijing, April. Zhao, Xiumei, 2005, "From Adapting to Political Constraints to Influencing Government Policy : a Study of the Strategies of Chinese NGOs in NGO-state Interaction", *Journal of the Japan NPO Research Association*, Vol. 6, No. 1. Yang, Guobin, 2005, "Enviornmental NGOs and Institutional Dynamics in China", *The China Quarterly*, No. 181.
49) Yang, Mayfaire Meihui, 1989, "Between State and Society : The Construction of Corporateness in a Chinese Socialist Factory", *The Australian Journal of Chinese Affaires*, No. 22. Yang, Mayfaire Meihui, 1995, *Gifts, Favors, and Banquets*, Ithaca and London : Cornell University Press (2nd printing).
50) Flower, John and Pamel Leonard, 1996（前掲書＝注48）参照.
51) Saich, Tony, 2000（前掲書＝注48）参照.
52) Foster, Kenneth W., 2001（前掲書＝注48）参照.

治的なNGOが積極的に国家行政システムに受け入れられることを求めているという．中国のような社会においては，国家と社会との関係は相互浸透的であり，「国家が社会をコントロールする」といった伝統的な捉え方では捉えきれないとFosterは主張している．Fosterはさらに中国の社団を，国家と社会との相互作用を体現する要素というよりも，むしろ中国の国家行政システムの新たな構成部分として捉えるべきとの主張を展開している．そこでは彼は煙台市の私営企業協会への実証研究を通して，中国の国家と社会との間の相互浸透と絡み合いを分析している[53]．

Zhaoは政府に対するNGOの戦略に注目し，国家主導の社会において，NGOはいかに自分たちの発展に有利な方向に，さらには組織の目標を実現し，政府の政策にも影響を与え得るように，国家との関係を変えようと試行錯誤しているのかについて，分析している[54]．彼女は中国における自発的市民社会の構築にヒントを与えることを念頭に，3つの異なる側面からNGOの対国家戦略を考察している．1）国家の権威を利用して法人格取得の難しさによる欠陥を補う戦略，2）政府のネットワークと資源を活用してNGOの組織目標を実現する戦略，3）市民社会の組織として，政府行為の監督を行ない，影響を与えようとする戦略，である．

Guobin Yangによれば，それまでの研究は主に国家，あるいは市場の角度から市民社会の生存と発展の条件を論じてきたという．例えば国家からの権限委譲，市場経済による国家と社会との分離，および分離によって生まれる新たな社会的空間に関する指摘などである．しかし，市民社会そのものが，どのように国家政策と市場の隙間で発展の機会を追い求めているのか，言い換えれば，市民社会自身がどのようにその生存環境を切り拓こうとしているのかに関する議論は少なかったという．Yangは中国の環境NGOを事例に，これらの組織がどのようにその生存環境と発展環境を変えているのかについて考察している[55]．

---

53) Foster, Kenneth W., 2002（前掲書＝注48）参照．
54) Zhao, Xiumei, 2005（前掲書＝注48）参照．
55) Yang, Guobin, 2005（前掲書＝注48）参照．

第3節　市民社会の論理を支える草の根NGO

1．既存研究が抱える問題点

　第1節では中国国内における第三部門の研究について，主に市民社会の理論的枠組みと関連して整理・検討し，第2節では海外の研究者による中国の第三部門（主に社会団体）に関する研究について，国家－社会関係というより広い視点から紹介・検討してきた．本節は既存研究の傾向と問題点を指摘したうえで，本書の着眼点とねらいを明らかにし，第2部と第3部における本書の構成と内容について説明しておきたい．

　（1）研究対象について

　既存研究を検討すると，とりわけマクロ的考察の場合，研究対象は民間組織（社団）全体に設定されていることが多く，議論が法定民間組織である社会団体，民弁非企業単位，基金会に照準が合わせられている傾向があることに気づく．むろん，中国の国家と社会との関係を捉えるうえで，法的民間組織への注目は重要な意義がある．しかし，第1章でも述べたように，民政部門で登記している民間組織以外に，他の形式で登記している民間組織や，未登記の組織も数多く存在するだけでなく，その規模は法定民間組織をはるかに上回ると推測されている．これらの組織は民政機関発行の法人証書は所有しないものの，民間組織として公開活動を行なっており，決して秘密結社ではない．未登記もしくは別形式で登記している民間組織は，中国社会の新しい構成要素であることは，疑う余地のない事実であり，官からの自治性という意味で，これらの組織は中国の民間組織の中でも最も国際的基準に近いNGOであるという指摘もある[56]．

　現段階では，このタイプの組織に関する研究はごくわずかである．Zhaoは，市民社会の理論的枠組みを用いながら組織構造，運営過程，政府との関係という3つの側面から，未登記組織に関する全体的な考察を試みている[57]．結論と

---

56) Zhao, Xiumei, 2001, "An Analysis of Unofficial Social Organizations in China : Their Emergence and Growth", *Journal of the Japan NPO Research Association*, Vol. 2, No. 2.
57) Zhao, Xiumei, 2003（Doctoral dissertation）, *A study of unincorporated associations in contemporary*

して，中国に市民社会が出現しつつあるというならば，それは脆弱で未熟な市民社会にほかならず，人間関係網と国際社会への強い依存性が指摘されている．ほかには，Mark Sidelは，1980年代に異論保有者や自由改革派の学者によって組織された未登記団体（unregistered associations）に関する研究を行なった[58]．Whiteは，中国社団に関する総合的研究の中で，正式な法人格をもたない組織，例えば「二級社団」，宗族などの伝統的な民間組織，半正式な組織などに言及したことがあり[59]，Fosterも，社会現象としての未登記社団に気づいている[60]．だが，全体的に見れば，このタイプの組織に関する研究ははるかに不十分であり，総合的な描写と専門的な分析に至っては，ほとんど皆無といっても過言ではない．

法定民間組織以外の民間組織を表舞台に登場させるには多くの困難が伴う．例えばその正確な数や規模を把握できないこと，明文化された組織の制度や規約などが見つかりにくいこと，組織の構成員が流動的であること，分野も形式も多様であり包括的な把握の基準を設定しにくいこと，などである．だが，これらの組織に対するより総合的な把握と，より専門的な分析がなされてこなかったことは，中国における第三の社会領域を理解するうえで重大な欠陥をもたらす．それは単に研究対象として不完全であることを意味するだけではなく，研究視点の重大な欠陥を意味するからである．

（2）研究視点について

法的な登記形式を基準に民間組織を分類し，法定民間組織のみに研究のまなざしを向ける場合，陥りやすい落とし穴が2つある．

1つは，他の領域（とりわけ政府）との「関係」，そして生存「環境」といった「外部要因」からしか，民間組織の存在と発展の可能性を見ることができなくなることである．法定民間組織にとって政府との関係はまさに組織の生死をも左右する最重要事項であり，「与えられる生存環境」という視点にせよ，

---

transitional China – re-examining civil society in China, Tokyo Institute of Technology.
58) Sidel, Mark, 1995, "Dissident and liberal legal scholars and organizations in Beijing and the Chinese state in the 1980s", Davis, Deborach S., et al (eds.), *Urban Spaces in Contemporary China*, Woodrow Wilson Center Press and Cambridge University Press.
59) White, Gordon, Jude Howell and Xiaoyuan Shang, 1996（前掲書＝注34）参照．
60) Foster, Kenneth W., 2001（前掲書＝注48）参照．

「勝ち取る生存環境」にせよ，政府との関係性だけが問題とされる狭隘な議論であるには違いはない．市民社会論の二元論による考察，コーポラティズム・モデルによる解釈は特にこの傾向が顕著であるが，市民社会論の三元論による考察，動的プロセスの分析も，政府との協働関係や，政府に対する戦略，政策や制度へのアプローチなどに既存研究の視線が集まっている．

　もう1つは，既存研究の延長上に，この領域の展望，ビジョンが描きにくいことである．市民社会の「規範的概念」としての側面に注目した議論では，民間組織の発展の目指すべき方向性として，中国の「民主建設」を推進することが想定されている．「民主建設」促進の真意はどこにあるのか．ウォルツァーの指摘が理解の一助となる．市民社会の理念が再び注目されるようになったのは，全体主義に対する闘争という政治的議論においてであることを踏まえたうえで[61]，ウォルツァーは市民社会の目的について，「国家の非中央集権化を推進すること」「市場の行為主体の多様性をもたらす経済の社会化を促進すること」「ナショナリズムの多元化を促進すること」という3点を指摘している[62]．つまり，民主建設を目指すならば，非中央集権化，経済の社会化，単一のナショナリズムからの脱却を促進していかなければならない．しかし，このような方向性について，「中国社会の現状では実現が望めない，あるいは望むべきではない」との見方がある[63]．このような到達点としての方向性のみでは，民間組織の発展の可能性に関する具体的なビジョンを示すことは困難である．

　「市民社会」を構成する主要な組織として民間組織を位置づけることに関しては，大方の研究者は一致している．しかし，民間組織は何をもって市民社会を構成する組織として位置づけられるのかに関しては，必ずしも詳細な検討がなされておらず，むしろ暗黙の前提とされることが多い．中間団体論や公共性理論にその歴史的および理論的根拠を求めることはできるものの，民間組織のどのような要素が，どのような条件のもとで，いかなる仕組みによって，いかなるプロセスを経て，市民社会を構成していくことができるのかについて，

---

61) ウォルツァー（前掲書），2ページより．
62) 同上32ページより．
63) 趙勤，2002「市民社会，公共領域及其与中国法治発展的関係（市民社会，公共領域とそれが中国の法治化の発展との関係性）」『開放時代』2002年3月号．

我々は依然として明確な回答を得ることはできない．

　市民社会に民間組織を位置づけるならば，政府などの「外的環境」との関係性に着目する「外的形成過程」だけでなく，民間組織の存在と活動に含まれた内的要素が，どのように働けば市民社会の生成に貢献するのかという，いわば「内的生成過程」への着目も重要であろう．「民間組織のどのような部分・特徴が，市民社会内部の生成的要因になり得るのか」に注目することが，本書の基本的な視点である．

　そのためには，研究対象の設定基準を再考しなければならない．考察の対象に対する分類軸を「法人格」や「登記機関」などに置かずに，「上からの民間組織」「下からの民間組織」という分類法を用いるのが有効だと考えられる．第1章第2節で定義していたように，官（政府）によって直接・間接的に設立された「上からの民間組織」と，民間人が自発的に設立し，組織化した「下からの民間組織」に大別し，下からの民間組織を「草の根NGO」と呼び，本書の研究対象としたい．

　本書は，中国の草の根NGOに関する総合的な，専門的な分析を目指したい．

2．市民社会の論理（ロジック）に目を向ける

　研究視点を「市民社会の内的生成過程」に置くことは，すなわち，市民社会の内部の成り立ちに注目することである．「成り立ち」とは，単に実態としての組織の存在と活動を意味するのではなく，むしろ市民社会ならではの「論理（ロジック）」の成立により多く注目しなければならない．なぜなら，市民社会を支えるのは特定のタイプの組織の存在というよりも，そのタイプの組織の「考え方」「動き方」などの特定のスタイルにほかならないからである．表面上非政府や非営利をうたっても，その考え方と動き方に非政府，非営利を表現した特定の「論理」が見られなければ，それは市民社会の一部を成す存在とはいえなくなる．「市民社会の内的生成過程」の解明とは，その論理を支える仕組みと過程の解明を指し示す．

　では，市民社会の論理とは，具体的に何を指すであろうか？　本書では特に以下の3点に注目する．「公共世界への関心と行動との結びつき」「自発的組織化」「組織の自治」である．

「公共世界への関心と行動との結びつき」は，市民社会の論理の中でも最も基本的な１つである．市民社会論の再登場は，当初は東欧反体制派の人々が社会主義国家を攻撃するための理念として語られていたが，三元論としての市民社会論が主流となった現在，市民社会はもはや単純に国家や政府への攻撃性を意味するものではない．Ｊ・エーレンベルクによれば，「横暴な国家を規制し，市場による破壊性を緩和し，瀕死の公共的領域を再活性化し，困窮家族を救出し，地域生活を再生するもの」として，市民社会が期待されているという[64]．かつての多元主義者たちが期待したように，利益団体や圧力団体などのいわゆる「中間団体」を市民社会の主役と位置づけ，団体のエリートを通して大衆の私的利益を政治に体現させていくという意味での「市民参加」では，このような市民社会の実現が望めない．それは「公共的生活が私的利害の総和以上の何者かであることが明らか」だからである[65]．私的利益に基礎を置いた中間団体論的市民社会の理解に対して，正面から公共利益に対する市民参加を主張する重要性が，市民社会論において求められるようになった．特に消費社会の進行によって，ほとんどすべての社会領域が全面的な商品化に浸食されるなか，もっぱら私的利益や私的関心に生きる「消費者」としての個人の目を，いかに公共利益に向けさせるかが，市民社会論の主要な論点として提起された．人々の政治的無関心を決定的なものにした巨大な消費社会に警鐘を鳴らすＨ・アーレント，私的利害から出発した「目的－手段」的な戦略行為に対して，他者の了解を志向するコミュニケーション的行為を主張し，公共における討論の論理によって，私的利害を討論の次元において放棄させることを説いたハバーマス，功利主義的個人主義を批判し，公共への参加を強調する「共和主義的，聖書的系譜の個人主義」の復権を唱えたＲ・Ｎ・ベラーらなど，市民社会の公共性に関する議論で最も多く引用される論者は，まさに私的利益をまとめていく市民社会から，「公共利益に目を向け，行動する市民社会」への転換の重要性を指摘している．その土台を作り上げる論理とは，本書で最初に挙げる「公共世界への関心と行動との結びつき」にほかならない．

---

64) Ｊ・エーレンベルク『市民社会論:歴史的・批判的考察』(2001年邦訳版) 青木書店，276ページより．
65) 同注64，286ページより．

2番目の「自発的組織化」とは，組織の由来と成り立ちに関する論理である．「自発性」はボランティア活動において最も頻繁に用いられる言葉の1つであり，「自由意志」を意味するギリシア語の語源（voluntas）から，「強制されない，自らの意志」という性質を示す言葉とされている．「強制されない」ことは，「自生する」市民社会にとっては不可欠な論理である．特に中国社会において，「自然に生まれる」ことは単に「設立者が政府ではない」こと以上の意味をもつ．第1に「このような組織が自然に生まれる」空間と条件が中国社会においてできたことを意味しており，第2には，「人民の代表，代理人」とされてきた政府と別に，公共の事柄を「代表・代理人」として担っていく「市民の論理」がそこで生まれたことを意味するのである．

最後に「組織の自治」は，組織の運営と発展を左右する力の所在に関する論理であり，いうまでもなくコントロール権が組織の内部にあることを意味する．この点は，市民の組織を語る際には，「自発的組織化」と一対となる論理である．前記の3点は市民社会の「生成過程」を考える道標でもある．「関心→行動→組織化→自治」，市民社会たり得る根拠は，この軸にあるといっても過言ではないであろう．

本書の第2部は，草の根NGOのいかなる要素が，いかなる条件において，いかなる展開によって，前記の3つの論理を支え得るのかについて，検討するものである．第2部は本書のメインの部分であり，それぞれ人的資源，資金，技術的資源，社会的資源の視点から「知識人」「海外の財団や基金会」「メディア」「ソーシャル・キャピタル」「社区（行政コミュニティ）と小区（団地）」などの要素に注目した分析となっている．その後第3部では内的生成過程に関連した外的環境にも目を配り，海外のNGOの影響と役割，政府との関係，企業との関係についてそれぞれ論じる．

中国の市民社会は，西洋モデルと異なる，独自の展開の道を探り出さなければならない．本書は，将来性を語るものでも，現実的な妥協案を示すものでもない．刻一刻と動いている様々な草の根NGOの実践を見据えて，中国にある市民社会の鼓動を伝え，その生き方と生命力の源を探ろうとするものである．

引用文献

中国語の論文と書籍

陳健民・丘海雄,1999「社団社会資本与政経発展(社会団体の社会的資本と政治経済的発展)」中国社会科学院『社会学研究』1999年第4号:64-74.

陳林,2002「从非国有化到非営利化:NPO法人治理問題(非国有化から非営利化へ:NPO法人のガバナンス)」『中国研究』学術年刊第8号(http://www.nsc.cuhk.edu.hk.wk.asp).

陳晏清・王新生,2001「市民社会観念的当代演変及其意義(市民社会観念の現代的変容とその意味)」『南開学報(哲学社会科学版)』2001年6号:29-37.

鄧正来・景躍進,1992「建構中国的市民社会(中国の市民社会を構築する)」『中国社会科学季刊』(創刊号特別寄稿).

鄧正来,1997『国家与社会-中国市民社会研究(国家と社会:中国市民社会研究)』四川人民出版社.

郭道久・朱光磊,2004「杜絶新人患老病:構建政府与第三部門間的健康関係(新人が古い病気に感染するのを防げ!:政府と第三部門との健康的な関係作りのために)」『戦略と管理』2004年第3号(http://www.nsc.cuhk.edu.hk.wk.asp).

郭娜「第三部門還是第一部門:一項透過扶貧活動対非政府組織的解釈,以武漢市為例(第三部門?それとも第一部門:武漢市の救貧プロジェクトから見る非政府組織への理解)」(http://mumford.albany.edu/chinanet/shanghai2005/guona_ch.doc).

郭宇寛,2005「NGO発展能否化解中国真問題(NGOの発展は本当に中国の問題を解決するのか)」(http://www.yannan.cn/data/detail.php?id=7427).

洪大用「民間環保力量成長機制研究(民間環境保護勢力が成長するメカニズム)」(http://www.bjsjs.org/news/news.php?intNewsId=1738).

康暁光,1999『権力的転移-転型時期中国権力格局的変遷(権力の転移-転換期の中国における権力構造の変遷)』浙江人民出版社.

康暁光・韓恒,2005「分類控制:当前中国大陸国家与社会関係研究(分類とコントロール:現代中国大陸の国家-社会関係の研究)」『社会学研究』2005年第6号(http://www.nsc.cuhk.edu.hk.wk.asp).

梁治平,2001「民間,民間社会与Civil Society:Civil Society概念的再検討(民間,民間社会とCivil

Society：Civil Society概念の再検討)」(http://www.gongfa.com/civilsocietyliangzp.htm, 2001-12-20).

劉偉, 2005「当前中国第三領域発展面臨的難題（現代中国第3領域発展の困難）」『当代中国研究』2005年第3号 (http://www.nsc.cuhk.edu.hk.wk.asp).

陸建華, 2000「大陸民間組織的興起－対北京三個緑色民間組織的個案分析」『中国社会科学季刊（香港）』No. 32：117-131

田凱, 2003「機会与約束：中国福利制度転型中非営利部門発展的条件分析（機会と制約：中国福祉制度の転換における非営利部門発展の条件）」(http://www.sociology.cass.cn).

田凱, 2005「政府与非営利組織的信任関係研究：一個社会学理性選択理論視角的分析（政府と非営利組織との信頼関係に関する研究：合理的選択理論のアプローチから）」『学術研究』2005年第1号 (http://www.nsc.cuhk.edu.hk.wk.asp).

童世駿, 1993「第三個向度－与政治, 経済関係微妙的市民社会（第三の志向：政治と経済と微妙な関係性をもつ市民社会）」『欧州』1995年第3号 (http://www.scuphilosophy.org/bbs/boke.asp?tongshijun.showtopic.1896.html).

謝海定, 2004「中国民間組織的合法性困境（中国民間組織の合法的困難）」『法学研究』2004年第2号.

王名編, 2000『中国NGO研究：以個案為中心（中国NGO研究：ケーススタディを中心に）』北京連合国区域発展中心.

王名編, 2001『中国NGO研究2001：以個案為中心（中国NGO研究2001：ケーススタディを中心に）』北京連合国区域発展中心.

王紹光・何建宇, 2004「中国的社団革命：勾勒中国人的結社全景図（中国の社団革命：中国人の結社の全景図を描く）」『浙江学刊』第149号 (http://www.nsc.cuhk.edu.hk.wk.asp).

王岩, 2000「馬克思的"市民社会"思想探析（マルクスの『市民社会』思想の探求）」『江海学刊』2000年第4号：108-113.

兪可平, 2002「中国公民社会的問題興起及其対治理的意義（中国市民社会の台頭とガバナンスへの意義）」兪可平編『中国公民社会的興起与治理的変遷（中国市民社会の台頭とガバナンスの変遷）』社会科学出版社：189-223.

兪可平, 2006「中国公民社会：概念, 分類与制度環境（中国の市民社会：概念, 分類と制度環境）」『中国社会科学』2006年第1巻：109-122.

趙勤, 2002「市民社会, 公共領域及其与中国法治発展的関係（市民社会, 公共領域と中国の法治化の発展との関係性）」『開放時代』2002年3月号：22-31.

趙秀梅，2004「中国NGO対政府的政略：一個初歩考察（政府に対する中国NGOの戦略：初歩的考察）」
『開放時代』2004年第6号（http://www.opentimes.cn/to/2004061/05.htm）.

占少華・韓嘉玲「中国的農民工非政府組織：経験与挑戦（中国の農民工非政府組織：経験と挑戦）」
（http://www.sociology.cass）.

鐘一彪「非営利組織目標替代的制度分析：以外来工子弟学校為例（非営利組織の組織目標の転換に関する制度分析：農民工子弟学校を事例に）」（http://www.sociology.cass.cn）.

日本語の論文と書籍

Ehrenberg, John, 1999, *Civic Society : The Critical History of an Idea*, New York University（＝2001, ジョン・エーレンベルク著，吉田傑俊訳『市民社会論:歴史的・批判的考察』青木書店）.

松下圭一，1985『市民文化は可能か』岩波書店.

佐藤慶幸，2002『NPOと市民社会：アソシエーション論の可能性』有斐閣：156.

篠原一，2004『市民の政治学：討議デモクラシーとは何か』岩波新書.

山口定他，2005『現代国家と市民社会：21世紀の公共性を求めて』ミネルヴァ書房.

Habermas, Jurgen, *Strukturwandel der Offentlichkeit: Untersuchungen zu einer Kategorie der burgerlichen Gesellschaft*, Suhrkamp Verlag（＝1994，ユンゲル・ハバーマス著，細谷貞雄・山田正行訳『公共性の構造転換：市民社会の一カテゴリーについての探究』未來社）.

Walzer, Michael, 1995, *Toward a Global Society*, Berghahn Books, Inc.（＝2001，マイケル・ウォルツァー著，石田敦他訳『グローバルな市民社会に向かって：多文化時代における市民社会の有効性を問う』日本経済評論社）.

英語の論文と書籍

Chan, Anita, 1993, "Revolution or Corporatism ? Workers and Trade Unions in Post-Mao China", *The Australian Journal of Chinese Affaires*, No. 2 : 31-61.

Chan, Kin-man and Hai-xiong Qiu, 1998, "Small Government, Big Society: Social Organizations and Civil Society in China", *Series of Chinese Studies*, No.8 : 34-47.

Flower, John and Pamel Leonard, 1996, "Community Values and State Civil Society in the Sichuan Countryside", Hann, Chris and Dunn Elizabeth (eds.), *Civil Society, Challenging Western Models*, London and New York: 199-221.

Foster, Kenneth W, 2001, "Associations in the Embrace of an Authoritarian State : State Domination

第3章　草の根NGOと中国の市民社会

of Society ? ", *Studies in Comparative International Development*, Winter. Vol. 35. No.4 : 84-109.

Foster, Kenneth W. 2002, "Embedded within state Agencies : Business Associations in Yantai", *The China Journal*, No. 47 : 41-65.

Frolic, Michael B., 1997, "State-led civil society", Brook, Timothy and B. Michael Frolic (eds.), *Civil Society in China*, M. E. Sharpe: 46-67.

He, Baogang, 1997, *The Democratic Implications of Civil Society in China*, Macmillan Press Ltd.

Howell, Jude, 1995, Civil Society, Benewick, Robert and Paul Wingrove (eds.), *China in the 1990s*, Houndmills-MacMillan : 73-82.

Howell, Jude, 1996, "The Struggle for Survival: Prospects for the Women's Federation in Post-Mao China", *World Development*, Vol. 24, No. 1 : 129-143.

Howell, Jude, 2000, "Organizing Around Women and Labor in China : Uneasy Shadows, Uncomfortable Alliances", *Communist and Post-Communist Studies*, Vol. 33 : 355-377.

Nevitt, Christopher Earle, 1996, "Private Business Associations in China : Evidence of Civil Society or Local State Power ? ", *The China Journal*, No.36 : 25-43.

Pearson, Margaret M., 1994, "The Janus Face of Business Associations in China: Socialist Corporatism in Foreign Enterprises", *The Australian Journal of Chinese Affairs*, No. 31 : 25-46.

Putnam, Robet D., 1993, *Making Democracy Work : Civic traditions in modern Italy*, Princeton, NJ : Princeton University Press.

Ru, Jiang and Leonard Ortolano, 2004, *State Control of Environmental Non-Governmental Organizations in China*, Sengo Conference, Beijing, April : 24-26.

Saich, Tony, 1994, "The Search of Civil Society and Democracy in China", *Current History*, September : 260-264.

Saich, Tony, 2000, "Negotiating the State : The Development of Social Organizations in China", *The China Quarterly*, No.1 : 124-141.

Schmitter, Philippe C., 1974, "Still the Century of Corporatism ? " Fredrick B. Pikeand Thomas Stritch, (eds.), *The New Corporatism : Social-Political Structures in the Iberian World*, Notre Dame : University of Notre Dame Press: 85-131.

Sidel, Mark, 1995, "Dissident and liberal legal scholars and organizations in Beijing and the Chinese state in the 1980s", Davis, Deborach S., et al (eds.) *Urban Spaces in Contemporary China*, Woodrow Wilson Center Press and Cambridge University Press : 326-346.

Unger, Jonathan and Anita Chan, 1995, "China, Corporatism, and the East Asian Model", *The Australian Journal of Chinese Affaires*, 33 : 29-53.

Wasserstrom, Jeffery N. and Xinyong Liu, 1995, "Student Associations and Mass Movements", Davis, Deborach S., et al (eds.), *Urban Spaces in Contemporary China*, Woodrow Wilson Center Press and Cambridge University Press : 362-393.

White, Gordon, 1993, "Prospects for Civil Society in China : A Case Study of Xiaoshan City", *The Australian Journal of Chinese Affaires*, 29 : 63-87.

White, Gordon, Jude Howell and Shang Xiaoyuan, 1996, *In Search of Civil Society in China*, Clarendon Press, Oxford.

Yang, Guobin, 2005, "Enviornmental NGOs and Institutional Dynamics in China", *The China Quarterly*, No.181 : 47-66.

Yang, Mayfaire Mei-hui, 1989, "Between State and Society : The Construction of Corporateness in a Chinese Socialist Factory", *The Australian Journal of Chinese Affaires*, No. 22.

Yang, Mayfaire Mei-hui, 1995, *Gifts, Favors, and Banquets*, Ithaca and London : Cornell University Press (2nd printing).

Zhang, Yuguo, 1994, *Civil Society in Post-Mao China*, Master Thesis of Simon Fraser University, Canada.

Zhang, Yunqiu, 1997, "From State Corporatism to Social Representation : Local Trade Unions in the Reform Years", Timothy Brook and B. Michael Frolic (eds.), *Civil Society in China*, M.E. Sharpe : 124-148.

Zhao, Xiumei, 2001, "An Analysis of Unofficial Social Organizations in China : Their Emergence and Growth", *Journal of the Japan NPO Research Association*, Vol. 2, No.2 : 133-142.

Zhao, Xiumei, 2003 (Doctoral dissertation), *A study of unincorporated associations in contemporary transitional China − re-examining civil society in China*, Tokyo Institute of Technology

Zhao, Xiumei, 2005, "From Adapting to Political Constraints to Influencing Government Policy : a Study of the Strategies of Chinese NGOs in NGO-state Interaction", *Journal of the Japan NPO Research Association*, Vol. 6, No.1 : 57-66.

第2部
草の根NGOを支える内的要因とその戦略

第4章

「知識分子」の役割

李 妍焱

　本章の目的は、市民社会の底流となり得る草の根NGOを支える人的要素を探ることである。特に、特殊な社会集団である「知識分子」に注目し、公共的世界への関心と行動、そして草の根NGOの自発的な組織化といった市民社会の論理を実践する存在として、社会的責任感の強い、公共心に富んだ「公共知識分子」の役割を強調したい。同時に、社会中間層における公共知識分子の位置づけを明らかにし、より多くの人的資源を草の根NGOにもたらすための公共知識分子の役割についても考えていきたい。

第1節　特殊な社会集団―「知識分子」

1.「知識分子」≠知識人

　日常的にはほとんど使われない日本語に、「知識人」という言葉がある。広辞苑では「知識・教養のある人」と解釈しているが、高澤秀次の『戦後知識人の系譜』を紐解くと、丸山眞男、清水幾太郎、竹内好、鶴見俊輔、大塚久雄、司馬遼太郎などの、錚々たる文化人が名を連ねている。中国で使われる「知識分子」を日本語に直訳すれば「知識人」となるが、歴史に名が刻まれる著名な文化人も含まれるものの、むしろ1つの特殊な社会集団を指すというイメージが強い。それゆえに、その解釈と理解も、日本語の「知識人」よりはるかに複雑で、一筋縄ではいかない。

　「知識分子」という言葉が最初に中国で用いられたのは、1925年頃だと言われている[1]。1939年、共産主義革命への知識分子の参加を拡大させるために、

中国共産党が「大量に知識分子を吸収せよ」と題する決定を下し,「中国共産党の事業はそこから振興の道を歩み出した」という。その理由は,知識分子の「理論と理性に基づいた信念」は,共産党の支持層である労働者や農民の「素朴な支持感情」よりもずっと力強く,動じがたいものであったからである[2]。当時の「知識分子」の概念は,中国古来の「士」の思想に大きく依拠していたと思われる。孔子と孟子の思想には,いずれも「士志於道(士が道を志す)」とあり,「士」は知識を有するのみならず,社会的な道義を重んじ,その維持に努め,私利私欲を顧みずに普遍的な真理を追求し,主張していく人として理解されていた。「社会的な道義」には,「天の道」と「人の道」の両方が含まれるとされる。天の道とは「自然の法則」を指し,「人の道」とは基本的な価値・規範と行動の方法を指す。「道」はしばしば「国を治める道」と同意で用いられていた[3]。「人の道」には,代々伝えられてきた「天下の興亡,匹夫に責あり[4]」という愛国主義の伝統と,行政的権力に屈することなく「社会的良心」を担う存在であるべきだという道徳観も含まれている[5]。したがって,伝統的な知識分子は,権力者とは一線を画したところで,国を愛し,自然の法則を探求し,社会の正義と良心を追求する者として定義されていたといえよう。

　中華人民共和国建国後,知識分子の定義は大きな転機に直面した。毛沢東の階級理論に基づく国づくりのために,知識分子を階級に位置づけなければならなかったのである。中国古来の「士」の思想には「階級」の概念が含まれておらず,また,知識社会学の創始者とされるK・マンハイムの定義においても,知識人はあらゆる階級から解放された,階級に所属しない存在とされた。社会主義中国では,知識分子を社会階級に位置づけて「再定義」していく必要があったが,知識分子を資産階級(ブルジョア)に属する集団としてみるべきか,それとも無産階級(プロレタリア)に属する集団としてみるべきかに関する長

---

1) 陳明遠,2006『知識分子与人民幣時代(知識分子と人民元の時代)』文匯出版社,3ページより。
2) 裴毅然,2004『中国知識分子的選択与探索(中国知識分子の選択と探索)』河南人民出版社,222ページより。
3) 徐大同,2003「勢尊道,又尊于道(勢は道を尊ぶ,そして道に準ずる:中国伝統知識分子の研究)」趙宝煦編『知識分子与社会発展(知識分子と社会発展)』華夏出版社,53-54ページより。
4) 顧炎武『日知録』より。中国では最もよく知られている言葉の1つである。
5) 楊継縄,2003「中国知識分子的現状和未来(中国知識分子の現状と未来)」趙宝煦編『知識分子与社会発展(知識分子と社会発展)』華夏出版社,19ページより。

い論争が巻き起こった．1950年代，中国共産党中央委員会組織部は以下の3つの基準で知識分子を定義した．1）高校以上の学歴を有する国家幹部（行政や経済の仕事に携わる管理職），2）技術者の称号を有する者（高校や大学の教師，エンジニア，新聞社やテレビ局などに勤めるジャーナリストと編集者，制作者，医療スタッフ），3）中学校と小学校の教師（民間の小学校は除外）．1950年代には，共産党政権を支える「無産階級」に，基本的に「労働者，農民，解放軍，知識分子」という4つの社会集団が位置づけられた．なお，50年代の知識分子の規模は500万人程度といわれている[6]．

このように，社会主義中国の成立後，知識分子は「社会的な道義」に生きる指針を求める「士」の精神を受け継ぎながらも，学歴や職業によって線引きされた特殊な社会集団として認識されるようになったのである．

2．苦難に満ちた知識分子の歴史

知識分子は，狭義的には主に「人文知識分子」「科学技術知識分子」に分けられるが，中でも「人文知識分子」は最も「人の道」を追い求める存在とされ，人類の問題と社会の問題に敏感に反応し，権力に媚びない，屈しない遺伝子を有する者とされている．したがって歴史上，人文知識分子は常に権力に弾圧されやすい立場に立たされてきた．

中国の歴史書を調べれば，虐殺，投獄など，「士」が経験してきた悲惨な出来事に多く遭遇する．戦国時代，楚国の詩人である屈原の入水自殺，秦の始皇帝による「焚書坑儒（書物を燃やし，知識人を生き埋めにする）」，東漢時代，政治を批判した「太学生（当時の最高学府である太学で学ぶ学生）」に対する弾圧と殺害，元の時代には「八番に娼婦，九番に儒子，十番に物乞い」という言葉に象徴されるように，学問を営む者の社会的地位は娼婦以下とされ，さらに歴代王朝に必ずと言っていいほど行なわれた「文字獄（為政に不利だと判断された文学作品の作者が投獄，迫害されること）」で，多くの「士」が横暴な権力側によって命を奪われた[7]．

6）陳明遠，2006（前掲書），4ページより．
7）陳哲夫，2003「中国知識分子対社会的貢献及其命運（社会に対する中国知識分子の貢献とその運命）」趙宝煦編『知識分子与社会発展（知識分子と社会発展）』華夏出版社，67ページより．

社会主義中国成立後，知識分子は共産党政権を支える階級として位置づけられ，知識分子の「政治化」と「イデオロギー化」が進行し，特に人文知識分子は政治権力の中枢にまで入り込むようになった．しかし他方では，知識分子はかつての中産階級としての経済的，社会的地位を投げ捨て，労働者や農民と同等の低収入に甘んじなければならないだけでなく，権力闘争に巻き込まれることもしばしばであった．何よりも10年に及ぶ文化大革命において知識分子が受けた迫害と不当な境遇は，周知するところである．「臭老九[8]」と呼ばれ，自分の教え子やかつての同僚に体を縛られ，群衆に囲まれ，ありもしない罪名で罵倒され，謝罪を迫られ，身体的，精神的なリンチを受ける．そんな日々に耐えられずに自殺する人は跡を絶たなかった．

　文革大革命が終焉を迎え，中国が一気に改革開放に突入した1980年代，商売人が富を手に入れる傍らで，知識分子の多くは困窮と戦わざるを得なかった．文化大革命でずたずたにされた名誉と自尊心がまだ完全に回復しないうちに，「下海（海に入る）」と喩えられる自由な商業活動が身の回りで氾濫し，従来の社会的秩序や価値観，道徳観が音を立てて崩れ去っていった．商業の海に投げ出され，溺れそうになりながら生計を立てることに必死だった知識分子の境遇は，文化大革命時代とは違う意味で耐えがたいものであったかもしれない[9]．

3．知識分子の現状と公共知識分子という概念の提起

　1982年の中国人口調査の職業分類欄を参考に，陳明遠は18の職業に分類された頭脳労働者を，3つのタイプにまとめている．第1は「知識専門労働者」であり，科学技術的知識を用いて物質的な財と精神的な財を創出する専門技術者と定義されている．第2は「知識教育伝授者」であり，主に教員を指す．第3は「リーダーと管理者」であり，政府機関や各種社会団体，企業などの組織の

8）「臭い九番目」という意味で，知識分子の極端に低い社会的地位を示した言葉である．
9）裴毅然，2004（前掲書）は，1988年に，30年以上の教育歴を有する優秀な教師が，表彰される際に副賞として「やかん」をもらったエピソードや，雀の涙ほどの給料さえも支払ってもらえずに，別の学校で出稼ぎをしたエピソードを紹介している．80年代と90年代前半，組織に所属していた知識分子の給与体系は経済改革による価格上昇に追いつかずに，給与だけでは生計を維持することはできなかった．知識分子による「出稼ぎ」は普遍的な現象であった．科学技術知識分子に対する需要は多く，出稼ぎ先に困ることはなかったが，人文知識分子の出稼ぎ先は少なく，生活は困窮していた．

経営陣，中間管理職を指す．政府公務員も含まれるという[10]．建国後の階級闘争と文化大革命での迫害を経て，知識分子は「士」の思想体現した存在として認識するよりも，「職業人」「組織人」として認識したほうがより実態に近いのかもしれない．裴毅然が指摘しているように，20世紀（特に後半）の中国の知識分子は，社会全体の貧困を背景に，「小知識分子」に留まっていたといえる．彼らは教壇や新聞社，政府機関の中で安い給料と引き替えに自らの命を燃やし，誠実な労働をもってなんとか生計を立てようと望んだ．

　彼らは思考する余裕がなく，より高い境地に到達するための準備もできず，個人的な才能を発揮することもほとんどない．……事実上，彼らは普通の庶民と何ら変わりはなかったのかもしれない[11]．

80年代以降，知識分子は収入を得るための「誠実な労働」よりも，専門知識を生かした「効率の良い稼ぎ方」に興味が移ったように見える．「80年代まで，知識分子は教壇で生計を維持しながら，収入と関係なしに，個人的な趣味もしくは志として学術的な研究を行なっていたが，80年代以降，学術活動が経済活動と直結するようになり，学問に著しく功利性と世俗化が見られるようになった」と，裴毅然は述べている[12]．だが，引っ張りだこであった「科学技術知識分子」に対して，人文知識分子の社会的な位置づけと評価は常に「微妙」であったといわなければならない．

　知識の市場化は，知識分子の商品化を意味しており，需要と供給の基準に支配されることを意味する．その結果，価値や理念，意味などの『つかみ所のない』話題を得意とする人文知識分子はその聴衆を失ってしまい，直接的な経済効果と応用価値を有さない理論科学の前途に暗雲が立ちこめた[13]．

政治の中枢に入るのはもはや人文知識分子よりも，科学技術知識分子の方であり，拝金主義，実用主義，消費主義，享楽主義の横行と相まって，人文知識分子は大衆の無関心に晒された．

　しかし，このような無関心にもめげずに，一部の人文知識分子は「啓蒙者」

---

10) 陳明遠，2006（前掲書），5ページより．
11) 裴毅然，2004（前掲書），409-410ページより．
12) 裴毅然，2004（前掲書），410ページより．
13) 陶東風，1999『社会転型与当代知識分子（社会の転換と現代知識分子）』上海三聯書店，309-310ページより．

と自負し，中国の現代化を実現するための思想的，文化的転換を唱え，西洋の思想や問題解決の方法を貪欲に吸収する一方で，他方では中国の伝統思想の再考と批判的継承を行なった．1980年代は，かつてないほど様々な思潮や論争が思想界，文化界で巻き起こされ，盛んに展開されていた時代でもあった．その華やかさを「新五・四運動」と表現する人もいる[14]．著名な作家 王蒙は1978年から1988年までの人生経験を『大塊文章（骨太文章）』という書物にまとめた際に，記者会見では次のように述べている[15]．

　　80年代，改革開放の扉が徐々に開いていく中で，文芸界の論争が非常に盛んだった．それらの論争は私にとっては大きな挑戦であり，常に書く意欲を刺激してくれた．……日本のミュージカル「キャッツ」の上演も，ミスコンも80年代に実現したが，最初は抵抗がなかったわけではない．しかし，政府の許可や決定がなくても，これらの新しい物事は自然に人々に受け入れられていった．

　この時代に，思想的・文化的転換を唱えた人文知識分子を，「公共知識分子」と呼ぶことができる．シドニー科学技術大学の馮崇義は，知識分子を「専門知識分子（intellectual professionals）」と「公共知識分子（public intellectuals）」に大別し，前者を「記号文化・知識の創造・伝達を行なう専門家」，後者を「良心・理性と知識でもって社会政治活動に関与する有識者」と定義している[16]．前者は職業という視点から，後者は社会的責任や社会的役割という視点から規定した概念だといえる．本章では，職業という視点を排除するのではなく，職業上の活動も含めて，自らの社会的責任や社会的役割を意識して仕事・活動を行なう知識分子を，「公共知識分子」と呼ぶ．この観点から，例えば朱蘇力は，「自分の学術的専門領域を超えて，マス・メディアで社会的に注目されている問題について分析や評論を発表する知識分子，あるいは自らの専門分野が社会的に注目される問題と重なるために，自らの専門的知識をわかりやすく伝え，一定の評価を得た知識分子」と定義している[17]．本章ではこの定義を

---

14) 許紀霖，2004「都市空間視野中的知識分子研究（都市空間視野の中の知識分子研究）」『天津社会科学』2004年第3号．
15) 王洪波，2007「中華読書報」（http://www.zjcnt.com/Article/2007-08-08/94744.shtml）2007年10月30日参照．
16) 馮崇義，2003「市場化，全球化和中国知識分子的角色転換（市場化，グローバル化と知識分子の役割転換）」趙宝煦編『知識分子与社会発展（知識分子と社会発展）』華夏出版社，103ページより．

援用したい．

　公共知識分子の出現には3つの条件が挙げられている．「第1は，社会に重大な公共性の問題が存在すること．これはいかなる時代においても満たされる条件だといえる．第2は大なり小なり，自由に発言できる言論の空間が存在すること．第3は，ある程度の経済的自立性を有すること．中国の公共知識分子は，経済的欲望が低く，飢え死にさえしなければ物を言いたい人が多い」と，中国社会科学院哲学研究所の徐友漁が指摘している[18]．徐によれば，1980年代の「文化熱」は，改革開放によって誕生した公共知識分子に広い活動舞台を提供し，特に哲学，文学，倫理学などの抽象的な学問が花形であった．したがって，この時期の公共知識分子の論点は，現実問題ではなく，より抽象的な「主義」であったという．

　しかし1990年代以降に出現した公共知識分子は，現実問題を学問の対象にしており，より力強く，生命力に富んだ存在として社会で活躍するようになった[19]．その背景には，まず経済改革から社会改革への転換が挙げられる．格差の問題や社会的弱者の問題，環境問題や医療・福祉の問題など，山積する社会問題が目に見える形で噴出し，改善策と解決策の模索が人文知識分子の手に委ねられるようになった．中央政府も地方政府も，「政府専門家顧問団」を積極的に組織し，専門家に提案を求めようとしている．第2の背景として，1990年代以降激増した各種新聞や雑誌，出版社，テレビ局などのメディアの需要が挙げられよう．「書き手」へのニーズが急速に高まり，人文知識分子の「市場価値」が大幅に増大し，市場経済の「勝ち組」に名を連ねるようになった．その結果，大衆の評価も「無関心」から「羨望」へと変わっていった．

　徐による1980年代と1990年代の公共知識分子の比較には興味深い点が多いため，もう少し紹介しておこう．彼によれば，80年代の風雲児は啓蒙者を気どる

17）朱蘇力，2003「公共知識分子的社会構建（公共知識分子の社会的成立）」中国社会学会編『社会学研究』2003年第2号．
18）徐友漁，2004「当代中国公共知識分子的生成（現代中国公共知識分子の生成）」『当代中国研究』第87号（http://www.lwwzx.com/Freepaper/22204.htm）2007年10月30日参照．
19）徐によれば，80年代に活躍した公共知識分子は，文学，史学，哲学を専攻する人文科学者が多かったのに対して，90年代の公共知識分子は，経済学，社会学，法学，政治学などの社会科学者が多いという（出典は同注18）．

きらいがあり，具体的な問題が見えても，それを何らかの主義や文明といった大きい看板の下に置きたがるのに対して，90年代のキーパーソンたちは，実際の問題に立脚して，現実問題に対して自分なりの分析と思考を述べられなければならない．したがって，分野横断的な知識と思考力が求められる．80年代の公共知識分子は，西洋の理論的枠組みを借りて中国の現実の観察や研究，分析と評価を行なっていたのに対して，90年代の公共知識分子は，西欧の理論も実は一様ではなく，多元的であることに気づいている．

　草の根NGOを支える人的資源を考えるときに，まず注目したいのは，90年代以降の公共知識分子たちである．なぜなら，彼らの社会的責任感と社会的役割に対する自覚が，「公共問題への関心と行動力」を刺激し，さらに彼らの知識やノウハウ，社会的影響力が，草の根NGOの「自発的な組織化」と「自律的な組織運営」を力強くサポートしているからである．

第2節　草の根NGOと知識分子

　市場経済は，知識分子の収入源の多元化をもたらしただけではなく，知識分子に自らの存在価値を模索する自由と空間をも提供した．自らの価値を金銭的な報酬に反映させる活動のみならず，社会に寄与する慈善活動や公益活動に知識を貢献することが，自ずと知識分子にとって魅力的な選択肢の1つとなった．

1．民間シンクタンクや研究機関を創設する知識分子

　まず，公共への人々の関心と行動意欲を刺激し，NGOへの注目を学問的に提起するという意味で公共知識分子が行なっている活動について見てみよう．ここでは，主に民間シンクタンクや研究機関の創設に目を向けたい．民間のシンクタンクや研究機関は，政府系シンクタンクと異なる視点から政策提言を行なうだけでなく，雑誌と書物の刊行を通して，広く一般の人々に訴えかけることが可能だからである．

　比較的に早期に創立された政策研究型の民間シンクタンクとしては，1991年に遅福林が設立した「中国（海南）改革発展研究院」を挙げることができよう．遅福林は1986年に修士学位を取得した後に，中国共産党中央政治改革グループ

に研究員として在籍した経験のある知識分子である．中国（海南）改革発展研究院は，遅が海南省改革室の責任者を務める間に設立した研究所であり，その後10年間余りで関係政府部門に70を超える政策提言書を提出し，その多くが採用され，または参考にされていたという．さらに，論文600編以上，中国語・英語の書籍100冊以上という華やかな業績を世に送り出し[20]，中には数多くの受賞論文もある．彼自身も，1992年には「海南省の突出した貢献のある専門家」，1999年には「国務院特殊手当を受け取る専門家」に選ばれ，2002年には「全国50の傑出した専門技術人材」の称号を授与された[21]．

遅は最近の論文において，公共サービスの領域に非営利組織の参与が重要であると主張している．市場経済システムが確立された現状において，政府にとって最も優先すべき課題は「公平の追求」であり，そのためには公共サービスの推進が不可欠であると指摘したうえで，遅は多元的，参与型の公共サービス供給の仕組み作りを提案しており，民間組織による参入の重要性を強調している．

　社会の発展に伴い，政府にはすべての公共サービスを提供する能力も，必要性もない．社会性・公益性の高い公共サービスについては，政府の職能から分離させ，多様な主体による参加によって，効果的に供給していくメカニズムを作っていかなければならない．したがって政府は自らの公共サービスを供給する能力を強化すると同時に，積極的に民間組織を支持し，サポートし，導いていく必要がある[22]．

政策提言を直接目指すよりも，学術研究のレベルアップと具体的な制度設計に着目する民間の研究機関もある．「北京天則経済研究所」が代表例だといえよう．「天則」という名前は古典『詩経』から取ったものであり，「天の道，自然の摂理に合った制度と規則」を意味し，経済制度だけではなく，政治，文化などの諸制度・規則も研究所の研究対象となっている．1993年，著名な経済学

---

20) 張湛彬，2003「当代知識分子与民間機構的発展（現代知識分子と民間機構の発展）」趙宝煦編『知識分子与社会発展（知識分子と社会発展）』華夏出版社，203-204ページより．
21) http://www.china.com.cn/chinese/2005/Aug/950736.htm，2007年10月30日参照．
22) 遅福林，2007「建立公共服務体制与政府転型（公共サービス供給のメカニズムと政府機能の転換）」(http://chifulin.blog.china.com.cn/sp1/chifulin/15115294594.shtml) 2007年10月30日参照．

者である茅于軾，張曙光，盛洪，樊綱，唐寿寧と北京大象文化有限公司が共同で設立したこの研究所は，現在中国で最も影響力を有する民間のシンクタンクに成長しており，国内外の政府機関や金融機関，大企業の依頼を受けて研究活動を行なうと同時に，社会科学分野を中心に制度改革，制度の変遷を論じた学術書を数多く出版している．特に各種「論壇」の主催にその特徴が見られる．最も歴史の長い論壇である「双週学術討論会（隔週学術討論会）」は研究所設立当初から継続的に行なわれており，2007年1月までに326回開催されている．その内容は経済学に留まらず，社会学，法学，哲学，伝統思想などの分野にも及び，注目されている社会問題を取り上げて徹底的に討論し，その成果はすでに3冊の書籍にまとめられている．草の根NGOとの関連でいえば，NGO論壇の主催が挙げられよう．他にも20以上の論壇が開催されている．

このように，公共知識人たちが民間の研究機関を創設し，政策・制度の創造と革新，学術レベルの向上を目指して，それぞれの専門性を生かしながらも，専門領域を超えた研究成果を世に送り出し，政府と社会一般に対して啓蒙，提唱，提案活動を行なっている．NGO活動については，これらの研究所はしばしば促進・支持する立場から，政策提言と制度の提案を行なっている．

2．草の根NGOを創設する知識分子

知識分子と草の根NGOとの関連性を見る場合，やはり直接草の根NGOを設立した知識分子の話をしなければならない．NGOの自発的組織化という意味では，知識分子は重要な創設者集団として挙げられる．

本書でも言及してきた知名度の高い草の根NGOは，ほとんど知識分子によって創設されたものである．北京オリンピック環境問題顧問を担当する「地球村」の代表廖曉義は，哲学の修士号と米国の留学経験の持ち主である．国内で環境保護活動に専念するために，1995年彼女はアメリカのグリーンカードを放棄し，アメリカで貯めた2万ドルで制作した環境保護のドキュメンタリービデオをもって北京に定住した[23]．そのドキュメンタリーがきっかけになり，彼女が編集する環境保護専門の番組が中央テレビ第7チャンネルで放送されるよう

---

23) http://news.xinhuanet.com/overseas/2005-03/02/content_2639240.htm，2007年10月30日参照．

になった．テレビ番組の制作と編集に携わる一方で，彼女は「地球村」を率いて環境教育のための教材の編集や，環境教育基地の開設，ゴミの分類を促進する「緑色社区（緑のコミュニティ）」プロジェクト，北京－昆明間に「緑色列車（エコ列車）」を走らせるプロジェクト，エアコンを26度に設定することを提唱するプロジェクトなど，多くの実践活動に携わり，その知識力と実行力が高く評価されている．数々の受賞歴，そして1998年にアメリカ前大統領クリントンが訪中する際に，彼女がクリントンと意見交換を行なう環境保護活動家に選ばれたことからも，彼女への評価と注目を見ることができよう．

もう1つの著名な環境保護NGO「自然の友」の創設者も，高名な学者で，名門の出の梁従誠である．その家系はまさに典型的な知識分子の家系であり，祖父の梁啓超は中国近代史を代表する公共知識分子だといえる．父親の梁思成は中国を代表する建築家であり，清華大学建築学部の学部長を務め，国連ビルの設計，中国の象徴である人民英雄記念碑の設計にも携わった人物である．2人の叔父もそれぞれ高名な考古学者とロケット科学者であり，母親の林徽因は同じく著名な学者 林長民の娘であり，アメリカで建築学と舞台芸術を学び，帰国後は清華大学の教授を務め，同時に詩人としても知られていた．梁従誠自身も歴史学者であり，政治協商会議の委員でもある．「自然の友」の活動の傍ら，彼は多くの文章を執筆し，講演会で講義するなど，環境保護分野を超えて，市民社会全般に関わる文化的活動に従事している．

農家女文化発展センターの創設者 謝麗華は雑誌の編集者であり，北京紅楓女性心理諮問センターの創始者 王行娟は長年にわたって新聞と出版業界で活躍した知識分子であり，女性問題の研究者としても知られている．彼女と一緒に設立に関わった第1回理事会のメンバーを見ても，雑誌の副編集長や中国社会科学院の研究者などが名を連ねている．中国国内で最も代表的なNGOサポート組織である「NPO情報諮問センター（China NPO Network：CNPON）」の創始者と主要メンバーもほとんど博士号取得者，大学もしくは研究所に所属する学者である．北京だけではない．上海で活動する緑映公益事業発展センターの創始者 庄愛玲は社会学の博士号をもっており，アメリカで1年間フェローの経験もある．上海熱愛家園青年社区志願者協会の創始者も，名門復旦大学法学部の卒業生である．

市場経済の進展によって、知識に市場価格がつけられる一方で、他方では、知識による社会貢献の空間も開かれた。社会的責任を追求する公共知識人は、自らの知識と能力を生かして組織の立ち上げと運営に奔走している。本書第1章でも説明したように、法人格取得上の制限により、知識分子たちが創設した草の根NGOの多くは、企業として登記せざるを得ない。しかし、このような苦境に置かれても、彼らは海外とのネットワークや党・政府内部とのネットワークをおおいに活用し、組織の発展を成し遂げてきた。彼らの草の根NGO活動は、彼らを尊敬する後輩や学生、彼らの影響を受ける人々にとって、大きな刺激と励みになっているのは言うまでもない。

3. 第三部門全体のエンパワーメントを図る知識分子

　草の根NGOの組織力、とりわけ自治力を高めるためには、非政府・非企業を意味する第三領域全体のエンパワーメントが必要である。本節第1項で述べた民間の研究機関による研究成果の公表や政策提言、制度設計も、第三領域全体のエンパワーメントを推進する役割を有するが、ここでは、直接政治の舞台に身を投じ、あるいは政府体制内の研究機関に勤めながら、草の根NGOのエンパワーメントに尽力する知識分子の役割について述べたい。

　最も代表的な人物は、第3章の冒頭でも言及した清華大学NGO研究所の所長　王名教授である。王は日本の名古屋大学で博士号を取得した後に、中国最初の本格的なNGO研究機構である清華大学NGO研究所を設立し、NGOの研究と専門的人材の教育に携わっている。同時に、王は中国赤十字理事、中国国連協会理事、中国人口福祉基金会理事、中国国際民間組織協力促進会顧問、中国貧困扶助基金会顧問としても活動しており、現場の実践家と密接な関係を築き上げている。そして特筆に値するのは、政治家として研究・教育・実践の成果を政策作りに生かそうとする王の取り組みである。全国政治協商会議委員、中国民主建国会中央常務委員、国家民生部特別顧問、国家衛生部特別顧問として、王は政府の体制内でも重要なポストをいくつも兼任しており、正当で合法的なルートを通して、政策提言を行なう立場にいる。例えば、国家社会科学基金重大プロジェクトとして、「和諧社会（調和ある社会）の構築における非政府組織の役割」と題する研究プロジェクトを主催し、国家民政部とフォード基金会

の資金を得て「非営利セクター立法に関する実証研究」を主催するなど，NGOの生存環境全体に関わる研究を，国や政府の承認と支援のもとで行なっている．

これまで王の働きによって，第3セクターの制度作りにおける数々の進展が見られた．2004年，王は公益財産を保護する法案を提案しており，2005年と2006年にはそれぞれ中央政府と地方政府の民政部官僚によって構成された視察団を日本に派遣し，NPO法の制度とNPOサポートの仕組みについて研修を行なった．視察団は日本の特定非営利活動法人制度と，自治体によるNPOサポートセンターの仕組みなどを学び，それを中国の今後の制度作りに取り入れていく準備を進めている．

「和諧社会」が政府の社会政策の目標とされている現在，積極的に政府の関係部署と関わりながら，このセクターの発展のための環境づくりに貢献し得る立場にいる，高い専門性をもった公共知識分子の存在に注目する必要がある．王のほかにも，北京大学政治発展と政府管理研究所教授，北京大学ボランタリー・サービスと福祉研究センター主任教授，同時に国家発展と改革委員会マクロ経済研究院の研究員も兼任する，中国ボランティア活動研究の第一人者である丁元竹，中国人口基金会や中華慈善総会に勤めた後に，中国社会科学院社会学研究所社会政策研究センター副主任に就任し，現在も多くの草の根NGOの理事を兼任する楊団など，草の根NGOのエンパワーメントにとって不可欠な資源力となり得る公共知識分子の今後の活躍が期待される．

第3節　公共知識分子から社会中間層へ

1．知識分子の社会的信用度と影響力

文化大革命などの特殊な歴史的時期を除けば，知識分子は日常生活の中で，人々から信頼され，尊敬される社会集団であったといえる．拝金主義が横行する現代においても，人々による素朴な尊敬の念が消え去ることはない．「知識がある」「道理がわかる」という意味で，知識分子は日常生活の中では相談相手やトラブルの調停人として頼りにされることが多い．特に社会的成功を収めた知識分子は，しばしば肩書きを示すだけで信頼と尊敬を一身に集めることができる．

中国の社会階層研究の権威である李強が，異なる職業に対する尊敬度の調査を1997～1998年に実施し，尊敬度の高い職業を示している[24]．性別，年齢，学歴を問わずに，最も尊敬される職業の1位は「科学者」であり，2位は「大学教授」，3位は「エンジニア」もしくは「物理学者」であった．調査対象者を職業別に見ると，農民，個人経営者，大学生や大学院生，中級・高級管理職の対象者は，大学教授，科学者，経済学者を上位3位に挙げており，サービス業従事者は「スポーツのコーチ」を1位に，科学者と大学教授はそれぞれ2位と3位に挙げている．ブルーカラーの対象者が最も異なる回答を出しているが，1位が「警察」，2位が「スポーツのコーチ」そして3位が「科学者」であった[25]．許欣欣は1999年に全国63の都市で16歳以上の2599名の対象者に対して類似の調査を行ない，「最高の職業」を100点とした場合の各職業の得点をまとめた．それによれば，1位は「市長」の92.9点であり，2位は政府機関の部長（91.4点），3位が大学教授（90.1点）であった．大学教授は，裁判官，検察官，弁護士，党・政府機関の高級幹部よりも上に位置づけられた[26]．さらに許はこのデータと，1983，1987，1993年の既存データと比較を試みた結果，1983年以来上位3位までは順位の変更がなかったことがわかった[27]．これらの学術調査のデータ以外にも，例えば親を対象に頻繁に行なわれる「子どもになってほしい職業ランキング」においても，教師など知識分子の職業が常に上位として知られている．
　データからも，社会的実感からも明白であるように，中国では科学者や大学教授などの知識分子の職業は，人々に最も尊敬される職業であり，社会的評価がきわめて高い．公共知識分子が日常的な権威として，周囲の人々，また社会一般に影響を与えることは，容易に想像できよう．

---

24) 李強，2004「転型時期沖突性的職業声望評価（転換期における衝突性の職業尊敬度調査）」李培林・李強他編『中国社会分層（中国の社会階層の分離）』社会科学文献出版社．
25) 李強，2004（前掲書），115ページ表3参照．
26) 許欣欣，2004「職業に対する評価と就職の傾向から中国の社会構造の変遷を見る」李培林・李強他編『中国の社会階層の分離』社会科学文献出版社，129ページ表1参照．
27) 許欣欣，2004（前掲書），135ページ表2参照．

2．中間層の潜在的力

90年代以降の1つの大きな特徴として，中間層の急激な増大が指摘されている．当初「中産」と呼ばれていたことからもわかるように，中間層は主に経済的指標（収入）によって定義，理解されていたが，現在は，「中産」よりもむしろ「中間層」という言葉が多用されており，中間層に対する多元的な，総合的な理解がなされるようになってきたことがうかがえよう．陳曙紅は中国の中間層とされる人々を次の6つに分類している．1）新生の私営企業家，2）自営業者，3）党・政府機関の幹部と知識分子，国営企業の管理職，4）外資系企業に勤めるホワイトカラーと中間管理職，5）その他の企業および社会組織の管理職，6）IT技術や専門性を生かした技術職と専門職，である[28]．知識分子は中間層を構成する重要な集団であることがわかる．さらに，中間層全体の特徴として，「余暇の時間を学習や技能の訓練に充て，子女の教育問題と家族の健康問題を重要視する」という，いわゆる「文化的な生活様式」が見られると陳が述べている[29]．李春玲も論文「中産階級－注目されている社会集団」において，中間層を規定する不可欠な要因として，「消費と生活様式」を強調している．「中間層の生活様式と消費化傾向には，彼らの価値志向と審美意識が反映されており，それがしばしば下層の人々の羨慕を集める」と李は指摘している[30]．すなわち，中間層とは，特定の生活様式を表現した存在であり，知識分子が好む文化的な生活様式や公益に関心を示す価値志向を受け入れやすい存在だといえる．

中国では流行のことを「時尚」と表現するが，単に流行っているという意味を超えて，「そのとき，その時代に提唱されるに値する」という意味合いも含まれている．知識分子の生活様式が中間層に浸透していく可能性と同様に，公共知識分子の価値観や物事の考え方，行動様式なども，中間層に広く浸透していく可能性があることは否定できない．特に中間層の中の富裕層と若者の価値

---

28) 陳曙紅，2007『中国中間層：教育与成就動機（中国の中間階層：教育と成功への動機）』中国大百科出版社，2ページより．
29) 陳曙紅，2007（前掲書），3ページより．
30) 李春玲，2005「中産階級－受注目的社会集団（中産階級－注目される社会集団）」（http://www.sociology.cass.cn）2007年12月25日参照．

観が多様化する中で，公共知識分子を先頭に，公共善を意識した行動様式と生活様式にこだわる「層」の誕生に期待したい．

　その可能性を示したいくつかの最新の動きを紹介しよう．2007年8月の「人民ネット日本版」の記事によれば，マスターカードが中国大陸部で行なった調査の結果，富裕層は家族生活をとても重要視していることがわかった．数値の5を最高とするレベルチェックで，「できるだけ家族と過ごしたい」は4.19の高得点が得られた．同時に富裕層は公益活動にも積極的であり，献血には29.6％，ボランティア活動には21.8％，文化遺産の保護活動には8.2％の人が参加しており，さらに39.5％の人が，環境保護活動や公益活動に継続的に参加していくことを計画していることがわかった[30]．富裕層の生活様式の特徴を示した1つのデータだといえよう．

　また，若者の間で提唱されている「楽活族」という生活様式の流行も興味深い．「楽活」とは，英語の"Life style of Health And Sustainability"の頭文字を取ったLOHASを中国語に訳したものであり，「健康的かつ持続可能なライフスタイル」を意味する．環境保護と健康的な生活様式を提唱し，有機食品を食べ，ゴミはリサイクルに，スローライフを試みる，などの実践活動を提唱する動きである．人と環境との調和を理念とするこの生活様式は，個人のライフスタイルにおいては健康と環境保護を唱えるだけではなく，コミュニティ活動や公共活動への積極的な参加も提唱している．「80後（80年代後半生まれの世代）」を中心に，「楽活族」の考え方が多く受け入れられており，その勢いによって消費生活においても，「楽活」の価値観に沿った変化が生じようとしている．計画経済による困窮を経験したことのない「80後」世代だからこそ，経済発展一色の世の中においても，新しい価値観を見いだせたのではないだろうか．

　経済的な余裕と価値観の多様化，そして新たな生活様式の担い手となる人々の出現は，公共知識分子による啓蒙や価値の提唱，様々な実践活動の提唱にとって，今までになかった好機をもたらすであろう．

---

30) 人民網日本語版，2007年8月14日．

引用文献

中国語の雑誌と書籍

陳明遠，2006『知識分子与人民幣時代（知識分子と人民元の時代）』文匯出版社．

陳曙紅，2007『中国中間階層：教育与成就動機（中国の中間階層：教育と成功への動機）』中国大百科出版社．

陳哲夫，2003「中国知識分子対社会的貢献及其命運（社会に対する中国知識分子の貢献とその運命）」趙宝煦編『知識分子与社会発展（知識分子と社会発展）』華夏出版社：60-70．

遅福林，2007「建立公共服務体制与政府転型（公共サービス供給のメカニズムと政府機能の転換）」(http://chifulin.blog.china.com.cn/sp1/chifulin/15115294594.shtml)．

裴毅然，2004『中国知識分子的選択与探索（中国知識分子の選択と探索）』河南人民出版社．

馮崇義，2003「市場化，全球化和中国知識分子的角色転換（市場化，グローバル化と知識分子の役割転換）」趙宝煦編『知識分子与社会発展（知識分子と社会発展）』華夏出版社：99-114．

李強，2004「転型時期衝突性的職業声望評価（転換期における衝突性の職業尊敬度調査）」李培林・李強他編『中国社会分層（中国の社会階層の分離）』社会科学文献出版社：105-126．

陶東風，1999『社会転型与当代知識分子（社会の転換と現代知識分子）』上海三聯書店．

徐大同，2003「勢尊道，又尊于道（勢は道を尊ぶ，そして道に準ずる：中国伝統知識分子の研究）」趙宝煦編『知識分子与社会発展（知識分子と社会発展）』華夏出版社：49-59．

許紀霖，2004「都市空間視野中的知識分子研究（都市空間視野の中の知識分子研究）」『天津社会科学』2004年第3巻（http://www.nsc.cunk.edu.hk/wk.osp）．

許欣欣，2004「従職業評価与択業取向看中国社会結構変遷（職業に対する評価と就職の傾向から中国の社会構造の変遷を見る）」李培林・李強他編『中国の社会階層の分離』社会科学文献出版社：125-259．

徐友漁，2004「当代中国公共知識分子的生成（現代中国公共知識分子の生成）」『当代中国研究』第87号（http://www.nsc.cunk.edu.hk/wk.osp）．

楊継縄，2003「中国知識分子的現状和未来（中国知識分子の現状と未来）」趙宝煦編『知識分子与社会発展（知識分子と社会発展）』華夏出版社：17-34．

張湛彬，2003「当代知識分子与民間機構的発展（当代知識分子と民間機構の発展）」趙宝煦編『知識分

子与社会発展（知識分子と社会発展）』華夏出版社：200-210.

朱蘇力，2003「公共知識分子的社会構建（公共知識分子の社会的成立）」中国社会学会編『社会学研究』2003年第2巻（http://www.nsc.cunk.edu.hk/wk.osp）.

日本語の論文と書籍

高澤秀次，1998『戦後知識人の系譜』秀明出版会.

第5章
草の根NGOの資金集め

李凡・王慶泓[1]

　資金不足は世界中のNGOに共通する悩みといっても過言ではない．NPO法や寄付関連の税制度がまだ整備されていない中国においては，草の根NGOの資金調達活動（ファンドレイジング）がいっそうきびしい状況に置かれている．本章では，草の根NGOにとって死活問題となる資金集めについて論じ，利用可能な資源を探求していきたい．

　草の根NGOと政府との関係について，本書では第10章で詳しく検討するが，資金的に政府の援助を受ける可能性があるのは，基本的に法定NGO，すなわち社会団体，民弁非企業単位，基金会の3つに限られている．また基金会の中では，「公募型」基金会だけが一般大衆を対象とする募金活動が許される．

　このような制限を受け，草の根NGOの資金源は主に2つに絞られることが多い．1つは，団体の設立に関わる創設者たちの寄付，もう1つは，設立後の活動を支える海外の財団・国際NGOを中心とする海外組織の助成金である．しかし，この2つに頼り切りの状況では，組織の活動が長続きしない．本章では草の根NGOの持続的な発展，特に第3章で主張した「組織の自治」を目指していくには，ビジネス手法を用いて社会的な課題を解決する「社会的起業」の重要性を主張していきたい．また，その具体的な取り組みについては，本章以外に，第11章でも詳しく取り上げる予定である．

---

[1] 本章は，執筆者2人の共同研究に基づいており，直接日本語の原稿を執筆したのは李凡である．文章の修正，内容の確認を行なったのは李妍焱である．

第1節　草の根NGOの創設者による寄付

　第4章では，知識人とNGOとの関係について詳しく解説した．確かに，草の根NGOの創設においては，知識人が重要な人的資源となっている．しかし，様々なきっかけで特定の社会問題に気づき，それを解決しようとしている人たちは，社会のあらゆる階層に存在している．彼らは，団体を立ち上げるために自らのリソースを投入し，そのうえで幅広い人脈を生かして，資金集めに奮闘している．

　草の根NGOに関する統計資料が非常に乏しいため，ここでは，2つの事例を通して，創設者が団体の資金集めで果たす役割について見てみたい．

1．農家女実用技術訓練センター

　農家女実用技術訓練センター（以下では「農家女」と記す）の母体となったのは，1993年創刊の『農家女百事通』（「農村女性はなんでも知っている」の意）という雑誌である．北京で開催された第4回世界女性フォーラムが終了した後，同誌を創ったメンバーたちはこの会議に触発され，開発における女性の自立について，新たなコンセプトを取り入れることを決めた．こうして，恵まれない家庭出身の女性たちが，生活の糧を得るための実用的な技術と，自立していく自信を身に付けられるような訓練を行なう「農家女」が，1998年に設立された．営利を目的としない技能訓練学校としては，中国初であった．

　農家女の創設者は，呉青と謝利華である．呉は著名な作家，謝氷心女史の長女であり，北京外国語大学教授である．一方，謝は中国婦人新聞のチーフエディタを務めながら，その傘下にある非営利雑誌，『農家女百事通』の編集者も担当していた．1996年，同誌が赤字に悩まされている際に，呉の紹介でフォード財団の中国担当者と面会の機会を得た．その直後，フォード財団から8万元（約120万円）の寄付金を受けることとなり，雑誌廃刊の危機を乗り越えた．

　1998年，呉と謝は雑誌を母体に，農村女性を対象とするトレーニング学校を立ち上げることを決意した．起動資金を獲得するため，呉が母親を説得し，印税9.4万元（約150万円）を寄付してもらった．その後，呉がフィリピンで「イ

ンターナショナル・パブリックサービス賞」を受賞し，その賞金5万ドル（約550万円）も全額学校に寄付した．

現在，トレーニング学校では，140人以上の訓練生が共同生活をしつつ実用技術を学んでいる．卒業生の高い素質が社会的にも評価され，学校を訪れる人のほとんどが小額でありながら寄付をしている．しかし，学生の学費・生活費がすべて無料であるにもかかわらず，政府からまったく助成金がもらえないため，呉は資金集めに奔走した．広い人脈をフルに生かし，各国の大使館，財団，国際NGO，海外の慈善家からの寄付を獲得していった．寄付の中身もお金だけでなく，学生が使うパソコンから，事務所用の机まですべてが寄贈品という徹底ぶりである．「穴を埋めるための資金（物品）調達は私の日課」と呉は言う．寄付の詳細は学校のWEBサイトで公開され，定期的に更新されている．2006年の寄付は個人・団体で284件，108万元（約1620万円）であった．

2．太陽村（北京市太陽村特殊児童救助研究センター）

「太陽村」は2000年に一般企業として登記した草の根NGOである．これまでに囚人の子供たちを800人以上育てた．これらの子供たちは，政府政策の恩恵が受けられず，親戚などにも拒否され，一般の孤児院にも受け入れられない．

太陽村の創設者 張淑琴は，刑務所の元看守であった．刑務所で囚人たちの子供が，家無き子と化し，物乞いで生計を立てている話をたくさん見聞きして，「彼らを見捨てるわけにはいかない」という思いで，1996年に自分の貯金と親友から集めたお金で，地元の西安に太陽村の第1号を設立した．

1996～1999年の間，太陽村が数十人の子供の面倒を見るようになった．しかし，一地方都市にある太陽村の力だけでは，ニーズのある子供たちのほんの一握りにしかサービスが行き届かない．太陽村のモデルを全国に普及させていくため，2000年，北京市から20キロ離れている郊外で，「北京市太陽村特殊児童救助研究センター」が開設された．

施設内に子供たちが住む小屋8棟が建てられ，小屋の看板には，協賛者の名前が書かれている．ドイツのダイムラー・クライスラー社や，スイスのノバルティス薬品会社などの名前が見受けられる．2005年に組織が受けた寄付の総額は204万元（約3200万円）であり，全体収入の7割を占めている．

太陽村のもう1つの収入源は，張が借りている1万7千平方メートルのナツメの樹の農園である．現在約3万本の木を栽培している．「初めは子供たちを総動員してナツメを摘み，近くの市場で売っていたが，収穫のシーズンになると，ナツメの収穫量が多すぎて，とても売り切れない．そこでナツメの木を1本50元で市民の有志者に譲ることにした．毎年の収穫シーズンの前に「里親」たちに連絡し，ナツメを収穫してもらうプランである．2005年，このプロジェクトで60万元（約750万円）の資金を調達した．
　以上の2つの事例からわかるように，草の根NGOの創設者は，団体の起動資金を提供する第一人者であるだけでなく，あの手この手を使って，団体の資金集めを担当するケースも少なくない．また，いずれのケースにおいても組織の存続を支えているのは，中国以外の海外組織の援助である．国際NGO，海外の財団からの資金は，現在，中国草の根NGOにとって重要な財源であるといえよう．

第2節　草の根NGOを支える海外の組織

1．援助の歴史と変遷

　海外組織の対中援助は，中華人民共和国建国の前まで遡るが，草の根NGOへの支援は，1979年改革開放政策以来の出来事である．
　1893年，米国で設立した嶺南財団（Lingnan Foundation）は，中国広東省の嶺南地区に，大学を創設するためのファンドを提供した．中国の社会開発分野に寄付する初めての財団といわれている．
　19世紀末期から中華人民共和国建国の1949年まで，アメリカ，ヨーロッパの宗教団体，教育団体，個人財団などが，中国に対するフィランソロフィー活動の主力であった．特に米国の財団は，科学技術の振興，教育，貧困救済，災害救援活動などの分野に大きな役割を果たした．これらの財団は，中国本土に事務所を開設し，単独であるいは現地の団体と手を組んで活動を展開してきた．嶺南財団の他，支援活動が活発に行なわれた団体として，下記の例が挙げられる[2]．

　　プリストン・イン・アジア（米国，1889年）

イェール大学中国連合会（米国，1902年）
セーブ・ザ・チルドレン（英国，1920年）
アジアキリスト高等教育連合会（米国，1922年）
ロックフェラー財団（米国，1940年）

　中華人民共和国建国後，数多くの海外財団は，中国からの撤退が余儀なくされ，現地事務所も閉鎖となった．1978年改革開放政策が開始するまで，中国では労働や福祉，医療，文化・スポーツサービス，教育など，社会機能のほぼすべてが政府のみによって担われていた．そのため，NGOの活動空間はほとんどなかったといっても過言ではない．海外の個人寄付者からの人道支援のアプローチでさえ，「社会主義国家を転覆する恐れがある」という理由で拒否された．
　それでも中国政府との特別な協力関係をもとに，ごく少数の海外組織が中国本土に進出した．香港赤十字（1950年），ニュージーランド中国友好協会（1952年），米中関係全国委員会（1966年）などがその例である．
　1979年，政府が実施した「改革開放」路線が，海外組織に再び中国に進出するきっかけとなった．その後の海外組織の対中支援とそれに関連する市民団体の動きが，3つの大きな出来事をきっかけに次の4つの段階に分けられる．
　第1段階は，1979年から1989年（天安門事件）までであり，改革開放の路線に従って，中国政府が海外組織からの寄付を徐々に受け入れるようになった時期である．ただ，寄付者の背景，寄付の動機などについて依然と慎重な姿勢を見せ，この時期では基本的に準政府組織からの支援のみを受け入れていた．その一例として，国連や世界銀行などが挙げられる．
　第2段階は1989年から1995年（北京世界女性フォーラムの開催）までであり，1989年の「天安門事件」，そして旧ソビエト連邦の崩壊の影響で，中国政府と海外組織との関係が急速に悪化していった時期である．その理由の1つは，事件後失脚した元総理の趙紫陽に近いシンクタンクに，米国系ユダヤ人ジョージ・ソロスが立ち上げたオープンソサエティ・ファンデーションが資金提供をしたことである．この財団は，東ヨーロッパでの共産党政府の転覆運動にも資金を出していたといわれている．この時期においては，中国政府は海外組織の

2）括弧の中の年は，すべて海外組織が中国に進出する時期である．

対中支援活動を細かくチェックし，中国国内で活動を展開する国際組織の一部が厳しい規制を受けた．

　第3段階は1995年から2004年（オレンジ革命）までであり，中国政府が天安門事件による国際的なイメージダウンを憂慮し，海外組織を含む諸外国との関係改善に力を入れていく時期である．1995年の世界女性フォーラムは，海外組織に政府の寛容な姿勢をアピールする絶好の機会となった．さらに重要なのは，この大会は草の根NGOのリーダーを含む中国の社会活動家に，市民セクターのパワーとその役割を理解させる良いきっかけとなったことである．この時期から，中国の草の根NGOの成長およびそれを支える海外組織とのパートナーシップが，ともに黄金期に入った．

　第4段階は，2005年から現在に至るまでであり，中国政府と海外組織との関係に再び大きな影が落とされている．2004年後半から2005年にかけて，グルジアなどの東ヨーロッパ国に相ついで発生した「オレンジ革命」の背後には，アメリカの準政府団体による現地の圧力団体への資金支援があったことが明らかになった．同じことが中国でも発生することを恐れ，政府が外務省に「国際NGO管理事務所」を新たに設け，中国で活動する海外組織をモニタリングするようになった．それによって，海外財団の支援を受けているプロジェクトが一時中断となった報道もあったが，天安門事件の直後に見られたような海外組織の撤退や，中国国内での活動の停滞などの現象はなかった．

　それには2つの原因が考えられる．1つは，草の根NGOが天安門事件当時と比べると，大きく成長したことである．海外の財団や国際NGOからの支援は草の根NGOの発展を支えた主要なリソースであり，草の根NGOを含む民間および準政府非営利団体と海外組織との間に，強いパートナーシップと信頼関係の基盤が確立できていた．2つ目は，政府側も市民社会の成長がもたらした積極的な要素を認めようとしていることである．海外組織の活動を規制するよりも，在中海外組織に関する法律を整備することや，ローカルNGOを対象とする支援策を整備することによって，海外組織に対する財政的な依存を解消していくことが考案されている．

2．海外組織の分類

ここでは，本章でいう「海外組織」の中身について確認してみよう．草の根NGOを支援する海外組織は，主に5つのカテゴリーに分けられる．

1．外国政府
2．国際準政府団体
3．国際NGO
4．外国財団
5．外国企業

草の根NGOに対する寄付の多くは，広い意味での非政府団体，つまり3から5までの組織によるものである．

まず，「外国政府」については，EU，カナダ国際開発署（Canadian International Development Agency），英国国際開発庁（UK Department of International Development），オーストラリア・エイドなどの外国政府機関は，「中国市民社会のエンパワーメント」の名のもとで，年間50万ドル（約5400万円）規模以上の資金を提供している．また，関連プロジェクトを担当する専任のスタッフ／メンバーやNGO担当部署も大使館内に設置されている．2001年9月，北京で開催された「環境NGOフェア」では，アメリカ大使館広報部がスポンサーとなり，中国の環境NGOの代表およびアメリカの専門家計89人を招いた[3]．本章の執筆者 李凡が所属する草の根NGOは，社会的起業をテーマとする中英の交流プログラムを主催しており，2年連続で英国領事館の支援を受けているという経緯があることも，例として挙げられる．一方，日本政府の場合，中国に対するODAの年間規模は大きかったが，基本的には政府主導のプロジェクトに対してしか「投資」しなかったため，草の根NGOに対する支援例はきわめて少ない．

次に，「準政府団体」について説明しよう．準政府団体の大半は，中国政府とパートナーを組んだうえで，中国の草の根NGOに資金支援をしている．中

---

[3] 北京レビュー報道 "Growing From Grassroots – Environmental NGOs are having a growing impact on development"（http://www.bjreview.cn/EN/200447/Nation-200447（B).htm）．

でも，アジア発展銀行と世界銀行が最も大きな寄付者である．日本の独立行政法人「国際交流基金」も，中国での事業の一環として，「草の根技術協力事業」を展開している．

3と4の国際NGOと外国財団についてみると，毎年，500を超える国際NGOと外国財団が，100万ドル以上の資金を中国に投入している．中国で活動している外国財団と国際NGOの数もすでに200団体を超えている．彼らは，中国草の根NGOにとって，最大の寄付者と支援者である．

以下では，中国で活動している国際NGOと外国財団の詳細を見てみよう．これまでの様々な統計・調査資料の中で最もよく知られているのは，「中国発展簡報」という民間非営利メディアが出したデータである．「中国発展簡報」が2004年から2005年にかけて実施した調査によると，227の国際NGO，海外財団が中国で活動しているという[4]．

その詳細について紹介すると，全国規模で活動しているのは41組織である．省別でみると，雲南省では46組織が活動しており，最も多い．2番目から10番目は，四川省（40組織），北京市（39組織），チベット（27組織），貴州自治区（25組織），広東省（25組織），青海省（24組織），甘粛省（22組織），広西省（21組織），上海市（21組織）である．一番少ないのは，福建省（4組織）である．活動分野については，調査が可能であった215組織のうち，最も多かったのが環境保護であり，計46組織である．次に農村発展（44組織），教育（39組織），健康衛生（31組織），少数民族の権益擁護（30組織），の順となっている．一番少なかったのは高齢者関係であり，計4組織しかない．活動開始時期については，219団体のうち，中華人民共和国建国前から活動を始めていた組織は6組織（約2.7％），1949年から改革開放前までの間に活動を開始した団体は3団体（1.4％），改革開放政策始動から1989年天安門事件までは49団体（22.4％），1989年から1995年北京世界女性会議までは39団体（17.8％），1995年から2004年のオレンジ革命までは121団体（55.3％）との統計結果になっている．最後に，予算については，財政状況が明らかである131団体のうち，4団体の年間予算

---

4) 詳細について「中国発展簡報在中外国財団／NGOディレクトリー2005」(http://www.chinadevelopmentbrief.com/dingo/alpha-A-0.html)参照．なお，本書9章でも国際NGOについて考察している．

が1000万ドルを超え，100万ドルから1000万ドルまでは40団体，10万ドルから100万ドルまでは66団体，10万ドル以下の団体は21団体である．2006年現在，一番予算的に大きいのは，ビル・アンド・マリンゲーツ財団であり，年間予算規模は約2億8800万ドルである．

最後に，「外国企業」についてみてみよう．中国で事業を展開する外資企業は，企業の社会的責任（CSR：Corporate Social Responsibility）の一環として，中国における市民社会の形成に寄与している．ナイキ，BP，リーバイス，マイクロソフトなどの多国籍企業や，米中商工会議所などの連合体が，健康，衛生，法律援助，貧困救済，教育など，幅広い分野の活動を支援している．外国企業による寄付は，政府の外郭団体に対して行なわれることが多いものの，中国草の根NGOに対する直接的な支援にも一部含まれている．また，外国財団に支援プログラムを委託する形式もある．

3．国際NGO・外国財団による支援の形式

政府からの助成金がほとんどなく，国内での公開募金活動も基本的に禁止されている状況下，国内の財的支援のツールが乏しく，中国の草の根NGOの財源は，海外のNGO・外国財団からの寄付と助成に頼る部分が大きい．

海外組織が中国の草の根NGOを支援しようとする背景として，中国の経済発展によるマイナスの影響が，環境ないし持続的な発展に深刻なダメージを与えていることが挙げられる．海外組織は，このような問題に気づき，取り組もうとしている中国の草の根NGOを支援しようとしている．その支援の方法について見てみると，3つの形式が見られる．

1つは，団体に対する直接の寄付と助成である．草の根NGOが生き残るための助成金を提供するとともに，必要な技術的な支援も行なうのが，一番よくあるパターンであるように見受けられる．前記の「農家女百事通」の事例以外に，北京に拠点を置く同性愛者を支援する団体「愛白文化教育中心」の例も見てみよう．社会的な理解が得にくい分野での活動であるが，イギリスのバーリ・アンド・マンティン・トラストが，この団体に毎年1500米ドルの助成金を提供してきた．助成金は，ウェブサイトによる同性愛者の交流や社会教育に用いられることとなっている．

このように，海外NGO・外国財団が，プロジェクト助成という形で，その助成趣旨に合う草の根NGOを支援することが，最も一般的に見られる形式である．

第2の形式は，草の根NGOに対するハードウェアの支援である．具体的には，草の根NGOの活動に必要な事務スペースを提供するなどの支援例が挙げられる．例えば，イギリスに本拠地を置く海外ボランティアサービス（VSO）が，北京の草の根NGO「恵澤人」と提携し，北京でボランティセンターを設立する取り組みを行なっている．このセンターは，四川，雲南，貴州，山西などの地方で活動する関連ボランティアを支援する拠点として機能する予定となっている．

第3の形式は，草の根NGOの創設者やリーダーに対する奨励である．最もよく知られている例は，2000年，北京地球村の創設者 廖暁義がソフィー賞を受賞し，10万米ドルの賞金を獲得したことである．この形式は，草の根NGOを財政面および広報面において効果的に支援する方法として見なされている．ほかには，NGOリーダーが国際的なNGOの会合に参加する経費を提供する例もよく見られる．

ここで言及しておかなければならないのは，草の根NGOと比べ，ネットワークも人的資源も圧倒的に恵まれている政府の外郭団体も，海外のNGO，外国財団と協力関係を結ぶ事例が多く見られることである．2006年初頭，アメリカ赤十字が海外寄付者などからの寄付金およそ19億ドルを，中国の鳥インフルエンザ流行地域および危険性の高い地域の救援活動に投入したが，中国でのパートナーは中国赤十字であった．

4．国際NGO・外国財団による支援の問題点

まず，海外組織に関する法律上の空白による活動存続の危機を指摘できよう．すでに説明したように，海外組織は基本的に政府／準政府組織と民間組織の2つに大別できる．前者は外国の政府機関と準政府機関，後者は国際NGO，外国／外資企業，海外の財団を指している．

現在，海外民間組織に適用する中国の法規は主に以下の2つである．

1．「基金会管理条例」（2004年3月8日より発効）

2.「外国商会管理暫行規定」(1989年6月14日より発効)

名前の通り，財団と外国商会のみが条例の対象となっており，海外NGOの登録／監督に関する法規は空白のままである．ここ数年，海外NGOに関する法律制定の動きもあったが，いまだに政府側から明確なスケジュールは出ていない．

本書第2章でも触れたように，中国で活動を展開するために，海外NGOの一部は，外資企業と同じく営利企業として登記している．より多くの組織は，法人格を有さないまま活動している．日本と異なり，中国では，「法人格のない」団体の活動は，基本的「無許可」と見なされるため，これらの組織の活動の継続性が問われる．

次に，中国の草の根NGOの組織体制とアカウンタビリティ上の欠陥の問題である．中国草の根NGOの中で，いわゆる欧米スタンダードの運営体制，すなわち理事会の管理監督のもとで事務局が日常業務を行なうスタイルは取っているものの，予算の制定などの流れまで公開することはまだ少ない．海外寄付者の立場から見れば，この組織はいったいどのように運営されているのか，寄付金はどのように使われているのか，その効果はどのように評価すべきかについて知りたいのが当然の要望である．しかし，アカウンタビリティの面でまだ不十分である中国の草の根NGOは，これらの要望に応えきれないままでいるのが現状である．

第3に，草の根NGOの役割に対する理解と期待に格差が見られることである．国際NGOや外国財団などの寄付者は，中国の文化および中国特有の政府とNGOとの関係については十分に理解しているとはいえない．NGOは政府を監視／監督し，政府と社会との間のバランスを調整していく役割を果たすべきだと，海外寄付者が認識しているのに対して，中国の草の根NGOは，政府のパートナー，政府の役割の補完を目指す側面があるため，認識のギャップが生じやすい．例えば，2005年に中国の最北端にある黒竜江省の川汚染事件[5]に対

---

5) 2005年11月25日，中国とロシアの国境付近の広い地域で川の水に有害物質が流れ込み，断水など生活への影響が周辺の住民に広がった．発端となったのは，中国東北部の吉林省で発生した化学工場の爆発事故であった．爆発によりベンゼンやニトロベンゼンといった人体に有害な物質が，工場のそばを流れる松花江に流入し，アムール川など下流に広がり，深刻な問題となった．

して，ほとんどの環境団体が干渉，抗議をしなかったため，彼らを支援する海外財団／NGOをがっかりさせた．その理由として，川の汚染が隣国のロシアにまで及んだため，環境NGOは中国への国際的な評価と両国間の関係に障害が生じることを危惧したという背景がある．

最後に忘れてならないのは，助成金の申請には，英語力が求められる場合が多く，それだけで申請から遠ざかる団体が少なくないことである．

第3節　社会的起業の試みとその将来性

創設者と海外組織の寄付に頼り切りの状況では，中国の草の根NGOは，人，物，金がすべて不足しているのが常態となろう．持続的な発展を成し遂げるために，どのような手法が中国では実行可能であろうか．2004年以降，ビジネスの手法を用いて社会的な課題を解決する「社会的起業」の手法，また，それをリードする「社会的起業家」の存在に関心が集まるようになりつつある．

2004年，執筆者の1人 李凡が所属する英国の非営利団体，グローバル・リンクス・イニシアティブ（GLI）は，英国から社会起業家3名を中国に招聘し，中国のNGO，政府関係者，学者と企業人との交流プログラムを実施した．これは中国で開催された社会的起業をテーマにした初のプロジェクトともいわれている．2006年に入ってからは，社会的起業に関する著書の中国語版の翻訳と出版，ビジネス雑誌での紹介，社会的起業に関するワーキング・グループの立ち上げなど，活動が一気に広がる勢いを見せている．

グローバル・リンクス・イニシアティブによる社会的起業推進の活動については，また第11章のNGOと企業との関係の部分で述べるが，ここでは，社会的起業の手法を取り入れた中国のNGOの実践に注目したい．その代表例として，2002年に設立された富平学校を取り上げたい．

富平学校は，民政部で正式に登記した社団法人であるが，自発的に組織された草の根NGOである．創設者は著名な経済学者 茅于軾，アジア開発銀行の専門家 湯敏であり，理事会のメンバーの半数以上が成功した実業家である．茅は1993年，中国山西省の農村で，初の民営マイクロクレジット（小額の融資）を発足させた．富平学校の名前は，「富平」が中国語で「扶貧」と類似した発

音であるところからきている．「貧困救済と社会の持続的発展」が団体のミッションである．

　学校設立当初，マイクロクレジットを展開する実績のある山西省，甘粛省など5つの省の行政と協力関係を結び，政府の貧困救済基金で生活している貧しい女性たちを北京に呼び集め，家政，料理を中心とする職業訓練を実施した．学校は卒業生の就職斡旋をするだけでなく，卒業生の権利擁護や都会の生活に馴染むための「マナー」の伝授もしている．2002年から2005年の3年間で，富平学校の訓練を受けた人は7000名を超えている．

　2006年，富平学校は大きな一歩を踏み出した．まず，1994年に設立された「老舗NGO」の「環境と発展研究所」と合併する運びとなった．環境と発展研究所は，環境分野を中心に持続可能な発展に関する研究調査と人材育成を行なう専門機関である．富平学校の校長 沈東曙はこの合併について，「中国の草の根NGOは本当に弱小で，社会において大きな勢力になってない．同じ志をもつ団体同士が資源を合わせれば，もっとインパクトのある仕事ができるはず」と語っている．沈は投資銀行出身の若きビジネスマンであり，富平学校の話を雑誌で読んだことがきっかけで自己推薦し，2002年末に校長に就任した．

　もう1つ大きな動きは，理事を中心に資金集めを行なった結果，2000万元が集まり，「非公募型基金会」が設立される運びとなったことである．このような資金的，人材的な蓄積をもとに，以下の3つの分野で新たなプロジェクトが展開されることとなった．

　1つ目は，コミュニティレベルでサービスを提供する草の根団体の支援と育成．2つ目は，社会投資と社会資本の促進．3つ目は，上の2つの実践を通して，制度改革を目標とする新たなモデルの創出，である．具体的なプロジェクトとして，富平学校の卒業生を中心に「起業基金」を設立し，地方のコミュニティで新たなコミュニティ・ビジネスを立ち上げる卒業生のために3年間の起動資金を提供する計画がもち上がった．その金額は1件につき約20万元から30万元．また，すでにスタートしたクリエイティブなプロジェクトに対しては，「イノベーション基金」を設立し，1件につき年間20万元の資金を提供する．ほかにも，草の根NGOのキャパシティー・ビルディング（能力向上）のための小額助成金を提供し，環境，教育とコミュニティサービスを主たる対象とす

る「投資ファンド」も設立された．

　一方，「新富平学校」の前身の1つである「環境と発展研究所」は，持続的発展の分野で活躍する青年リーダーを育成することを目的とした「LEADプロジェクト」を10年間運営してきた経験がある．このプロジェクトを元に，「社会的起業学校」を新たに作ることも計画されている．さらに，外資および本土の大手企業40社と連携し，企業のCSR活動を促進するパートナーシップ・イニシアティブも始動した．

　富平学校の規模に匹敵する社会的起業のイニシアティブは全国で見てもまだまだ少ないが，富平学校の成功は，草の根NGOのファンドレイジングに，新たな示唆を与えることになるであろう．

第6章

草の根NGOのメディア戦略

孫春苗[1]

　政治体制の改革,市場経済への転換,および政府機能の転換に伴い,中国における政府－市場－社会の関係に大きな変化が生じた.「小政府,大社会」という政府の政策目標も追い風となり,中国では「市民社会」的な社会構造が形成されつつある.特に近年,中国の公共領域には2つの顕著な変化が見られる.第1は,NGOの発展の勢いが急速であること,特に草の根NGOは,数の面においてもネットワーク化の面においてもかつてない発展を遂げている.第2は,情報を伝達し,監督責任を果たし,批評や意見を表現するなどといったマス・メディアの機能が急速に拡大し,人々による世論の空間が日々広がり,行政,立法,司法から独立した「第4の権力」の顔さえ覗かせていることである[2].
　本章では,主に草の根NGOが組織力の向上,影響力の向上を目指すうえでのマス・メディア戦略について論じていきたい.

第1節　NGOとメディアとの関係：理論的枠組み

1．メディアとNGOとの関係に関する既存研究
　社会の転換期に急速に成長を遂げたもの同士として,NGOとメディアの間には密接な関連性がある.「世論」と「公共領域」が,この2つを結びつける最

1）本章の中国語原稿の執筆は孫春苗による．邦訳と文章の再考は李妍焱による．
2）吉玉泉,「憲政視野里的第4種権力：言論自由権在法権体系中的定位及其憲政考察（憲法の視野における第4の権力：法体系における言論の自由の位置づけとその憲政的考察）」(http://academic.mediachina.net/xsjd_view.jsp?id=1836) 2007年7月30日参照.

も重要なキーワードである．

メディアとNGOは，互いに存在の条件となる，と主張する古典的研究がある．A・ド・トクヴィルが『アメリカの民主政治』において，「結社と新聞との関係」について論じている[3]．その主要な観点は，1）新聞が社団を作る．人々の間に固定的な，永久的な連帯が存在しなくなった時代において，新聞は，人々が自分の個人的な利益を守るためには他者と連帯し，自発的に共同していくことが必要であると信じるように，説得することができる．2）社団が新聞を作り上げる．新聞が存続していくためには，多数者の思想や感情を反映したものでなければならない．したがって，特定の新聞はしばしば，その主な読者が加入する社団の代弁者的存在でもある．広範にわたる政治的権利と出版の絶対的自由を手にしたアメリカの市民は，他の市民と共同して公共的事業を行なっているため，行政的権限が弱く，各州において，それぞれの町において多種多様な集会が日常的に開かれている．その結果，人々は新聞を用いて連絡を取り，互いに経験を交流することが多い．このように，アメリカは「世界で最も社団と新聞の多い国」となったのであるとトクヴィルがいう．

ハバーマスは公共領域の概念を用いて，メディアとNGOとの関係について論じている．『公共性の構造転換』においては，彼は新聞を最も典型的なメディアとして取り上げ，3つの発展段階を指摘している．第1は，個人の通信の公開の段階，第2は，個人による投稿，執筆の段階であり，この段階においては，新聞は公衆の討論の拡声器として，公衆個人間の意見の交流に役立っていた．第3は，商業的に運営される段階であり，外部の利益集団の影響を受け，新聞は構造的な転換を果たす．この転換において，技術的な面では多様化（単一メディアの新聞からテレビ，ラジオなど多様なメディアへ）と，性質の面では，媒体としての性質よりも，各種社会主体（NGOも含めて）の道具への転換が顕著に見られたという．

---

3) トクヴィルが考察していたのは1831年までのアメリカであり，当時は新聞がほとんど唯一のメディアであった．したがってトクヴィルの議論も新聞を中心に行なっている．現在，メディアの形式はきわめて多様化しているが，実質的な変化が生じているかどうかは疑問である．特に大衆への影響という意味では，かつての新聞と質的な相違があるとは考えにくい．したがって，トクヴィルによる新聞と結社との関係に関する議論は，現在のメディアとNGOとの関係を考えるうえでもきわめて示唆的である．

第6章　草の根NGOのメディア戦略　　　　　　　　　　　　　　　　97

　パットナムは『哲学する民主主義』においてイタリアの市民共同体について考察し，最も広範にコミュニティの出来事を伝えるメディアとして新聞を取り上げ，新聞購読率を用いて，当該地域の住民の公共の出来事に対する関心の程度を示した．市民による社団（例えばスポーツクラブや文化と娯楽組織，コミュニティ組織や教育分野の組織，青年組織など）の発展は，しばしば高い新聞購読率と，積極的な政治的参加，高い公共精神のレベルなどの要素を伴うことが，統計によって明らかにされた．

2．両者の関係に関する本章の主張

　以上の研究成果を総合すると，既存研究の多くは新聞をメディアの代名詞として用いており，政党が社団に分類されるなど，概念の不明確や誤解を引き起こすような部分が多いことは否めない．特に今日のようにメディアが多様化し，政党が国家をコントロールする存在として社団から大きく離れた状況下においては，メディアとNGOとの関係を再度整理し，明らかにすることが重要である．また，従来の研究では，NGOにとってのメディアの影響については十分に述べてきたものの，新興の草の根NGOがメディアに与える影響については注目が少なかった．両者の間の相互作用についても，より深い分析が展開されたとはいえない．本章では，両者の関係について一歩進んだ考察をしていきたい．結論からいえば，筆者は以下のように主張したい．メディアとNGOとの関係は，互いに発展の条件を成し，また相互に促進し合う関係である．メディアはNGOを発展させ，新たなNGOを設立するなどの方法で自らの社会的使命を追及しようとし，NGOはメディアを導き，さらには自らのメディアを作り上げ，組織の目的を達成しようとする．それを右のように図式化することができる．

　両者のこのような関係が成立するための理論的仮定について，見てみよう．

　まず，政府はメディアに対しても，NGOに対しても同様な態度を

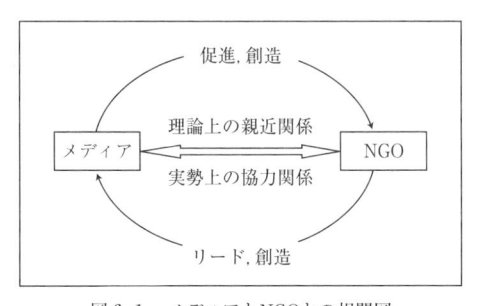

図6.1　メディアとNGOとの相関図

見せてきた．寛容な態度もしくは厳格な態度のいずれかである．政治的民主制と経済の市場主義化が推進される現在の社会状況において，中国政府は両者に対してともに「寛容」な態度を見せている．

次に，社会主義民主制を標榜する政府は理性の代表者と執行者として，たとえ自らの権威が若干取って代わられるにしても，公衆による政治参加を主張し，自らの正当性を主張しなければならない．これは必然的にメディアとNGOによる政治参加の機会を開くことになる．

第3に，メディアとNGOは，いずれも一定程度の主体的能動性と相対的な独立性を有するため，両者の関係を積極的に調整していくことが可能である．

では具体的に両者の関係を論証するための理論的枠組みを設定していこう．従属変数を「メディアとNGOとの関係」に設定し，内部の独立変数として，1）世論と社会的民主の形成過程におけるメディアの役割とメカニズム，2）NGOが自らの社会的使命と公共責任を追求していく手法と道，の2つを設定したい．同時に外部の独立変数として第1に政府の態度，行動と役割，第2にその他の要因（市場，行政権，立法権，司法権）を挙げることができる．図6.2で示したい．

まず，NGOへのメディアの影響に関して，第1の内部独立変数，メディアの役割とメカニズムについて詳しく説明しよう．理論的には，メディアは情報の媒体であり，意見表出の場でもあり，世論の形成においては独自の責任を有す

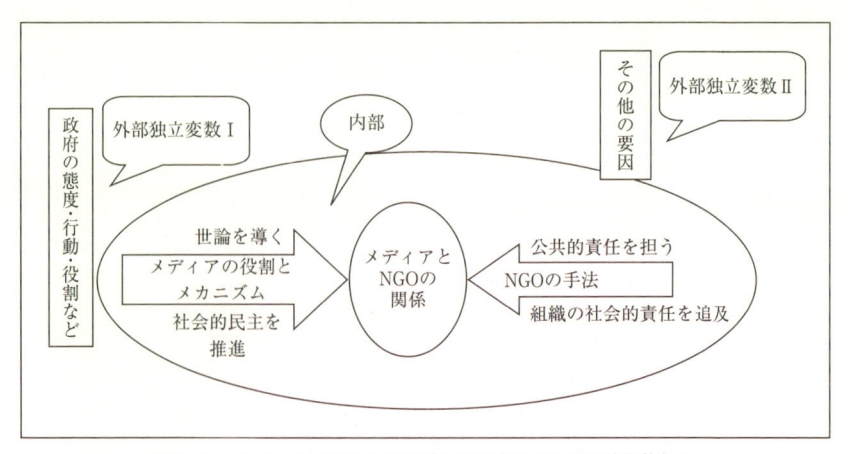

図6.2　メディアとNGOとの関係を論証するための理論的枠組み

る．公衆はメディアを用いて知る権利，表現する権利などの内的言論自由の権利を求めていくことができる．行政，立法と司法の外にある第4の権力として，メディアは社会的民主の実現，すなわち，参加や討論，自由に各自の意見を述べる権利を保障し，民主的な手続きの実施に対して批判と監督を行なううえでも重要な役割を果たす．したがって，「市民の権利」に関する理念を促進し，NGOの発展を促進する役割が期待できる．

この点は実際の事例研究でも多く立証されている．社会構成員を動員し，世論を導く意味において，メディアはNGOより優れた面を多く見せる．社会の重大な出来事に対する鋭敏な観察力，一般の社会構成員よりはるかに高い社会的責任感に基づき，メディアは深みのある報道を通して，社会全般ないし政府の注目を引きつけることができ，さらに独自の社会ネットワークを駆使して，能力のある個人や集団の力を集結させ，実際に実行可能な行動プランを示すこともできる．

次に，メディアへのNGOの影響に関して，第2の内部独立変数，NGOが自らの社会的使命と公共責任を果たしていく手法と道について説明しよう．NGOのボランタリーな性格は，用いる資源（賛同者，参加者，支持者と各種資源）の多くがボランタリー精神に基づいて供給されることによってもたらされる．これはまさにNGOが独自の生命力と価値を有するゆえんでもある．この性格によって，組織としてのオープンさ，運営の公開，透明と規範化など，NGOの魂ともいうべき要素が必然的に要求される．NGOは各専門領域における社会的な空白や隙間を埋める存在に留まらず，その時代最先端の精神を実践するという使命も課されている．自らの使命，状況，魂を十分に自覚したNGOだけが，制限された条件のもとでも最大限に自らの価値の最大化を追求し，可能な限りの生命力を獲得していくことができる．

特に中国のNGOが社会的使命を実践していく道として，以下のことが挙げられている．

　公益活動を通してボランティア精神を育て，組織的な取り組みを通して市民の社会的責任感を呼び起こし，物議を醸し出すことを通して公共に対する関心と参加を刺激し，遊説や牽制を通して政府の施政効果の監督を行ない，組織のマネジメント力で政府機能の欠陥を補い，理念の提唱と推進を通して功利主義的で悪質

の文化を改善する.[4)]

　公共領域を形成する1つの形式として，メディアは往々にして「多数者」の代名詞となっており，各種利益主体（個人や企業，NGO，政府など）が自らの正当性を得るために，メディアを道具として利用することに苦心している．特にNGOにとって，社会的動員や世論を味方につける意味でメディアは優れた性質をもっている．NGOが自らの理念を追求し，社会的公共的責任を実践していくうえで，メディアは最も有力な手段の1つとしても注目されている．したがって多くのNGOは，自分自身とメディアとのつながりを強め，さらに自らがメディアを作るなど，メディア業界全体に影響を与えようとする戦略を取っている．

　第3に，外部独立変数としての政府の役割について説明しよう．メディアとNGOとの関係について考えるには，政府の態度と政策が重要な役割を果たすことを忘れてはならない．政府はなぜ一部の公共空間をメディアとNGOに譲り渡さなければならなかったのか．社会民主制を標榜する政府がすべての議論や論評を独占するならば，その正当性が脅かされるからである．理性的な政府ならば，公衆の議論を利用して自らの正当性を主張し，異なる利益集団の間の調整役に当たるであろう．政府が国家システムを掌握しているため，行政資源を用いて，税制の優遇政策や法的保護，教育や補助，奨励など種々の措置を取ることができる．そのいずれもメディアとNGO全体の発展に大きな影響を及ぼす．

第2節　草の根NGOのマス・メディア戦略

　現在，多くの草の根NGOは，メディアがNGO活動を促進するうえでの役割を認識しており，メディアとますます密接に関わろうとしている．一部のNGOの行動からそのメディア戦略をはっきりと読み取ることができる．本節では草の根NGOのメディア戦略について整理してみたい．

4）陳茂祥，2001「非営利組織的生命力与社会力（非営利組織の生命力と社会力）」北京清華大学両岸（大陸と台湾）非営利組織論壇より．

第6章　草の根NGOのメディア戦略

1．社会的な影響力を拡大させ，社会的なイメージ作りにメディアを活用する戦略

　新生の社会組織として，NGOが最初に取り組まなければならないことは，人々に組織の使命と目標を知ってもらい，社会的認知度を拡大し，良いイメージを作り上げていくことである．実践の領域で実績を積み重ねていく方法以外に，メディアの力を生かせば，より効果的に目的を達成することができる．草の根NGOはメディアの報道と宣伝を利用して，自らの使命を公衆と企業ないし政府に共有させ，組織の情報や活動の動きを迅速に伝えることによって，距離感や馴染みの薄さなどの問題を解消していくことができる．同時に，公衆による監督を受けアカウンタビリティを果たし，組織の公開性と透明度を高め，公衆から認知・信頼・支持と参加を得るためにもメディア利用が有効である．それによって，NGOは自らのブランド力と社会的信用度を高めていくことができる．

　草の根NGOが設立大会や設立イベントを行なうときに，あるいは既存の草の根NGOが新しいプロジェクトやサービス項目を発表するときに，報道と宣伝を期待して，大概のNGOは積極的にメディアを招待している．草の根NGOとメディアとの出会いは，最初はただの偶然かもしれないが，メディアによってもたらされ得る豊かな資源と機会に気づくと，草の根NGOは積極的に，戦略的にメディアとのパートナーシップの構築に着手するのである．「北京市西部陽光農村発展基金会」の例が，そのプロセスを如実に示している．

　尚立富は，西北師範大学に在籍する普通の大学生であった．彼は6年間を費やして，独りで全国22の省を旅し，特に西部の農村教育の問題を調査した．旅の中で彼は数千枚にのぼる写真を撮影し，西部の農村教育の現状を伝えるためにさらに『行走西部（西部をゆく）』『苦楽の旅』など数冊の本を執筆した．2003年，尚立富は北京，上海，南京などの高校で旅の写真の展示会を行なったところ，数え切れないほどの学生からそれらの写真に衝撃を覚えた，感動したとの感想が寄せられた．展示会をきっかけに，有名メディアが彼の写真と写真に写っている西部に注目するようになり，継続的に報道を行なうようになった．一般の人々，中でも特に大学生から大きな反響があった．2003年末，著名な学

者 楊東平教授の支持を得て，尚立富は協力してくれる一部の大学生と一緒に，草の根NGO「西部陽光行動」を設立し，大学の夏・冬休みを利用して，西部の農村で教育を支援し，農業を支援する大学生ボランティアの募集活動を始めた．2005年7月，さらに「西部農村教育論壇」プロジェクトが始動した．このプロジェクトの目的は，西部で働く現役教師と，教育分野の専門家や研究者，教育行政関係者に交流の場を提供することであり，メディアの報道と宣伝によって，広汎な注目を集めた．「論壇で話題になる→人々の間で話題となる→世論の形成→教育政策に影響を与える」という拡散効果によって，西部の農村教育を支持する個人ないし企業が日に日に増えていき，西部農村教育論壇のプロジェクトも，西部陽光行動自身も大きな発展を遂げることができた．2006年6月，国内初の西部農村を対象にした基金会「北京市西部陽光農村発展基金会」が設立された．この基金会は，西部陽光行動の主催によるものであるが，上海新聯康投資顧問有限公司の出資を得て，楊東平教授を理事長に迎え，北京市民政局で登記した民間の基金会である．この基金会の設立セレモニーの招待客リストを見れば，大半を占めるのがメディアの記者であることに気づく．政府やNGO，企業や研究者をはるかに超える割合であった[5]．このことからも，メディアに対する姿勢をうかがうことができる．

2．組織の理念を宣伝し，公衆の参加を得るためにメディアを活用する戦略

大衆メディア（新聞，雑誌，テレビ）の報道形式が柔軟であり，影響力が大きく，実効性にも優れているため，草の根NGOはメディアの多様なツールを通して，自らの動向を公衆に伝え，周知してもらい，参加してもらう戦略を多く取っている．さらに企業と政府から支持を得ていくことも，メディア戦略のねらいの1つである．

2004年，エネルギー不足と電力供給不足の問題を受けて，北京地球村をはじめとする9つの草の根NGOが，「エアコンを26度に！ エコプロジェクト」を立ち上げた．彼らは中央テレビ，北京テレビ，「人民日報」「北京晩報」「法制

5）「西部陽光農村発展基金会成立の物語」（http://www.you2v.com/cgi-bin/topic.cgi？forum＝2＆topic＝842）2007年7月30日参照．

日報」「新京報」など20余りのメディアにアプローチし，中国語と英語の両方でこのプロジェクトについての報道をしてもらった．メディアによる密度の高い報道と積極的な宣伝活動の結果，このプロジェクトは政府からも支持され，多くの企業と各地のNGOの協力が得られた．活動に参加するボランティアや活動に協力する一般市民が相つぎ，プロジェクトが「エコブーム」を引き起こし，成功裏に終了した．第1章でも言及したように，翌年，プロジェクトの功績が認められ，地球村の代表 廖暁義が「中国経済界のアカデミー賞」と呼ばれる「CCTV2005年度中国著名人物ランキング」で「社会公益賞」に選ばれたのである．

3．アドボカシー（代弁者）機能を果たすためにメディアを活用する戦略

草の根NGOはメディアを活用し，政府部門がその職務を果たすように監視・促進し，政策制定者にアドバイスと専門的な政策提言を提供し，公共政策の制定や関連法律の制定に影響を与えることができる．具体的な戦術として，草の根NGOはしばしば横のネットワーク化を図り，組織間の連動を強め，情報やノウハウ，資源を共有し，草の根NGO間のネットワークを形成させると同時に，影響力のあるシンクタンクや研究者とも手を結び，自らが提唱する理念と政策を強くアピールし，政府や企業に圧力をかけようとする．

環境NGOの事例を見てみよう．中国ではマス・メディアは，草の根環境NGOにとって，アドボカシー活動を展開する重要なツールとなっている．草の根環境NGOが具体的な環境課題に直面するときに，彼らはしばしばメディアが有する社会的資源を利用して，より多くの人を巻き込んでいく「渦巻き式」の世論作りを試みる．それによって，全国各地から迅速な反応を得て，政府の政策決定に影響を与えようとする．まず，中国の歴史上初めて，公衆の力を用いて国家プロジェクトの意志決定に影響を与えた事例として，「楊柳湖工事の中止」を取り上げたい．

この事例の立役者草の根環境NGO「緑家園」のメンバーは，主に記者たちによって構成されている．世論がもつ力が発揮できるように，彼らは月に1度「記者サロン」を開催し，情報交換と議論を重ねている．サロンのコーディネーターである張可佳と汪永晨が，四川省の都江堰上流でダムが建設される計画

を知り，ただちに現場に赴き，現状を見てきた．その状況を文章にまとめ，記者サロンの活動を媒介に各メディアの記者に配った．7月9日，「中国青年報」で張の文章「ダム建設が世界遺産都江堰にダメージを与える！ 国連も注目！」を掲載し，この問題が社会一般に広く知られるようになり，議論を引き起こした．2003年8月29日，四川省政府が第16次常務会議を開き，すでに工事が始まった楊柳湖のダム建設を中止する決定を下し，都江堰の運命に変化が訪れたのである．

　また，「緑家園」のもう1つの取り組みも特筆に値する．2004年，さらに影響が大きかった怒江工事の中止が決定されたことである．2003年8月12～14日，国家発展と改革委員会が北京で開かれ，「怒江中流・下流水力発電企画案」が審議され，開発が決議された．この計画が実施されれば，中国で「ありのままの自然」として最も名高い怒江の中流・下流部で，2つの巨大ダムが建設されることになり，世界自然遺産の区域と国指定の77種類の保護動物，34種類の保護植物の生存が脅かされることになる．8月16日，この計画に反対意見をもつ1人の国家環境総局の官僚が，緑家園の汪永晨にこの決定を告げ，専門家の協力を得て調査するように要請した．汪はすぐに怒江を研究する専門家である何大明を訪ね，2003年9月3日，何大明は「怒江流域水力発電開発事業と生態環境保護の問題に関する専門家会議」に出席し，ダム建設に強く抗議した．この発言がきっかけとなり，国家環境保護局および北京で活動する多くの専門家が，ダム建設に非難の声を上げた．全国的に怒江ダム建設をめぐる論争が引き起こされ，中央電視台の人気番組「焦点訪談」で取り上げられ，環境NGOの活動が大々的に報道された．2004年2月，政府上層部の指示により，ダム工事の計画が否決された．この一連のプロセスにおいて，緑家園は終始重要な役割を果たし，メンバーがそれぞれ所属するメディアにおいて積極的に怒江関連の報道を行ない，その結果，政府の意志決定に大きな影響を与えたと考えられる．

第3節　草の根NGOのマス・メディア戦略に見られる新たな傾向

1．マス・メディア戦略の新動向

現在，草の根NGOのメディア戦略には，さらに新たな動きが見られる．以下で5つにまとめて示したい．

第1は，草の根NGOは，受け身的にメディアに「報道される」という態勢から，積極的にメディアにおける自らの位置づけを探り，理論的にメディアとの関係を検討し，メディアとの関係を自らの発展戦略全体において位置づけるようになった．例えば2006年「北京のNGO」と題する討論会の第6回大会が開かれ，そこで最初に論題とされたのは「NGOとメディア」であった．メディアと草の根NGOの関係者が一堂に会し，実用性の高い情報の発信，実行可能性の高い提言，行動計画と創造性の高い解決案の作り方などについて，具体的な議論が行なわれた．そこで焦点となったのは，「いかに北京のNGOとメディアとのつながりを深めるか」であった[6]．「中国NPO情報諮問センター」も2003年9月からNPO論壇のシリーズを企画し，「非営利組織とマス・メディアとの対話と協力」がその主要テーマの1つであった．

第2に，メディアとの間の緩やかな，一時的な，偶発的なつながりを，密接な，安定的な，経常的なつながりにしていくべく，草の根NGOはメディアを招集する側に転身しようとしている．この戦略は，確実で安定的なツールと柔軟で多様な方法を用いて，自らの理念と情報をマス・メディアに伝え，草の根NGOを中心にした情報収集・情報発信・情報交換の場を形成させることを目標としている．それによって専門的な報道を増やしていき，大衆，政府と企業により積極的に情報を伝え，さらに世論を導くメディアに影響を与えることによって，組織の発展に有利な社会的雰囲気と政策的環境の創出を促進していく，という戦略である．

例えば，北京地球村が主催し，エネルギー基金会が共催した「持続可能な社

---

6) http://www.green-web.org/infocenter/show.php?id=11570．2007年7月30日参照．

会への記者論壇」[7]では，その目的を以下のように明確に述べている．

　　各メディアと記者に持続可能なエネルギー問題に関心と認識をもってもらい，この分野の専門的な記者を育て，エネルギー効果を高め，リサイクル可能なエネルギーの開発に関する調査研究と報道を数多くしてもらい，継続的でかつ深く掘り下げた報道を書いてもらう．それによって公衆の注目を引きつけ，国家による合理的なエネルギー政策の制定と実施を促進し，公衆が持続可能なエネルギー消費方式を選択するように導いていく．

　この記者論壇は2004年から始まり，年に8回開催される大会のうち，7回は持続可能なエネルギーというテーマに関連した討論会であり，8回目は「持続可能なエネルギーの記者の星」と題する表彰式である．大会では，地球村が著名な専門家や政府の官僚を招き，記者たちを相手にセミナーを行ない，さらに記者たちの質問に積極的に答えている．論壇への参加は，記者もしくはメディアが自発的に登録する形式を取っている．8回の大会以外にも，地球村は収集した環境問題に関するニュースを，メーリングリストやショートメールを使って記者たちに配信している．現在この論壇に加入している記者は，70メディアから来た170名であり，マス・メディア以外に，専門的なメディアも含まれている．論壇の大会時には常に60名を超える参加者がおり，彼らは北京地球村とその他の草の根環境NGOの活動を積極的に支援し，報道している．先述の「エアコンを26度に！　エコプロジェクト」の成功以外にも，「燃料の経済性」に関する法規の登場，オリンピック委員会環境部会との協働プロジェクトなど，多くの成果が生み出された．また，多くの記者はこの論壇を通して，北京地球村のボランティアとして，実践活動にも参加するようになった．2005年3月まで，この論壇はすでに14回開催され，報道記事は300以上を数えた．持続可能なエネルギー政策の制定，持続可能なエネルギーの生産方法と産業の発展，持続可能なエネルギー戦略への大衆の参加，そしてエネルギー問題に関する専門家の研究の強化などの面において，この論壇の役割は無視できない．草の根NGOを中心に，政府，NGO，メディア，専門家，企業との間の協働のメカニズムや情報交換の場が形成される可能性を示した貴重な事例である．

---

7) http://see.sina.com.cn/news/2005/0323/341.html，2007年7月30日参照．

第3に，メディアとの連携に関する全体的な戦略作りに留まらず，草の根NGOは，メディアと具体的な，細かい共同作業を進める戦術も取るようになった．例えば，2003年，草の根NGO「首都女性記者協会」が，ジェンダーの視点からメディアの報道を監視し，女性によるメディアへの参加を促進する目的で，「中国婦女報」で新コラム「伝媒守望（見守るメディア）」を開設した．また，「紅丹丹」[8]）が北京ラジオ・テレビ局と協働して，2006年6月から，毎晩5分間，目の不自由な障害者を対象にこのNGOが制作した番組を放送している．このような取り組みは世界でもまず珍しいという．

第4は，草の根NGO自身がミニメディアを作る試みが見られるようになったことである．定期的に関係者に無料のニュースレターや機関誌，宣伝用チラシを配るなど，日常的に情報発信をしていく試みがある．これらの取り組みは同時に，組織の活動を公開し，社会から広く監督を受け，組織の透明性を高める有効な方法でもある．例えば「北京天下渓教育諮問センター」[9]）では『天下渓通信』を発行しており，北京恵澤人諮問サービスセンター[10]）では『市民参加論壇』を発行している．

国が新聞やテレビ，ラジオなどのマス・メディアに対して強い規制を加えているのに対して，新興のインターネットに対しては，相対的に規制が緩いため，一定程度の能力と影響力のある草の根NGOはそれぞれ組織のウェブサイトで発信しており，emailやメーリングリストも積極的に活用している．さらに特徴的なのは，「海南農民工の家」や「番禺出稼ぎ者サービスクラブ」など多くの草の根NGOは，ネット上で会員登録を行ない，ネット上でニーズを読み，ネットを介して具体的な業務を遂行していることである．

第5に，以上の4つ以外に注目に値する現象として，メディアに勤める個人が直接NGOを作る，もしくは兼任，転職などの形でNGOの実務に関わる動きに言及したい．彼らはこのような二重の身分とそれぞれの領域における経験と

8）「紅丹丹」は，社区における障害児の生活をサポートし，目の不自由な障害者にサービスを提供する草の根NGO．
9）民間の非営利教育機構である．主に自然教育，環境教育，農村教育，社会的弱者の教育などの分野で，教育理論の実践を行ない，持続可能な発展に関する意識を有し，社会的責任感の強い市民を育てることを活動の目的としている．
10）主にカウンセリングと服役者が社会に戻った際のサポート事業を行なっている草の根NGO．

知識を活用して，マス・メディアの潜在的能力を十分に引き出し，NGOの発展に有利な社会資本をもたらそうとしている．

1901年に，レーニンがある社説で次のように語った．「新聞は集団の宣伝を担当し，モチベーションを刺激する存在だけではなく，集団の組織者でもある」．すなわち，当時のメディアとして，新聞は宣伝の機能を担うと同時に，社会組織化の機能も果たしていたのである．現代の中国においては，マス・メディアは，民意の反映と多様な意見表出に機会を提供する試みを始めている．中には，「南方週末」の「百姓茶坊（庶民茶屋）」コラム，「中国青年報」の付属週刊誌「氷点」などのような，民衆の利益とニーズに立脚し，現実を反映し，民意を伝え，時弊に大胆に挑む姿勢を見せているメディアもある[11]．専門家の間では「民による公共領域を築き上げている」と評判が高い．また，メディア関係者自らがNGOを設立する動きの効果も大きい．前記で例示した緑家園は，中央テレビの記者 汪永晨が作った組織であり，他にも農家女文化発展センターや北京協作者など，メディア関係者によって設立された草の根NGOは少なくない．

2．まとめ

近年，中国の体制改革と社会の転換に伴い，草の根NGOとメディアの双方が急速の発展を遂げている．このプロセスにおいて，草の根NGOはメディアとの「天然の盟友（人為的ではなく，天然的に親近性を有する）関係」を生かし，自らのメディア戦略を立ててきた．組織の影響力の拡大，良いイメージの樹立，世論の誘導，社会資源の動員と公衆参加の促進，公共政策への影響などの面で，メディアはNGOに有利な社会環境を提供し得る存在として考えられてきた．実際，両者の関係は，受け身から能動的へ，一方向から双方向へ，実践上の協働に留まらず理念的な探求に至るまで，などといった変容を見せており，緩やかな，一時的な，偶発的な関係性から，密接な，安定的な，経常的な関係性への転換が図られていることがわかる．

---

11) 2006年1月，『氷点』は中国の歴史教科書を批判的に論じた論文を掲載したという理由で，廃刊となった．詳しい事情は，日本僑報社が翻訳出版した『「氷点」停刊の舞台裏』を参照されたい（この注釈は編者李妍焱による）．

しかし，同時に，マス・メディアの限界や，政府の政策の影響も見逃すわけにはいかない．直面する課題はなお多い．例えば，以下の4つを挙げることができる．

1. 全体的には，草の根NGOに関する話題は，マス・メディアの報道ではマイナーな位置づけに留まっている．その他の企業や政府に比べると，決して報道量が多いとはいえず，より深い，継続的な報道となれば，より少ないのが現状である．

2. 専門的にNGOを扱うメディアが少なく，「中国社会報」「中国発展簡報」「NPO縦横」など，数えられる程度しかなく，しかもそのほとんどが公開発行の資格をもっておらず，発行の範囲がNGO関係者と関連研究機構に限定されることが多い．NGOを専門的に取り上げる総合メディアとなると，「民間」[12]「草の根の声」[13]などの極少数しか存在しない．また，報道の形式も，新聞や雑誌による文字報道が多く，テレビやラジオで取り上げられることが少ない．

3. マス・メディアは依然として政府に強くコントロールされており，草の根NGOに関する報道はしばしば「選択的」であるといわざるを得ない．「環境NGO」「救貧NGO」など，政府の政策方向に符合するNGOが大きく注目されることが多いのに対して，周辺的な，デリケートな問題を扱う草の根NGOへの注目は少ない．例えば少し前までの農民工の権利擁護を行なうNGOやエイズ問題の分野で活動するNGOの例が挙げられる[14]．

4. 草の根NGOとメディアとの連携は，具体的な協働の原則，方法論な

---

[12] 『民間』は，広東中山大学華南民間組織研究センター（現在市民社会研究センターに改名）が発行する雑誌であり，多くのNGO組織と個人がその執筆と編集に携わっている．草の根に注目し，民間の実践家，組織と進行中のプロジェクトに焦点を当てることが，この雑誌のモットーである．

[13] 『草の根の声』は，北京地球村が発行し，「カナダ市民社会促進プロジェクト」が資金援助を提供している．コンテンツの提供者はほとんど民間草の根環境NGOであり，政府，企業およびNGO関係者によって組織された「指導委員会」の指導を受けている．この雑誌は月刊の形式をとり，中国の草の根環境NGOの理念と活動を伝えるための雑誌と位置づけられ，民間環境保護活動を推進し，中国において持続可能な社会を実現していくための，全国の草の根NGOが交流をする場となることが，目的である．http://www.gvbchina.org.cn，2007年10月30日参照．

[14] 現在，政府の政策に転換が見られ，農民工の権利擁護やエイズ問題で活動するNGOも注目されつつある．

どの面でさらに探求が求められる．「天然の盟友」から「戦略的な盟友」へと，意識的な転換が求められよう．

引用文献

中国語の論文と著書

陳茂祥，2001，「非営利組織的生命力与社会力（非営利組織の生命力と社会力）」北京清華大学両岸（大陸と台湾）非営利組織論壇．

吉玉泉，「憲政視野里的第4種権力：言論自由権在法権体系中的定位及其憲政考察（憲法の視野における第4の権力：法体系における言論の自由の位置づけとその憲政的考察）」（http://academic.mediachina.net/xsjd_view.jsp?id=1836）．

Habermas, Jurgen, *Strukturwandel der Offentlichkeit : Untersuchungen zu einer Kategorie der burgerlichen Gesellschaft*, Suhrkamp Verlag（＝1999，ユンゲル・ハバーマス著，曹衛東訳『公共領域的結合転型（公共構造の構造転換）』学林出版社，上海）．

Putnam, Robet D., 1993, *Making Democracy Work: Civic traditions in modern Italy*, Princeton, NJ : Princeton University Press（＝2001，ロバート・D・パットナム著，頼海榕訳『使民主運転起来（哲学する民主主義）』江西人民出版社）．

Tocqueville, Alexis de., 1835-1840, *De la dé mocratie en Amé / rique*（＝2004，アレクシス・ド・トクヴィル著，董果良訳『論美国的民主（アメリカの民主政治）』商務出版社，北京）．

英語の論文と著書

Salamon, Laster M. &Anheier, Helmut K., 1997, *Defining the Nonprofit Sector : A Cross-national Analys*, The Hopkins University Maryland.

第7章

社会関係網から社会関係資本へ

趙秀梅・李妍焱[1]

　本章では，草の根NGOを支える社会的資源として，「社会関係網」に注目し，さらに，草の根NGOが創出し得る社会的資本として，「社会関係資本」を提示していく．第1節では，草の根NGOが自らの組織化や自治を維持するために，いかに社会関係網を活用しているのかについて，事例を検討しながら紹介していく．第2節では，社会的関係網の私的活用から，公的な社会関係資本の創出に向けて，草の根NGOが取り得る戦略に迫っていく．

第1節　草の根NGOと人間関係資源

1．社会関係網

　社会関係網（人間関係のネットワーク／人脈）は，中国社会の特徴を語る1つのキーワードである．中国は「関係社会」であり，「制度社会」ではない[2]．個人の日常生活，求職，昇進から社会組織の運営に至るまで，中国の隅々において社会関係網の強力な働きを見ることができる．このような社会では，制度作りのコストが高く，逆に社会関係による調整メカニズムが活発であり，取引コストと運営コストを大幅に減らすことができる．中国，あるいは華人社会におけるこのような社会関係網の積極的な機能は広く知られており，研究の蓄積

---

[1] 本章の第1節は趙，第2節は李がそれぞれ執筆しているが，第1節は中国語の原稿で書かれており，邦訳と編集，文章の再構成などの作業はすべて李が行なった．
[2] 梁漱溟，2000『中国文化要義（中国文化のエッセンス）』（第二版），学林出版社，上海．費孝通，1985『郷土中国』（第二版），北京三聯出版社．

も厚い．NGOの組織運営も当然例外ではなく，社会関係網を生かして資源を動員し，組織の目的を追求していくことは，普遍的な現象である．社会関係網は，NGOの貴重な「人間関係資源」であるといえよう．

　社会関係網の成立には２つの要因が不可欠である．１つは私的な社会関係資本（Social Capital），もう１つは社交圏である．社会関係資本とは，林南の定義によれば，個人が社会関係を通して得られる資源，例えば富み，権力，名声，社会的ネットワークなどを指す[3]．これには土地や家屋，自動車，金銭などの物的資源のみならず，学歴やクラブ会員権，社会的地位や名誉，知名度，所属組織の知名度，家系の知名度などの「記号的資源」も含まれる．社会的な人脈の広がりと深さの相違により，個々人が有する私的社会関係資本も異なる．社交圏とは，個人がもつ人脈の広がりを指すと考えてよい．

　中国のNGOは豊かな社会関係網をもっている．それは，そのリーダーたちが往々にして豊富な私的社会関係資本をもっていることによる．目下の中国では，ある程度の社会関係資本をもっていなければ，NGOを立ち上げることも，運営していくことも難しいと言わざるを得ない．北京天則経済研究所のように，学術的背景と資源を豊かにもった著名な学者がリーダーになる場合もあるし[4]，自然の友の梁从誠のように，有名人として高い社会的地位と豊富な交友関係をもった人がリーダーになる場合もある．また，農家女文化発展センターのリーダー[5]のように，特定の領域では知名度が高く，その領域を熟知し，豊富な人間関係網を有し，強力な動員力を発揮するリーダーもいる．

　リーダー以外に，NGOの構成員や参加者の社会関係網の範囲も広い．例えば環境保護NGOの緑家園では，社会の各階層から参加者が集まっている．政府の役人もいれば，自営業者もいる．ジャーナリスト，専門職などの知識人もい

3）Lin, Nan, 2001, *Social Capital, A Theory of Social Structure and Action*, Cambridge University Press, 43.

4）天則経済研究所の最初の発起人は樊綱，茅于軾，盛洪，唐寿寧と張曙光の５人であり，いずれも現在中国大陸の経済学界ではトップクラスの研究者であり，学術の世界では大きな影響力をもっている．

5）「農家女」のリーダー謝麗華は，もともとは全国婦女連合会の機関紙「中国婦女新聞」の編集担当であり，家庭生活部の主任として，「結婚と家庭」などのコラムを専門的に担当していた．彼女は婦女連合会関連の分野では，広くてかつ深い社会関係網をもっている．

れば，ブルーカラーの労働者もいる．大学教授もいれば，中学校の教諭もいる．大学院生もいれば，大学生，中小学生もいる．定年退職者もいれば，新社会人もいる．このような異なるバックグランドをもつ参加者は，広い社会関係網を作り，NGOが一般大衆にアピールし，参加を動員する際の有効なルートと手段になっている．

多くのNGOは，自らの社会関係網を拡大するために，現（あるいは元）政府高官や著名な専門家，学者による「顧問団」を設置している．顧問たちは普段組織の仕事にはほとんどタッチしないが，彼らが有する社会関係資源を生かして，組織のために資源を獲得し，道を拓いていく役割を果たしている．このような社会関係網を有しているからこそ，NGOはどのように，誰に助けを求めればよいのか知るようになるのである．

以下では，組織としての合法性，資源動員，政府との関係という3つの視点から，社会関係網とNGOの運営との関係を見ていきたい．

2．組織の合法化における社会関係網の働き

ここでいう「合法性」とは，ある組織の活動が，法律，道義，あるいは権威や制度の番人が規定した各種規範に従い，それゆえに政府や関係機関，人々に受け入れられ，認められ，活動が継続できる状態のことをいう．この意味における「合法性」を獲得しようとする中国のNGOには，興味深い現象が見られる．組織として，草の根NGOの多くは法人格をもたずに活動しているため，法律の保護を受けていない．すなわち，これらの組織には法的に依拠できる制度的枠組みが存在しないわけである．目下の中国では，NGOに対して政府は「同意制（approval system）」に基づいて管理しており，「認証制（authenticated system）」ではない．その管理方法を体現しているのが「社会団体登記管理条例」であり，第1章でも述べたように，この条例の規定によれば，社会団体として登記するには，「主管単位」の審査と同意が必要とされる．しかし，NGOは政治的にデリケートな分野で活動することも多く，そのリスクを背負い，主管単位になってくれる政府機関もしくは準政府機関は非常に少ない．それゆえに大多数の草の根NGOは民政部門で登記できず，合法的な「社会団体」という身分が得られない．彼らは別の形式で登記するしかなく，例え

ば社会団体の身分を有する団体の支部として登記する、もしくは政府機関や国有企業などのフォーマル組織に所属する内部団体として登記する、企業として登記する、あるいはいっそのこと登記せずに任意団体として存在している。しかし他方では、これらの組織は公に活動を展開しており、国内外の組織と個人から寄付をもらい、政府機関を含めた他の組織とも協力関係を築き、時には政府の公共政策を批判し、アドボカシーも行なう。それが可能なのは、正式な「合法的身分」以外に、別の「合法性」の基盤を、草の根NGOがもっているからではないだろうか。

　中国の社団組織の合法性を分析するうえで、高丙中は有益な分析枠組みを提起している。彼は社団の合法性の基盤として政治、法律、社会と行政の4つの側面を挙げ、それぞれ異なる意味合いと獲得の方法について論じた[6]。ここでは彼の分析枠組みを用いて、草の根NGOがいかに社会関係網を活用して合法性を獲得し、あるいは合法性を高めているのかについて見てみよう。

　4つの合法性の基盤のうち、社会的合法性と政治的合法性は「実質合法性（substantive legitimacy）」とされ、行政的合法性と法律的合法性は「形式的合法性（formal legitimacy）」とされる。草の根NGOは、優れた組織効率と、リーダーの個人的な魅力、活動の正当性、非営利性と公益性をアピールすることによって、社会的な承認を得て、社会的、道義的な支持を集め、社会的合法性を獲得することができる。政治的合法性に関しては、たいがいの草の根NGOは「政治的な危険性はない」ことをアピールしている。この2つの実質的合法性を獲得できないと、草の根NGOの生存が脅かされることになるのである。

　行政的合法性は形式的合法性の1つであり、その基礎は官僚制システムの手続きや慣例にある。行政的合法性を獲得する形式は多様であり、定款や規則などの文書をきちんとそろえること、所属機関の長から同意を得ること、組織のシンボル（名称やロゴマークなど）を決め、各種公式行事を行なうことなどが挙げられる。行政的合法性は往々にして、特定の行政組織もしくは行政から権限を付与された組織のリーダーが、何らかの形（例えば許可、同意、支持や協

---

6) 高丙中，2000「社会団体的合法性問題（社会団体の合法性問題）」，『中国社会科学』，第2号．

力）で，自らがもつ行政的合法性の一部を草の根NGOに与えることによって獲得される．また，このような合法性の付与は，自然に彼らによる活動への参加を伴う．彼らの参加形態はきわめて多様であり，実際の活動に参加することもあれば，名誉会長として象徴的に，記号的に参加することもある．もし草の根NGOのリーダー本人が，すでにどこか権威のあるフォーマル組織のリーダーであれば，その草の根NGOは生まれつき行政的合法性を有することになる．たとえ法律的な合法性をもたなくても，すなわち民政部門に社会団体法人として登録できなくても，支持してくれる既存の組織の影響力が及ぶ範囲内では，十分に活動を展開することができる．したがって，ある意味では，中国の社団管理システムは，旧来の「単位（所属する職場／組織）」に基づいた行政システムの延長上にあるといえる．長い間社会団体の発展は，どれほど既存の単位の資源を利用できているかによる部分が大きい[7]．

　草の根NGOは，社会関係網を通して積極的に国家的な権威とつながりをもつことによって，一定程度の行政的合法性を得ようとしている．例えば「自然の友」は，数度にわたって国家環境局，北京市環境局に「業務主管単位」になるよう要請を出したが，ことごとく断られた後に，リーダーの個人的な人脈で「中国文化書院」[8]の同意を得ることができ，中国文化書院に所属する機構として登記し，行政的合法性を獲得したのである．その「個人的な人脈」とは，自然の友のリーダー梁が，文化書院の副院長と指導教授を務めていたことによるものである．既存の単位組織の内部組織として登記し，活動をしているNGOは，ほとんどはその単位組織のリーダーと直接的な人脈をもち，さらにNGOのメンバー自身もその単位組織の構成員であり，登記管理を行なう行政部門に知人や友人がいるケースである．中国法政大学環境法律援助センターや，北京大学婦女法律援助センターもその例である．

　企業として登記するNGOは，既存の国家機関にぶら下がることで行政的合法性を得ることができないため，現職の官僚，もしくは影響力を保持している

---

[7] 高丙中，（前掲書）．
[8] 「中国文化書院」は正式な社団法人であり，研究・教育を行なう組織である．その支部となれば，「中国文化書院」の主管単位である中国文化部（中国文化省）が自ずと自然の友の主管単位ともなる．したがって，自然の友は主管単位から付与された合法性を有するようになる．

元官僚に名誉職を与え，あるいは彼らを活動に招くことによって，彼らの影響力と記号的価値を利用して行政的合法性を得ようとする．野生の草の根NGOは国家官僚と制度的な関係性をもつことはできない．社会関係網を辿って政府官僚のところにいき，彼らの支持を取りつけるしかない．NGOの「顧問団」の役割はまさにここにある．例えば，企業として登記している北京紅楓女性心理諮問センターは，リーダーと顧問団のメンバーがもつ人脈を辿って，全国婦女連合会の元幹部や現職の幹部にコンタクトを取り，彼らをも顧問団に迎え，全国婦女連合会を味方につけたのである．それが可能となったのは，紅楓のリーダーが長年婦女連合会に勤め，豊富な人脈をもっていたからにほかならない．

むろん，この種の行政的合法性は，直接法人格をもたないNGOに主管単位を与え，法律的合法性への近道を提供するものではない．しかし，有力者と「太いパイプ」をもっていれば，主管単位を見つけることも夢ではない．例えば北京のある生態系保護活動を行なうNGOは，設立後数年経っても主管単位が見つからず，登記できないでいた．偶然の機会に某政府高官の子弟の支持を得て，その後とんとん拍子で主管単位が見つかり，登記手続きを終えたという事例もある[9]．また，重慶市民政局で登記している環境NGOの場合，登記できた最大の理由は，民政局の官僚がその組織の会長の学生であったことである．揚子江領域で有名な別の環境NGOも，登記できたのは組織のリーダーと市の環境局局長とが友人であるため，環境局が主管単位になってくれたからである[10]．このような例は枚挙に暇がない．

3．資源動員における社会関係網の働き

(1) 社会的参加の動員

草の根NGOが参加を呼びかける際に，主に頼っているのは，組織が有する社会関係網である．これを「横のネットワーク式動員」と呼んでおこう．このネットワークの中心には，組織のリーダー，発起人，主なボランティアなどの主要構成員がいる．彼らがそれぞれ自分の親戚，友人，知人に，組織の活動に

---

9) 筆者のインタビューによる，2000年．
10) 筆者のインタビューによる，2002年．

参加するように呼びかける．その結果，彼らを円心とするネットワーク型の参加モデルができあがる．また，彼らの親戚や友人／知人はさらにそれぞれ自分の親戚，友人／知人を動員するため，この円形ネットワークがどんどん外側に向けて広がっていき，組織の規模が拡大すればするほど，この多重円形ネットワークの触角も遠くまで伸びることになり，参加者の数も増える．それを図7.1のように示すことができる．

NGO活動の参加者やボランティアは，ほとんどこの方式で獲得しており，組織の設立直後はなおさらそうである．法律的合法性も保護してくれる組織もない任意団体である緑家園は，多数のボランティアの支持を得て，数多くの活動を実施している．それは中心メンバーとボランティアたちの社会関係網によって実現できたにほかならない．固定会員がいないために，緑家園は自然の友のように，ニューズレターなどの正式なルートを通して活動を周知させ，参加者を集めることはできない．イベントへの参加の呼びかけはいつもそのつど，何人かの中心メンバーが手分けして，かつて活動に参加したことのあるボランティアに電話をかけ，さらに彼らに友人／知人への連絡を依頼する形で行なわれる．1回でもイベントなどに参加したことのある人は，次の活動参加者の候補となるだけでなく，次の活動の宣伝者にもなる．この方式を緑家園は「次から次へと方式」と呼んでいる[11]．メインメンバーを中心とした，円形ネットワークの形成を如実に示した事例である．

紅楓婦女ホットライン（北京紅楓女性心理諮問センターのプロジェクト）の責任者は，ホットラインの番号をいかに周知させているのかについて語ってくれた．民間のホットラインとして，広告費を出せない紅楓は，マス・メディアを利用し

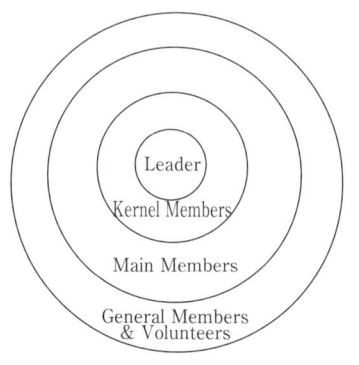

図7.1 真ん中の円形は，リーダーの人脈が及ぶ範囲を示し，その外側に顧問団メンバーの人脈，メインメンバーの人脈，一般メンバーやボランティアたちの人脈のネットワークが広がっている．

---

11) 筆者によるインタビュー（1998年8月）から．

て番号を知らせることはできない．紅楓が取った戦略は，「組織のメンバー，ボランティアおよびホットラインを利用したことのある人の人脈を活用して，社会関係網に載せて番号を周知させる」ことであった．緑色江河[12]の創始者楊欣も，設立当初は主に自分の友人や親戚にボランティアになってもらったと話している[13]．第6章でも取り上げた緑家園の「緑色記者論壇」の例もある．環境／エネルギー問題の専門家や研究者を招き，講師を務めてもらい，参加者全員で討論をするこのイベントは，週末の夜に開催されることが多く，講師には交通費の実費程度しか支払えない．来てくれる講師を探すプロセスは，草の根NGOの資源動員のノウハウを私たちに教えてくれる．緑家園ではまず各種社会関係網を利用して，講師の候補者を捜し，次にその講師本人にコンタクトが取れる人脈を掘り起こし，依頼を出してもらう．よく知っている友人が講師になった場合，報酬はいっさい払われないが，初対面でよく知らない講師に対しては，交通費など少額ながらも報酬が支払われる．むろん，その金額は市場価格や相場と関係なく決められている[14]．

（2）政府資源の動員

社会的参加の動員は，横のネットワークを活用した動員であるとすれば，そのほかに，NGOはしばしば縦のネットワークを利用して，政府から支持（資金的支援や活動に対する支持）を得る戦略を取っている．むろんこれはすべての草の根NGOにできることではなく，成功の確率は，その草の根NGOがもつ社会関係網の広さと深さによる．

1996年に設立されたある草の根NGOの例を見てみよう[15]．最初の活動は，ゴミの分別であった．しかし，分別を実施するために協力を要請しなければならない行政機関の敷居は高く，草の根NGOの身分では，協力してくれる組織を見つけることができなかった．創立者のL氏は自分の人脈を駆使して，ある全国的な官弁NGOを説得し，そのオフィスビルでゴミの分別を行なってもら

---

12) 1995年に活動を始めた草の根NGO．1999年には地方の民政局で登録手続きを完了させ，法定NGOの身分を得ている．
13) 筆者によるインタビュー，2000年12月．
14) 筆者によるインタビュー，2002年4月．
15) 対象者の希望により，この組織および関係者は匿名とした．

った.それがきっかけとなり,官弁NGOのネットワークを通して,ゴミの分別はその影響力が及ぶ範囲のすべての組織で実施されるようになった.L氏の人脈とは,彼女の母親であった.母親はその官弁NGOの幹部であったために,L氏の活動は多くの全国的な関連組織の支持と協力を得た.例えば官弁NGOが刊行している新聞にその活動の記事を載せたり,雑誌でG氏の特集を組んだり,L氏の文章を掲載したりしていた.しかし,後に種々の事情でL氏がそのNGOを離れることになり,その直後に,官弁NGOによるすべての支援もなくなったのである[16].

　社会関係網を活用して,政府の支持を得たもう1つの好例は,「緑色江河」である.その最初の活動は,1995年に始まった「揚子江の源流を守り,大自然を愛す」と題するキャンペーンであった.その活動には2つの条件が不可欠であった.1つは地元政府と国家環境保護局の許可であり,もう1つは資金であった.創始者の楊は,1984年から地元で生態系の調査を行ない,環境保護活動を行なってきたため,地方政府の要人と個人的な人間関係を築き上げてきた.楊はまずこれらの人脈を駆使して地元政府の官僚を説得し,彼らの支持を取りつけ,地方政府の活動許可を得た.その後,国家環境保護局の許可を得るべく,楊は北京に乗り込んだ.しかし,国家環境保護局にアクセスできる人脈を楊はもっていなかったため,環境局に取り上げてもらえなかった.楊は同業者の「自然の友」を尋ね,助けを求めた.自然の友の会員には国家環境保護局の官僚,もしくはその官僚たちの知り合い,国家環境保護局に影響力を有する人たちがいるからである.50日の奮闘を経て,自然の友の会員の協力により,楊はようやく国家環境保護局の活動許可を勝ち取った.

　許可が下りてから,次に資金を集めなければならなかった.最初の資金は,自然の友の会長梁を通して,深圳市の市長を説得し,深圳市から得た30万元(約450万円)の賛助金である.梁は1995年12月に深圳市に飛び,個人的な友人である深圳市の市長 李子彬と深圳市政治協商会議主席 林祖基を訪れ,緑色江河の活動を資金的に援助するよう要請した.さらに翌年の3月,梁は再度両氏を訪問し,支持と援助を訴えた.その結果,1996年5月に,深圳市から資金援

---

16) 筆者によるインタビュー,1998年8月,2000年12月.

助が決まったのである．

　ほかにも典型的な事例が挙げられる．ある草の根NGOは，法人格を有さないために独立した口座を開設できず，寄付を受け取るときは，その責任者の勤め先の口座を使っている．その勤め先の会計担当者は，無償でこの草の根NGOの会計も担当している．その理由はほかでもなく，NGOの責任者と彼の勤め先の幹部とは個人的に仲が良いからである[17]．もう1つの企業として登記しているNGOのリーダーは，2日で工商管理局から営業免許を取ったという．理由は，そのNGOのメンバーが昔工商管理局に勤めていたからである[18]．

　以上の例からわかるように，参加と支持を獲得する際に，NGO関係者の親戚，友人，同郷，元同僚，戦友，元上司，元部下，同級生，校友など，すべての知人が重要な社会的資源となっている．政府機関の官僚との個人的なつきあいは，なおさら重要な資源である．このような個人的な人脈を通して行なうインフォーマル（非制度的）なつきあいは，中国の草の根NGOが参加と支持を得るための基本的な形式であるといえる．その背景には，「関係本位」の中国伝統社会の存在がうかがえるだけでなく，草の根NGOに対する目下の法律，制度の厳しさをうかがうこともできよう．草の根NGOは，制度的に，フォーマルなルートを辿って資源を得ることはできない．制度的な方法で資源を動員することは，現在の草の根NGOにとって，逆にコストが高く，効果が低い．

4．政府のシステム内部に入り込むための社会関係網

　NGOは，社会関係網を生かして政府のシステム内部に入り込み，自分たちの生存と発展に有利な方向に，政府との関係を変えることも可能である．近年北京では，社区[19]に入り，政府の末端機関と連携を取りながら，社区内の公共サービス事業に携わるNGOの事例が相ついでいる．NGOにとって，政府の信頼を獲得し，政府や行政が厳格にコントロールしている領域に入り込み，政府が長年独占してきた事業に参入することは，きわめて難しいことである．これらのNGOはいかにそれを実現できたのだろうか．事例を細かく考察してみる

17）筆者によるインタビュー調査，2000年12月．
18）筆者によるインタビュー調査，2000年12月．
19）行政が決めたコミュニティの範囲，次章で詳しく述べる．

第7章 社会関係網から社会関係資本へ

と,「人間関係」がキーワードとして浮上してくる.

「HZP」は,社区でカウンセリングを行なうNGOである.社区に入り込めたのは,その運営と努力の賜物である.リーダーの厳はまず組織の社会関係網を活用して,北京市司法局の局長と親しい人物に当たってみた.その人物が厳を司法局局長のところに連れていき,「この人は私の長年の友人で,絶対に局長に迷惑をかけるようなことはない.それは保証する!」と推薦した結果,局長が厳の件を取り上げた.局長は厳の家庭環境やそれまでの経歴などについて徹底的に調べ,その父親が解放軍の高級幹部で,本人も軍役に服したことがあり,共産党員でもあることがわかると,社区の管理を行なう行政機関の友人に厳を推薦したのである.この局長のバックアップにより,HZPは司法局との共同事業として,ある社区で活動の実施を始めた.

「XM研究所」は,市民教育を行なうNGOであり,やはり社会関係網の力で社区に入った例である.農村部で村民組織の代表を村民全員の直接投票によって選ぶ実験を終えたXM研究所は,都市部でも同様な実験を行なおうと機会を探し続けた.1年以上経っても彼らは協力してくれる社区を見つけることはできなかった.直接選挙は政治的にデリケートな話題だからというのが主な理由であった.その後,ある研究会においてXM研究所の所長が当時の民政部副部長 史と知り合った.所長は史に直接選挙を都市部で実験的にやってみたいというアイデアを話したところ,史の賛同が得られた.その後,2人が友人になり,史の紹介を得て,XM研究所は市民政局の副局長とコンタクトが取れ,副局長がさらに直接選挙に興味をもつ社区を紹介してくれ,社区でのXMの活動が始まったのである.

国家が圧倒的な主導権を握る社会においては,草の根NGOは様々な社会関係網を活用して,自らの発展にとってより望ましい方向を目指して,国家との関係を変えようと試みる.これは中国の文化的環境と制度的環境の結果でもある.関係本位の社会である中国においては,「関係(人脈)」はもはやフォーマルな制度と並ぶ問題解決の道具となっている.この道具を用いて,草の根NGOはフォーマルな制度では解決できない問題を解決していき,制度的なルートでは得られない資源を得ている.むろん,人脈や人情などの非制度的な要素は,ほかの国や地域においても程度の差こそあれ存在している.中国の制度

的環境が不完全であるゆえに，社会関係網の機能が目立っているだけかもしれない．しかし，現実的に社会関係網が中国の草の根NGOにとって重要な資源となっている以上，我々はそれに注目しなければならない．社会関係網の多寡によってNGOの活動がかなり左右されること，そしてリーダーが変われば，それまでに得られていた支持や資源が突如なくなる恐れがあることに，我々は注意しなければならない．草の根NGOにとって，社会関係網は，予測可能な，安定的な社会関係資本をもたらしてくれるものではない．他の草の根NGOが学び，模倣できる有効な運営モデルを創出することもできない．

個人的な社会関係網を超えた，よりマクロ的な，安定的な社会関係資本を獲得していくための戦略を，草の根NGOが求めていかなければならない．それについては，次節で論じていきたい．

第2節　人間関係資源から社会関係資源へ

本節では，個人的な社会関係網を超えた社会関係資本の創出に向けて，草の根NGOはいかなる戦略を取り得るのかについて，いくつかの提案を行なっていきたい．その手がかりとして，「新しい公共性」を作り上げる媒介としての草の根NGO，という視点を打ち出したい．なぜなら，個人的な社会関係網を超えた社会関係資本が宿るところは，まさに「新しい公共領域」だからである．「新しい公共領域」とは，従来政府によってほぼ独占されてきた公共政策や公共事業，公共サービスの分野に進出し，新たな公共性の論理を作り上げ，切り拓いた領域のことを意味する．

1．「公」と「私」を媒介し，新しい公共性を作り上げる草の根NGO

草の根NGOを，「新しい公共領域」を切り拓く存在として捉える観点はすでに定説化しつつある．日本では例えば森政稔は日本社会を議論の対象としながらも，「人間の尊厳と平等な権利との相互承認に立脚する社会関係が作る公共

---

20) 森政稔，1998「現代日本市民社会論：その批判と構想」山脇直司他編『現代日本のパブリック・フィロソフィ（ライブラリ相関社会科学5）』新世社，34ページより．

空間」を市民社会として理解し，NPOやボランティア活動などの「市民の積極的な活動」が国家と市場を相対化し，このような市民社会に具体的なイメージを与えていると述べている[20]．三上剛史は，新しい公共空間を構想する際に「集合的アイデンティティ」を基本とする新しい社会運動の限界を主張し，「リスク回避」に向けての共感，「機能的連帯」こそが，新しい公共領域を生み出すと論じ，「このような機能的連帯こそが，ハバーマスやオッフェの言う『アソシエーション関係』の内実であり，NPO／NGOであり，ボランタリー・アソシエーションではないか」と述べている[21]．長谷川公一は，環境運動に関する具体的な考察を踏まえたうえで，NPOや社会運動組織からなる市民セクターが，「カウンターパワーとして社会的監視機能を強化し，社会問題・公共的な課題の発見につとめ，問題の究明力と政策提言能力，対案の提示能力を高めていく」ことによって，新しい公共圏の実質上の担い手として期待されていると指摘している[22]．

「人間の尊厳と平等な権利との相互承認に立脚する社会関係」をNGOの社会的目標とする観点，「リスク回避」に向けての機能的連帯としてNGOの性質を捉える観点，そして「社会的監視機能，社会問題・公共的課題の発見，問題の究明と政策提言能力」によってNGOの機能を評価する観点は，中国の草の根NGOを理解する際にも重要な観点となる．前記の議論では市民社会，公共空間，公共領域，公共圏などの言葉が用いられたが，本章では用語上の相違については深く追求せず，基本的には「公」と「私」の間に存在する空間，領域，諸活動の性質を「公共性」として捉え，公共哲学京都フォーラムの金泰昌教授が唱える「動詞としての公共」「公と私を共媒する公共」という立場[23]に賛同し，中国の草の根NGOを「中国における公共世界の構造的特徴に立脚しつつも，その構造に変動をもたらし，新しい公共性を作り出せる存在」として位置づけたい．すなわち，中国の草の根NGOは，個人的な社会関係網が優位に立

---

21) 三上剛史，1998「新たな公共空間－公共性概念とモダニティ」日本社会学会編『社会学評論』192，468ページより．
22) 長谷川公一，2003『環境運動と新しい公共圏』有斐閣，207-209ページより．
23) 公共哲学共働研究所編『公共的良識人』（2005年12月1日）一面「公共哲学を公共する旅」に掲載された金氏の議論より．

つ既存の「公 - 私」関係に立脚していながら，よりマクロ的な，安定的な社会関係資本が育む新たな「公 - 私」関係を作り出せるのではないかと，考えるのである．

そのための戦略を論じるためには，まず既存の「公 - 私」関係をある程度明確に示さなければならない．

2．中国における「公」の二重性と「私」の二重性

中国語の「公」は，溝口雄三によれば，「私」に対して倫理的・道徳的な優位性を有するという．美徳とされる「大公無私（公のために私を犠牲にすること）」，悪徳とされる「損公肥私（私欲のために公の利益を損なうこと）」などの言葉からも公の優位性は確認できる．また溝口は，中国の「公」には，「官（政府や政権）」「共同（共有する）」という日本の「公」と同様な意味があるほか，「天の公」としての「平分」「公平」「公正」の意味合いも含まれており，それが中国の特徴であるという[24]．中国では「公」を支える理念は「天理」であり，「官」としての「公」も，「共同（共有）」としての「公」も，この「天理」に従属してこそ正当性が得られると考えられている．そして「天理」が個人レベルにおいて「良心」として姿を現す．絶対的存在，不可抗力としての「天理」と，「私」の悪しき束縛からの解放を意味する「良心」，この2つが中国の「公」の正当性を支える要素だといえよう．

しかし，ここで留意しなければならないのは，前記の「公」の思想は理念（建前）レベルのものであり，そのまま中国人の行動指針にはならないことである．社会的正当性は「天理と良心」のフィルターを通さないと獲得できないのに対して，社会的行為の実践的指針は「天理と良心」にあるのではなく，むしろ「人間関係優先主義」と呼ばれる「私」を中心にした社会関係網に従属する．

中国社会の「人間関係優先主義」的な側面は古典的にはウェーバーの研究に始まり[25]，現在でも多くの研究者によって指摘されている．園田茂人は，自己

---

24) 溝口雄三，1995『中国の公と私』研文出版．同2001「中国思想史における公と私」佐々木毅・金泰昌編『公共哲学1 公と私の思想史』東京大学出版会．
25) Weber, Max., 1947, Konfuzianismua und Taoismus, (= 1980, M・ウェーバー著，木全徳雄訳

からの距離（親疎の度合い）によって行動様式を変える中国人の行動原理を「差序格局」と説いた費孝通の理論と，人情と面子[26]によって自己を中心とした同心円的な人間関係のメカニズムを示した黄国光の理論を引用し，「家人」「熟人」「外人」に対して，それぞれ「欲求原則」「人情原則」「公平原則」に準じて，「面子」が立つように資源の交換を行なう中国人の行動文法を，「関係主義」と定義している[27]．首藤明和は中国農村部での調査に基づき，「差序格局」によって社会的規範が主観的人情や面子によって相対化されるため，外部社会との交渉の不確実性が常態化する状況を指摘し，その不確実性を縮減する構造として「包（まるごと面倒を見る）」の構造に位置づけられる仲介人の存在と役割を論じ，丸ごと面倒を見ることのできる仲介人が人間関係網の中心になると述べている[28]．このように，人間関係優先主義の中国社会においては，倫理は一方では建前上の「天理」に従属するとされるが，他方では「具体的・世俗的な人間関係のただ中から生み出され，その人間化された倫理に基づいてそれぞれの社会関係が編纂されていく」[29]．

この論理に従えば，中国の「公」は，一方では天理を絶対視する倫理的優位を意味し，他方では「赤の他人」の場合にのみ適用され，優先度の低い存在を意味するという二重性をもつことになる．同様に「私」は，建前上，公に対して倫理的に従属しなければならないが，実際の行動様式においては，「面子」

『儒教と道教』創文社）．
26) 魯迅はかつて中国人の国民性の欠点について指摘した際に，「面子が強い」ことを挙げている．面子は表面上の「体面」を意味し，その裏でいかに屈辱的な出来事があろうと，苦労を背負おうと関係なく，表向きに体面が保てることが最優先される．したがって魯迅は「面子」を求めることによって，中国人は現実を直視せずに，問題を解決しようとせずに形式的に体面を繕おうとし，他者を欺くと同時に，自分をも欺いていると批判している（林非，2000『魯迅和中国文化（魯迅と中国文化）』学苑出版社，294ページより）．魯迅以降，面子は中国人の社会交換関係を語る中心概念となったが，黄国光ほか編，2004『面子：中国人的権力游戯（面子：中国人の権力ゲーム）』（中国人民大学出版社）や霍学偉，2005『人情，面子与権力的再生産（人情，面子と権力の再生産）』（北京大学出版社）では，正か負かというイメージによって面子を語るのではなく，面子が機能するプロセスに関する詳細かつ客観的な分析を行ない，中国の人間関係網の動き方を解析するための理論モデルを構築した．
27) 園田茂人，2001『中国人の心理と行動』NHKブックス，186-193ページより．
28) 首藤明和，2003『中国の人治社会：もう1つの文明として』日本経済評論社，99-102ページより．
29) 池本淳一，2005「中国における公と『自衛』：村落武術・紅槍会を事例として」日中社会学会編『日中社会学研究』第13号，36ページより．

を媒介に最も優先される存在となる．公と私がそれぞれ有するこのような二重性，建前論と現実的な行動指針との乖離は，人々による公共問題への自発的な気づきや，解決しようとするアプローチに基づく「新しい公共性」にとっては，障害となりかねない．公と私を媒介し，新しい公共性を創出する草の根NGOに求められるのは，この2つの二重性という課題の解決である．

3．新しい公共性の創出に向けての戦略：社会関係網から社会関係資本へ

（1）公−私問題に見られる「乖離」

それぞれ二重性を有する「公」と「私」の間には，倫理上のつながりはあっても実践上のつながりは少なく，両者の間に乖離が見られる．それを図7.1のように示したい．

斜線で区切った右上半分は「公」の空間であり，左下半分は「私」の空間である．倫理的には，公は私より上位に位置づけられる．しかし，実際の人間関係においては，「私」の人間関係網が優先される．公の空間では，「天理」が正当性を保証する根拠であり，そこには「公正・公平」と「共有・共同」の2つの側面が含まれる．国家・政権も形式的には天理に従属する．また，個人レベルにおける天理の反映は，「良心」だと考えられる．良心は形式的には「私」の行動を制約するが，実際，「私」の行動は人間関係網に従属する．人間関係網は，ある意味では共同・共有の原理を反映していながらも，「私」の意図に基づき，国家・政権に対しても影響力を発揮する．この図で示しているのは，「私」本位の人間関係網によって支配される「共有・共同」と，天理に基づく

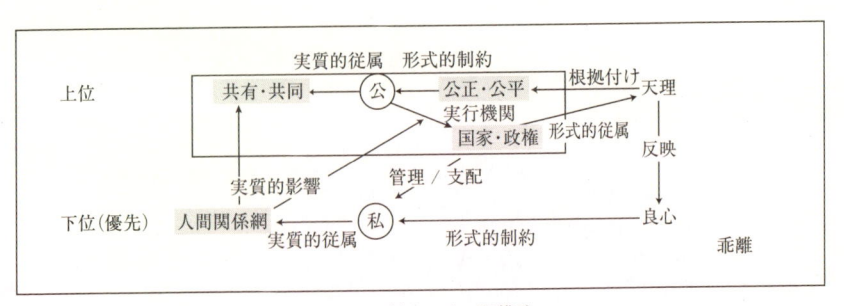

図7.1　従来の公／私構造

「公正・公平」との間の乖離，そして個人レベルの天理の反映である「良心」と，人間関係網を優先する「私」との乖離である．

公正・公平に欠けた「共有・共同」，「良心」に制約されない「人間関係網」，ここに，従来の公−私の間の課題があると考える．したがって，新たな公−私関係を創出することとは，すなわち「公正・公平」と「共有・共同」の方向性の一致を追求し，「良心」と人間関係網との結びつきを求めることを意味すると，解釈できよう．本節で提起したい「公」と「私」を共媒する草の根NGOの戦略とは，「共有・共同」の媒体である「面子」と，「公平・公正」の天理を反映した「良心」とを結びつけ，私的人間関係網の媒体である「人情」を，「公平・公正」という視点に基づく「共感」へと導いていく仕組み作りである．それを下図のように示したい．

私的人間関係網の媒体である「面子」と「良心」を結びつけ，「人情」を「共感」に導いていくことによって，「共有・共同」の側面と「公正・公平」の側面がつながることになる．そのために「共媒する（公共を媒介する）NGO」に求められるのは，組織を正当化し，広く社会的，政治的な承認を得ることと，つながりの実感を促進する「共感」を育んでいく戦略である．

（2）NGOの戦略

本章の第1節で見てきたように，草の根NGOの世界でも，社会関係網（人間関係網）は1つのキーワードとなっており，草の根NGOの資源獲得の多くは，現在もなお私的人間関係に頼っている部分が大きい．しかし，草の根NGO活動に従事する人々と，一般的に言われる社会関係網の中心を成す「私」

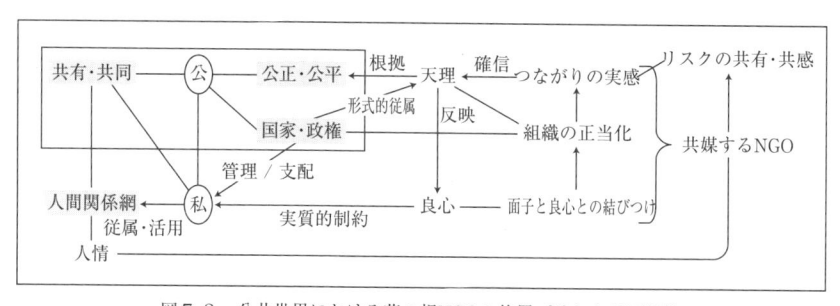

図7.2　公共世界における草の根NGOの位置づけおよび可能性

と決定的に異なるのは，次の2点であると考えられる．1つは，その行動原理は「天理」と「良心」に密接に結びついていることである．中国で公益事業を報道する専門紙『公益時報』の記事（2005年3月2日）「英雄の時代から制度化の時代へ」では，環境，農村，出稼ぎ者，身体障害者などの分野で起業し，困難を極めた資源調達に励み，地道に活動していく草の根NGOはまさに「英雄」と呼ぶにふさわしいと述べている．第2の相違点は，私的利益の相互充足を意味する社会関係網では，「面子」は「面倒見の良さ，仲間にもたらし得る利益の大きさ」を意味するが，草の根NGOの場合，活動の成功と実績（すなわち，社会にもたらす利益の大きさ）が，彼らに社会的名誉と周囲からの尊敬をもたらし，彼らの「面子」を光り輝くものにしていることである．行動原理と倫理的規範の一致，そして「面子」と活動の成果との連動，この2点が，草の根NGOの活動に従事する人々の「公」と「私」を，少なくとも個人レベルにおいて深く結びつけていると考えられる．

しかし，「公」と「私」を共媒する領域となるためには，個人レベルで公と私を結びつけたNGO人が，確固たる戦略でもって組織として「共媒するメカニズム」を作り上げていくことが要求される．そのためには公と私との結びつきを個人レベルから組織レベルへと転換し，「人間の尊厳と平等な権利との相互承認に立脚する社会関係」という社会的目標，「リスク回避」に向けての機能的連帯という性質，「社会的監視機能，社会問題・公共的課題の発見，問題の究明と政策提言」という機能を，いかにすれば実現していくことが可能なのかについて考えなければならない．

まず，組織レベルで公と私を結びつけるメカニズムを作り上げる戦略として，多くの草の根NGOは「政府による承認と支持の獲得」に重点を置いている．康暁光は社会団体を例に，「政府による承認と信頼」という官に対する合法性と，「社会による承認と信頼」という「社会」に対する合法性の両方が必要であると述べ，中国の場合は，社会による承認と信頼を得るためには，まず政府による承認と信頼を得ることが前提条件となると指摘している[30]．草の根

---

30) 康暁光，1999『権力的転移：転型時期中国権力格局的変遷（権力の転移：転換期の中国における権力構造の変遷』浙江人民出版社．

NGOは，現状では法人格を取得することがきわめて困難であり，政府による承認と信頼は，政府関係者を活動に招くことや，政府の下請けとして働くこと，そして政府関係機関に表彰されることによって判断される．そのために何よりも実績を上げ，有名になり，組織としての「面子」を獲得していく必要がある．それによって組織が「私的」領域から「公共」の領域に迎え入れられる．

次に，社会レベルにおいて「共媒する」メカニズムを作る戦略として，中国の草の根NGOは特に「インターネットの活用」と「団体間のネットワーク化」に力を入れている．池本淳一は，1920年代に華北地域で結成された農民自衛組織「紅槍会」が，いかに個別の村落共同体から広範囲の，組織化された秘密結社に発展していったかについて分析し，「無数の人々とのつながりを実感させる」重要性を強調している[31]．「つながりの実感」は，現代の草の根NGOにおいても基本的な戦略だと考えられる．その具体的な手段はまさにインターネットと団体間ネットワーク化である．

本章第1章でも言及したように，ここ1，2年の間にネットを媒体として活動するNGOが急増しているだけでなく，草の根NGOをつなげていこうという動きもネット上で顕著に見られる．「NGO発展交流ネット」http://www.ngocn.org/，「星火燎原NGOサービスセンター」http://www.chinangosupport.org/，「草の根の声」http://www.gvbchina.org.cn/，「中国NPOサービスネット」http://www.chinanpo.org/cn/，「中国草の根NGO学習ネット」http://www.learning.ngo.cn/などは最もよく使われるサイトである．草の根NGOに関する各種情報はこれらのネットから容易に入手できる．団体間のネットワーク化について言えば，『公益時報』（2005.12.28）の「草の根組織連盟形成ブーム」と題する記事では，北京の「小小鳥（出稼ぎ農民の権利を守るNGO）ホットライン」「紅楓婦女ホットライン」「打工妹（出稼ぎ女性）ホットライン」ほか8組織の公益ホットラインが提携を発表したと報じ，草の根NGOがネットワーク化の時代に入ったと分析している．北京に限らず，全国的なネットワーク化も動き出している．前記の北京瀚亜文化発展センターは，草の根NGOの研修会での議論がきっかけで設立された全国的な草の根NGOネ

31）池本淳一，2005（前掲書）．

ットワーク組織であり，現在は障害者団体を中心に全国から17団体が会員となっている．女性や環境の分野でもネットワーク化の傾向が見られる．草の根NGOの領域内でつながりを実感するだけでなく，社会一般に対してつながりを訴え，「人情」を「共感」に導いていく有効な手段が，インターネットと団体間のネットワーク化だといえよう．

　人情とは，儒教の教えである「礼」に深く依拠した概念であり，霍学偉は3つのタイプの人情を指摘している．第1は危機的状況のときに助けを得た際の「恩情」であり，第2は何らかの個人的な目的を達成するための「投資」，第3は一般的なつきあい，親睦を図るための「社交活動」である[32]．黄国光は同様に人情を3つのタイプに定義しており，霍学偉の定義と相互補完的な関係を成している．第1は，人々が様々な境遇に遭遇したときに感じる感情や情緒的な反応，すなわち，「喜怒哀楽，恐怖，愛情，憎悪，欲望」などの感情である．第2は他者に送る一種の資源を指す．与え合うことによって，他者と社会的なやりとりが成立し，他者との関係を築き上げていくことができる．第3は，いかに他者と付き合うべきかという社会規範を示す．例えば日常生活において良好な人間関係を保つための相互訪問やお返しなどの礼儀作法，不遇な人に対する同情心といたわり，他者から恩恵を受けたときには必ず恩返しをするという規範などである．園田は，前記の定義はわかりにくいとして，次のように人情を端的に定義している．「自己からの距離（親疎の度合い）によって他者を位置づけ，その距離に応じて自らの行為を決定しようとする心理的メカニズム」[33]．しかし，この定義は，儒教の「礼」の教えに由来する人々の情緒的反応や，社会規範としての人情を的確に言い表しているとは言えず，人情の定義を大幅に狭めたと考えられる．さらに「心理的メカニズム」という表現の曖昧さが，人情の含意を不明瞭にしている嫌いがある．

　「人情」という概念には，そもそも人間一般に備わる普遍的な「感情」，いわば「人間性」という意味と，他者とうまくつきあうための社会的規範という意味が含まれている．ネットワーク化によって，草の根NGOは「人情」の「人

---

[32] 霍学偉，2005（前掲書），169ページより．
[33] 園田茂人，2001（前掲書），145ページより．

間性」の部分と社会規範の部分をより増幅させていくことができると考えられる．個人レベル，組織レベル，社会レベルそれぞれにおいて，個別の面子から社会的名誉へ，個別な社会関係網から普遍的な「人情」への転換を図ることによって，「天理」の「共有・共同」の側面と「公平・公正」の側面を同時に追求していく．いわば，個別的な「社会関係網」から普遍的な「社会関係資本」への転換である．本書第6章や第7章で述べた，草の根NGOによる政府の政策や施策への影響は，まさにこのような戦略の成果を示したものだといえよう．

結果としてのあるべき「新しい公共世界」の姿をイメージするよりも，現在進行形の，公共世界をめぐる草の根NGOの攻防とダイナミズムに，今後も注目していきたい．

引用文献

中国語の論文と書籍

費孝通，1985『郷土中国』(第二版)，北京三聯出版社．

高丙中，2000「社会団体的合法性問題（社会団体の合法性問題）」『中国社会科学』, No.2：100-109.

黄国光ほか編，2004『面子：中国人的権力游戯（面子：中国人の権力ゲーム）』中国人民大学出版社．

霍学偉，2005『人情，面子与権力的再生産（人情，面子と権力の再生産）』北京大学出版社．

康暁光，1999『権力的転移：転型時期中国権力格局的変遷（権力の移転：転換期の中国における権力構造の変遷）』浙江人民出版社．

梁漱溟，2000『中国文化要義（中国文化のエッセンス）』(第二版)，学林出版社．

林非，2000『魯迅和中国文化（魯迅と中国文化）』学苑出版社．

日本語の論文と書籍

長谷川公一，2003『環境運動と新しい公共圏』有斐閣．

池本淳一，2005「中国における公と『自衛』：村落武術・紅槍会を事例として」日中社会学会編『日中社会学研究』第13号：14-32．

森政稔，1998「現代日本市民社会論：その批判と構想」山脇直司他編『現代日本のパブリック・フィロソフィ（ライブラリ相関社会科学5）』新世社：23-59．

三上剛史, 1998「新たな公共空間 – 公共性概念とモダニティ」日本社会学会編『社会学評論』192, 4: 53–73.

溝口雄三, 1995『中国の公と私』研文出版.

溝口雄三, 2001「中国思想史における公と私」佐々木毅・金泰昌編『公共哲学1 公と私の思想史』東京大学出版会: 35–57.

園田茂人, 2001『中国人の心理と行動』NHKブックス.

首藤明和, 2003『中国の人治社会：もう1つの文明として』日本経済評論社.

Weber, Max., 1947, *Konfuzianismua und Taoismus*, (=1980, マックス・ウェーバー著, 木全徳雄訳『儒教と道教』創文社).

英語の論文と書籍

Lin, Nan, 2001, *Social Capital, A Theory of Social Structure and Action*. Cambridge University Press.

第8章

社区における草の根NGOの発展空間

李妍焱・朱惠雯[1]

　たいていの場合，社区（コミュニティ）は草の根組織が活動を展開する対象として考えられている．しかし，社区がもつ意味は単に「活動対象」に終始するわけではない．むしろ草の根組織を根本から支える基盤として考える必要がある．本章では，草の根NGOを内部から支えるもう1つの社会的資源，「コミュニティ」の重要性を提起したい．なお，「コミュニティ」の2つの形式である「社区」と「小区」にそれぞれ注目していきたい．

第1節　「社区」政策とその目的

1．「社区」とは

　およそ20年前，普通の中国人は「社区」という中国語の存在を知らなかったに違いない．この言葉は中国の著名な社会学者である費孝通が1920～1930年代に英語のCommunityを訳したものだといわれているが，1980年代の後半から国家民政部が社区に関する政策を大々的に打ち出すまで，「社区」という言葉は大陸の中国人にほとんど使われることはなかった．しかし，80年代後半からまず都市基層管理の担当者と関係者の間でこの言葉が浸透するようになり，2000年に民政部が「社区建設」を加速させる方針を発表して以来，研究者の間，

---

[1] 本章第1節は李による執筆であり，『アジア遊学』第83号に掲載された李の論文「社会構造の変動と社区事業の展開」をもとにしている．第2節は朱の執筆による．第3節は李と朱の2人の執筆による．なお，第2節の邦訳と編集，第3節の日本語の修正と編集，章全体の再考は李によって行なわれた．

そして一般市民の間でも「社区」という言葉が飛び交うようになってきた．特に90年代に民政部が『社区』と題する専門機関誌を発行するようになってから，「社区」を書籍のタイトルに入れる研究書が急激に増加していった．そこでは「社区」の概念は次のように定義されている．

　　一定の地域内において，様々な社会関係と社会活動が発生し，特定の生活様式と，構成員が所属感を抱くような社会集団，社会組織を有し，一連の規範と制度によって結びつけられた，相対的に独立した社会実体である[2]．

このように，概念規定上「社区」は一般的に理解される Community そのものだといえる．しかし，社区の実態は，行政の要請を受けて住民に政策や制度・規制を伝え，かつそれを実施する住民管理組織である「都市居民委員会」を核とした，行政画定の地域を指すのが一般的である．特に2000年以降，各地で社区の地理的画定を明確にする作業が行なわれ，1500～2500世帯前後に１つの「社区居民委員会」が置かれた．したがって多くの場合，社区はすなわち社区居民委員会が管理する行政的地域だと理解して差し支えはない．

2．社区に関する政策

社区に関する政策の流れを整理すれば，ここ20年の中国における「社区熱」が理解しやすくなるだろう．そもそも「社区」という言葉が民政部の政策に登場するようになったのは，1987年に武漢市で「全国社区服務工作座談会」が開かれて以降である．その会議の３，４年ほど前から，天津市新興里で居民委員会の幹部たちが，居住地域内の共産党員を動員して，住民向けに「志願者（ボランティア）によるサービス提供活動」を行ない，その活動が当時の民政部の政策的意向にちょうど合致していたため，87年の武漢の会議でモデルとして全国的に推進されるようになったのである．

このように，社区に関する政策の最初は「社区服務（コミュニティ・サービス）」であったといえる．「社区服務」とは，「社区」内において，社区自身の手で構成員の需要を満たすこと，および社会問題の解決と予防を主な目的とし，多種多様な社会サービス活動を展開する事業である．その内容から３つに類型

---

2) 王剛義・趙林峰・王徳祥，1990『中国社区服務研究（中国コミュニティ・サービス研究）』吉林大学出版社，26ページより．

化されている．まず，「特殊社区服務」と呼ばれる社会福祉サービス．高齢者，障害者，児童がその主な対象である．第2は「一般社会服務」と呼ばれる社会公益活動．家事の援助，住民の利便を図るためのサービス，文化的需要に応えるサービス，治安を守るための活動などが含まれている．第3は，農村社区における生産，生活に関するサービス活動である[3]．1989年に制定された「中華人民共和国都市居民委員会組織法」においては，社区服務事業は居民委員会が核となって遂行されるべき事業として位置づけられ，1993年には民政部より「全国社区服務示範城区標準（社区服務にモデル地域規準）」が公布され，全国的に統一された社区服務事業の規準と要求が明確にされた．その後各地で居民委員会を中心に，社区経済を発展させて活動資金を確保する試みや，社区内の住民代表大会によって居民委員会のスタッフを選出する試みが行なわれた．さらに社区内に居民委員会が業務を遂行する拠点，そして住民が活動する拠点としての「社区服務センター」を建設するなど，社区服務を中心とした社区作りの動きが活発化の一途を辿った．写真8．1はそのような「社区服務センター」の1つである．

社区に関する政策が大きな転換期を迎えたのは2000以降，民政部が「在全国推進城市社区建設的意見（全国において都市社区建設を推進する指針）」を公布してからである．居民委員会の機能を明確にし，強化するためにそれまでに100～1000世帯に1つ設置された居民委員会を合併させ，1500～2500世帯に1つの「社区居民委員会」に改組し，さらに住民選挙制度を強化し，公募制も併用するなど，居民委員会スタッフのレベルの向上を図った．同時に，それまでの社区服務諸事業を元に，社区環境事業，衛生保健事業，治安事業，党組織の完備等を総合した「社区建設」事業を打ち出したのである．

3．昔は「単位」，今は「社区」？

では，そもそもなぜ中国で「社区」が民政部の政策の中心として位置づけられるようになったのか．その背景を明らかにしてみよう．

---

[3] 王剛義・趙林峰・王徳祥，1990（前掲書），112ページより．

写真 8.1　長春市東駅第十居民委員会社区服務センター

中国東北部の吉林省長春市にあるこの社区は全国でも居民委員会による経済活動が活発なところで，ビジネスの収益で5階建ての社区服務センターを運営維持している．中には図書室や高齢者活動室，住民会議を開催する講堂など一般住民が利用する施設の他に，社区党組織の事務室，社区診療所や社区保安室（警察の派出機構），幼稚園，さらに生活保護を受ける人を対象にした激安スーパーマーケットなども入っている．2003年から長春市ではこの社区をモデルに税金を投入して，全市域で社区にそれぞれ1つ社区服務センターを建設している．平均床面積は500〜600m^{2}で，中の機能はほぼ類似している．このような社区服務センターは他の都市でも古い建物を利用したり，新たに建設したりと基本的に普及していると考えてよい．上海などでは，その運営を民間の社会団体に委託するところもある．

（1）「社会化」の改革

「社区」の提起は，「下からのニーズ」に基づいたものだというよりも，むしろ「上からの改革の一環」として理解したほうが適切だと考えられる．1980年代後半から，中国政府は「小政府・大社会」の方針を唱え，政府機構の改革と同時に多くの社会サービス事業を「社会（民間）」が担っていく方向性を定めた．特に2000年以降，施策の重点が経済改革から社会改革へと変化し，2001年2月に「国民経済と社会発展に関する第10次5ヵ年計画（2000-2005）綱要」が採択された．岡室によれば，その前の「第9次5ヵ年計画」では，「大きな社会」へと転換する道として主に政府機能の簡素・精鋭化が考えられていたが，「第10次5ヵ年計画」では，社会発展の重要性が全面的に強調され，問題解決のキーワードとして「社会化」が提起された[4]という．「社会化」とは，すな

4）岡室美恵子，2002「NPOによる社会改革の可能性」王名・李妍焱・岡室美恵子著『中国のNPO：いま，社会改革の扉が開く』第一書林，218ページより．

わち問題解決の主体および場として「民間」を想定し，行政以外において問題解決のシステムを築いていくことを意味する．「社会化」を理解するには，計画経済下の「単位システム」をまず理解しなければならない．なぜなら，「社会化」はまさに「単位システム」の機能分化と位置づけの転換を意味するものだからである．

（2）「単位システム」の転換

「単位」とは，中国語では「職場」を意味するが，それは単なる職場を指すものではなく，計画経済体制の中国において，単位は都市住民が生活を営むうえで欠かせない所属先であり，国が都市住民の全般的な管理をするための媒体でもあった．就労年齢にあるほとんどすべての都市住民が何らかの単位に所属し，住宅，医療，教育，子弟の就労，娯楽に至るまで，必要なサービスの大半は単位によって提供されていた．したがって大規模な国営単位に所属できれば充実した福祉サービスを利用することができたため，「国営単位」への就労は，かつては安定した生活の保証を意味していた[5]．国が国営単位の予算と業務内容を決めるだけではなく，採用人員の枠や，単位内における従業員のランク付けの方法とそれぞれのランクに対応した福祉厚生の内容までも決めていたため，政府は単位を通してあらゆる国有企業の従業員を管理することができた．単位システムはまさに都市住民の「統治システム」そのものだったのである．

「社会化」とは，第一に企業単位と事業単位を政府の統治下から解き放すことを意味する．資金と業務内容だけでなく，人員の採用，組織内の移動などもすべて自由になる．第2に，国営単位における福祉厚生サービス提供機能をほぼすべて切り離し，市場と社区，そして非営利セクターでそれを展開することになる．第3に，職業選択の自由化を保証し，新たな社会サービスへのニーズに応えるために，第3次産業と社区，非営利セクターの機能を強化していくことである．

このように，「社区」への政策的な傾斜は，単位システムの改革，そして「社会化」という大きな社会改革の方針に沿ったものだと理解できよう．

---

[5] 単位には，行政機関単位の他に，モノの生産をする国営企業単位，教育や医療，スポーツ，文化などの事業を行なう国営事業単位がある．また，国営の他に，集団所有の単位もあるが，福祉厚生の面では国営単位にはるかに及ばない．

4.「社区」事業の具体的な進め方

しかし、ここで1つの大きな疑問が生じる。かつて国有単位が担っていた福祉厚生サービスの機能と都市住民の居住、移動などに関する行政管理の機能を、社区が代わりに担うことが可能なのだろうか。具体的に誰がどのようにそれを遂行すればいいのだろうか。以下では社区事業の進め方について説明していきたい。

（1）社区居民委員会の仕事と性質

社区事業の重要な担い手として、地域を問わずに挙げられるのは、やはり「社区居民委員会」であろう。都市居民委員会は1954年に「都市居民委員会組織条例」が制定されて以来、住民自身による自己管理および公益事業の展開を目的とした「自治組織」と規定されていた。特に1989の「中華人民共和国都市居民委員会組織法」では、「自我管理、自我教育、自我服務」という「3つの自我」と呼ばれる自治の原則が規定され、2000年に社区居民委員会に改組されてからは、さらに「自我監督」が追加され、住民の評価・監督下にあることが強調された。しかし、公的には「政権組織ではない」とされているにもかかわらず、実際「居民委員会」は「行政の末端機関のようなもの」として認識されることが多い。なぜなら居民委員会の主要な任務は依然として「憲法、法律、法規、国家の政策の宣伝、法律に規定された義務を履行するように住民を教育すること」が筆頭に挙げられるからである。また、居民委員会の日常的な活動のほとんどを占めていたのは、「人民政府およびその派出機関の要請に応じた、公共衛生、計画出産、青少年教育、治安管理」などの仕事である[6]。社区服務政策が実施されるようになった当初には、居民委員会自身によるビジネスなどの経済活動が奨励され、自らの手で資源を調達し、住民にサービスを提供する居民委員会には「行政の末端組織から住民の代理人へ」という転換の兆しも見られたが[7]、経済の好景気を背景に地方政府の税収が増加し、90年代以降上海や北京などを中心に各地で居民委員会の「自前のビジネス」を禁じる、もしく

6）李学挙，1992『居民委員会建設』科学普及出版社，53-55ページより。
7）李姸焱，1998「『居民委員会』再考－中国のボランティア活動との関連性において」『日中社会学研究』第6号。

は歓迎しない政策の方向性が確認された．居民委員会スタッフの給与から活動経費に至るまですべて行政より支給される代わりに，生活保護費の交付などの行政サービスを代行することも居民委員会の主要な仕事となった．北京市で社区自治と住民参加を推進する草の根NPO「社区参与行動」のスタッフが，北京市和平区のある社区居民委員会に「年間を通して行政から受けた仕事の要請」をまとめてもらった結果，合計147項目にも達したという．社区居民委員会は行政の完全なる指導のもとで，社区建設政策を現場で実施しているといえよう．

　社区建設事業の担い手として社区居民委員会は主に社区服務センターなどの施設を運用し，一部行政サービスの代行と行政より要請を受けた各種仕事を行なうと同時に，環境衛生の維持，失業者の再就職のためのトレーニングや就職の斡旋，高齢者向けの活動の組織，文化・スポーツイベントの開催，住民に利便を提供する社区服務のサービス項目の開拓と維持など，「一本の針に千本の糸」と喩えられるほど多様な機能を果たしている．居民委員会の「全能化」傾向に対して，陳偉東と李雪萍は「社区の公共事務は複雑かつ多様で変わりやすく，いかなる組織でもそれをすべて担うことは不可能である」と指摘している[8]．

（2）一極集中の社区事業から生まれる草の根NGOの活動空間

　前記のような社区居民委員会への一極集中の問題に対して，上海市では「社会団体」などのNPOによる社区施設運営管理への参入が見られる．それは浦東新区にある廬山市民会館の成功によるものである．

　1996年，この会館は社区住民の交流の場，社会教育の場，文化・スポーツ・娯楽のサービスを提供する場，公共福祉サービスを提供する場という，総合的な社区服務センターとして構想された．場所は不動産開発業者が団地内に作った幼稚園の跡地を利用している．当初は上海YMCAと浦東社会発展基金会が運営資金を拠出していた．発足時は市民レジャーセンターの機能しかもたなかったが，1年後にYMCAと浦東新区社会発展局との契約が更新され，「市民求助中心（市民ホットライン）」が設立され，1998年には隣地にある建物を老人

8）「社区参与行動」ニューズレター2004年1月号，6-7ページより．

写真8.2　北京の中心部に近い住宅街にある社区居民委員の看板

社区居民委員会の看板とともに，合計8つの看板が掲げられているのがわかる．このような現象は決して特殊なものではなく，各地において同様に見られる．写真8.1のように整備された社区服務センターに複数の看板が掲げられるのはある意味では当然かもしれないが，小さなプレハブのような場所に同様にたくさんの看板が掲げられるケースも多く，奇妙な光景に見える場合もある．

ホームに改築し，その運営をも受けもつようになった．現在はYMCAから独立し，別法人となっている．

　当時社会団体に社区服務センターの運営を委託するのは全国でも珍しい試みであり，受託したYMCAは自らの専門性と強みを発揮し，各種教室を開催したり，子どもたちのキャンプ活動にも力を入れたりするなど，社区服務の活動を多彩なものにしていった．社区外部からも大学生ボランティアや上海に駐在する外国人のボランティアの参加を得ていたことから，「社区の範囲を超えた社区事業の展開」「行政と社会団体，市民ボランティアの協力関係による社区服務のスタイル」として評判を呼んだ．その後2002年に上海市社会団体登記管理局では「社区に入る社団」をキャッチフレーズに，社区事業への社会団体の参加を推進するようになった[9]．その後YMCAは上海市内8ヵ所の施設運営

を受託している．「運営上完全な独立性が確保されることが，我々の受託契約の条件」とYMCAの主幹事が語っている．受託が進むにつれて，受託の事業を専門的に受けもつ部門が成立し，YMCAの支援を受けながらも「華愛社区服務管理センター」として組織の独立を果たしている．

（3）自組織の重要性の提起

社区建設を進める担い手として社区居民委員会がいかなる転換を果たしていくべきか，それ以外の組織や集団をいかに育てていくべきかについて，中国社会科学院の楊団と華中師範大学都市社区建設研究センターの陳偉東が興味深い議論を展開している．

まず楊団[10]は，社区服務の直接の生産者，提供者として社区居民委員会が位置づけられる現状では，サービスの内容も質も大きく制限されることを指摘している．さらに，行政の要請に対してしばしば受動的となり，住民の本来のニーズに対して無力であることも多い点を挙げ，次のように主張している．

> 社区の自治にとって大事なのは，自分たちで生産することにあるのではなく，むしろ集団的に公共サービスや公共財を選択し，それを享受する権利にある[11]．

楊のこの主張に従えば，居民委員会は機能転換を果たし，生産者・提供者としてではなく，集合的消費者の代表として，外部による行政サービス，福祉サービスなどを選択する存在とならなければならない．このような提案が実現していくとすれば，サービスを提供する各種NPO／NGOの誕生と発展が期待されよう．

これに対して陳偉東は，「社区自組織」の概念を提示し，「自組織」の角度から社区自治を定義することを唱えている．「自組織」とは「自発的組織化」を意味し，外側の何らかの力によって組織されるのではなく，社区の内部で自発的に組織化されることを意味する．具体的には住民が自発的に結成した近隣グループ，親睦団体，互助ネットワーク，ボランティア・グループを指すという．このような自組織は「共通利益に対する自覚」のうえで成り立ち，「face to

---

9) 李妍焱，2004「『社区』と『社団』：『社区服務』と『社区建設』政策が開く中国非営利組織の活動空間」『地域社会学年報第16集』ハーベスト社．
10) 楊団，2002『社区公共服務論汕（コミュニティ公共サービス論汕）』華夏出版社．
11) 同上，161ページより．

faceの協議体制」によって,「行為者を連結点とした,信頼と協力に基づいた多元的なネットワーク」を形成するという.社区建設で提唱している「自我管理・自我教育・自我服務・自我監督」という理念は,このような自発的な組織化によって可能となると,陳は主張する[12].

このように,社区建設事業は,社区居民委員会によって遂行される政府事業でありながらも,徐々に社会団体などのNPO／NGOが参与する空間,そして多様な自組織が誕生する土壌,また,社区自治の具体的な仕組みと方法が模索される場として期待されていることが明白であろう.

第2節　草の根NGOによる社区事業：事例研究

では,草の根NGOがいかに社区事業に参入し,かつ社区事業そのものに変化をもたらしているのか,具体的なケースを考察してみよう[13].

2007年3月,筆者が寧波市を訪れたときに,コミュニティ活動を行なうNGO「社区参与行動」[14]の主任 宋慶華に会った.このとき,宋は社区に関連する2つのプロジェクトを実施していた.1つは,寧波市海曙区で実施してきた居民委員会の幹部を対象にした研修セミナーのモデルを全市に広げていくこと,もう1つは新しいプロジェクトで,社区で再就職プロデューサーを育てるものであった.これは,2005年に宋がイギリスを訪問し,コミュニティで再就職のプロデュースを行なう専門家に出会い,その専門家を中国に招き,始動したプロジェクトである.

近年,草の根NGOが社区の資源を積極的に活用する事例が多く見られる.社区は活動空間を提供するだけでなく,活動の対象——活動の主体と言ったほうがより適切かもしれない.彼らこそが市民社会を作っていく「主体」なのだから——と直接出会える場でもある.この事例研究では,「社区参与行動」と海曙区との協働プロジェクトを考察し,草の根NGOと社区との関係——すな

---

12) 陳偉東, 2004『社区自治－自組織網絡与制度設置（社区自治－自組織のネットワークと制度づくり）』中国社会科学出版社.
13) 以下の事例分析は,朱が国際基督教大学21世紀COEプログラムの支援のもとで行なった調査研究に基づいている.
14) 社区参与行動のウェブサイト（http://www.communityaction.org.cn）.

わち，社区は草の根NGOにとって活動の空間であると同時に，草の根NGOが誕生する土壌でもあるということ――について探っていきたい．

1．「社区参与行動」の社区戦略：独自の技術とノウハウで突破口を作る

社区参与行動は，社区における住民参加，住民自治の促進を活動の主旨とする草の根NGOであり，2002年12月に設立された．活動の目的は「中国都市部の社区の自治能力を高め，参加型の社区ガバナンスを推進し，和諧社区（調和的な社区）を築き上げていくこと」であり，その事業内容は，都市社区に住民参加，住民自治に関する情報とノウハウを提供し，研修セミナーを開催し，アドバイザーとしての役割を果たす，などである[15]．社区建設の進展に従って，社区をサービスの対象あるいは活動空間として位置づける草の根NGOは少なくない．しかし，「社区ガバナンス」そのものを活動内容とするNGOはまだ珍しく，社区参与行動の活動は，創始者の宋が2000年から海外に出かけ，社区ガバナンスについて学んできた経験と密接に関係している．

設立以来，社区参与行動は一貫して，社区における住民参加や自治能力の向上を最重要課題としてきた．社区の発展にとって，最も重要なのは社区内部の機動力，願望，行動であり，これらはすべて潜在的な力の発掘と能力向上のためのトレーニングによって達成できる，というのが，社区参与行動の活動理念である．この理念に基づき，社区参与行動は，海外の事例やモデルを研究し，中国の都市部の実情に合うように研究とアレンジを重ね，独自の「住民参加能力の向上と持続可能な社区作りのリーダーシップ」と題する研修コースを開発した．2007年8月まで，北京，寧波，上海，天津，南京など十以上の都市で100回近く研修セミナーを実施し，受講者は4000人以上を数え，好評を博している[16]．

社区参与行動の研修コースの受講者は，ほとんど社区で仕事をする人々であり，特に居民委員会の幹部が多い．2005年以降，彼らはさらに受講者の範囲を広げ，草の根NGOのスタッフ，学校の教師，学生，障害者，農民工など，多

---

15)「組織概要」『社区参与行動2006年度報告』．
16)『社区参与行動ニューズレター』2007年第1号，14ページより．

様な人々がセミナーに参加している．その研修内容には，「住民参加の思想と方法」「持続可能な社区のリーダーシップ」「社区プロジェクトの企画とマネジメント能力」などが含まれ，ゲームやグループ討論，双方向のコミュニケーションの活用など，ワークショップの形式が採用されている．特に，参加者の想像力を刺激し，それぞれがもつ社区のビジョンを絵や図で示してもらい，それに合わせて社区の現実から，ビジョンを実現していくうえで必要な資源を見つけ，問題点を発展してもらう，という方法を多用している．このような特徴的な研修方法によって，社区建設の分野で社区参与行動が自らの市場を開拓し，参入しにくい分野である社区の突破口を打開したのである．

2．活動空間としての社区

社区参与行動と寧波市との協働は，海曙区から始まり，毎年多くの研修セミナーが行なわれている．2005年，海曙区でのセミナー数は，全国におけるセミナーの3分の1に至った．2007年3月には，研修は全市域に拡大した．寧波市を活動の対象地域として選んだ理由について，宋は2つ挙げている．「地の利」「人の和」である．

「地の利」とは，寧波市の地理的位置と国内における位置づけを指す．寧波市は，浙江省に位置する港町であり，経済実力は全国の都市ランキングではベストテンに入っている．しかし，北京や上海などの巨大都市と異なり，寧波市は，都市のガバナンスにおいて創造的な，大胆な実践を実施できる規模の都市であり，新しい知識や取り組み，方法論に対して敏感であり，意欲がある点も特筆に値する．

「人の和」とは，社区参与行動の活動に全面的な支持を惜しまなかった海曙区区長 許義平の存在をいう[17]．許区長は，当初から宋の仕事に深い興味を示し，活動の展開に必要な様々な条件を整えた．彼の講演や著書から推測するに

---

17) 2007年現在は寧波市の副市長．筆者が調査した時点では区長であったため，本稿では「許区長」と表記する．1963年生まれ，寧波市の出身．海曙区の区長として，主に経済管理，社区の発展を担当していた．同時に中国家庭服務業協会（中国家事補助サービス協会）の副会長も兼任していた．華中師範大学都市建設研究センターに客員教授，浙江財経学院法学部客員教授，浙江工商大学人文と公共管理学院研究員でもある．

は，彼は社区における民主自治に対して肯定的な態度を取っており，特に社区居民委員会の直接選挙，および「選挙と公募との分離」を提唱している．「選挙と公募との分離」とは，社区の基本的な管理制度として提起されており，住民の直接選挙によって社区居民委員会のメンバーを選び，社区居民委員会のもとに事務室を新たに設け，事務室のスタッフは，公募で任用し，その費用を政府が負担する，という考え方である．事務室スタッフは，主に居民委員会から依頼された住民自治に必要な事務的な作業，そして政府が社区において提供する公共サービスの代理を行なう．許はこの管理制度によって，居民委員会を「住民の真の代理人」にし，公募で任用したスタッフを「職業的社区事業従事者」にすることができると考えている．それによって，社区居民委員会が自治組織という本来のあるべき姿に戻れると同時に，職業的に社区事業を進める新たな力も生まれる[18]．宋慶華と許義平との間の信頼関係は，社区参与行動が実際に社区に参入できた成功要因の1つに違いはない．このことは，許が副市長になったことを受け，社区参与行動の活動がただちに市内全域に拡大できたことからも見て取れよう．

　このように，寧波の「地の利」と「人の和」は，社区参与行動の活動条件であった．2007年3月まで，双方の協働はすでに2年間に及んだが，その最初の接触は2003年に遡る．海曙区から2名の居民委員会幹部が，北京で行なわれた社区参与行動のセミナーに参加し，双方向の社区ガバナンスについて学んだ．研修の内容と彼らが仕事で実際にぶつかっていた問題とは見事に合致していたため，この2人の受講者は積極的に研修で学んだ手法を仕事に応用し，一定の成果を収めた．時はちょうど社区参与行動が地方で活動を展開しようとしていた時期と重なり，宋は追跡調査の対象として，成果をあげた海曙区の2名を選んだ．2004年12月，宋は海曙区からさらに4名の居民委員会幹部を北京のセミナーに招き，追跡調査を行なった．その活動の成果が顕著であったため，寧波市海曙区は最終的に社区参与行動との協働に応じ，2005年からモデル事業として海曙区で全面的に始動させたのである．

---

18) 許義平，2004『尋找家園－関于社区発展的思与想（住処を探し求めて：社区発展に関する思索）』中国社会出版社，10ページより．

2年間の活動は，海曙区の社区事業に大きな変化をもたらした．多くの受講者は従来の「上の命令をただ下に伝達する」という仕事の仕方を改め，研修で学んだ知識を実践に応用し，社区内の資源を発掘し，社区の住民による自発的な活動と組織化を奨励し，様々なユニークな社区プロジェクトを展開するようになった．住民自治の手法は従来の居民委員会の仕事の負担を軽減しただけではなく，住民の参加率が低いという社区が長年抱えてきた課題の解決にも力を発揮した．社区参与行動が社区という空間において活動を展開できたのは，社区事業の問題点とニーズを的確に捉え，その症状に応じて処方箋を出しているためにほかならない．以下では，いくつかの具体的なケースを見ることによって，社区参与行動の研修による社区事業の変化を描き出していきたい．

3．草の根NGOの活動によって生じた社区事業の変化：ケーススタディ

（1）「互動式（双方向に動く）」社区ガバナンス：青少年協会の例

　華興社区居民委員会主任の裴麗萍は，最も早く社区参与行動の研修セミナーに参加した1人である．インタビューにおいて，彼女は「学んだ理論を実践に応用し，繰り返していくうちに，研修で学んだことは実に現実的な問題の解決にとって有効である」ことに気づいたという．その1つの例が，青少年協会の設立である．

　華興社区では，青少年は全人口の23％を占めており，無視できない重要な居住者である．住民は，若夫婦に子どもが1人という核家族が大半であり，両親の学歴や教養レベルが高く，子どもに対する期待と要求も高い．しかし，親同士につながりが少なく，子どもたちも一緒に遊ぶことが少なかった．社区居民委員会は多くのエネルギーを費やして，子どもたちのためのイベントを企画したが，参加率の低さにはがっかりしていたという．社区参与行動の研修で学んだことを生かし，居民委員会ではなく子どもたち自身によって管理する「青少年協会」の設立が決定された．その目的は，子どもたちの自主的な参加，自分たちの手で必要なサービスを創出する能力を育てることであった．子どもたちに協会に登録してもらうために，また，リーダーになる選挙に出てもらうために，居民委員会は苦心して「招待状」を作り，すべての子どもたちに手渡し，子どもたちを大事に思う気持ちを示した．選挙では，立候補者による講演が行

なわれ，子どもたちによる投票でリーダーが決められた．青少年協会は十分な自主決定権をもっており，子どもたちはそれぞれ想像力と潜在的な能力を遺憾なく発揮し，自分たちでイベントの企画と実施を行なっており，彼ら独自のやり方で活動を楽しむようになった．

　社区居民委員会のスタッフは，特に社区参与行動の研修で学んだ「互動（双方向に動く）式」ガバナンスの方法を実践に応用するよう心がけている．例えば青少年の夏休みの企画を立てる際に，居民委員会は従来のように，一方的に活動内容を決めて，知らせるのではなく，子どもたちを集め，自分たちで質問を出して，また答えも自分たちで探すという形式を取った．その結果，子どもたちの最大の悩みは勉強のプレッシャーの大きさ，各種習い事の多さであることがわかった．居民委員会は子どもたちと一緒に，「願いの木」を絵に描き，そこに子どもたちの願い事を書き込んだ．そして子どもたちの親を招待し，「願いの木」を見せ，親たちの意見や，子どもたちに対する期待，気持ちを語ってもらった．子どもたちと親たちの願いを聞いたうえで，夏休みのイベントの企画が始まった．イベントはすべて子どもたち自身で組織しているため，参加率が大幅に上昇し，効果的なイベントが行なわれた．さらに，子どもたちの間で「小さなコミュニティ」が形成されているため，それが親や祖父母など大人たちにも影響を与えている．裴麗萍主任の言葉でいえば，それは「小さな手が大きな手を引っ張って導く」現象であるという．子どもたちを通して，社区において積極的な参加と自発的な活動の機運が高まったのである．

　例えば，社区の中央に大きな池があり，夏になると，蓮の花が満開になり，美しい景色が楽しめるという．しかし，1年前までこの池はただの汚れた水たまりであり，住民の頭痛の種であった．当初は，社区居民委員会もこの池のことで悩んでいたが，青少年協会の子どもたちが知恵を出し，蓮の花を植えることになった．子どもたちのアイデアに答えるべく，親たちが資金を出し合い，郊外から蓮の種を購入し，みんなで植えた．みんなの手入れに応えて，現在は見事な蓮の花が咲くようになり，蓮の花が「社区の花」になったのである．

　ほかにも，子どもたちは大人が見落としがちな重要なことに気づくことが多い．例えば，子どもたちが身体障害者の生活体験のイベントを行ない，身を以て身体障害者の生活上の様々な不便や問題を体験した．社区の中に多くの階段

があり，車椅子に乗る身体障害者にとっては非常に不便であることに，子どもたちが気づいた．彼らは身障者専用のスロープを設置するように提案した．子どもたちの熱意が大人を動かし，住民たちは自発的に3000元の資金を出し合い，スロープが造られることになった．現在，スロープのおかげで身体障害者が容易に社区の活動センターに出入りできるようになり，そこには「平安路」の名前が刻まれており，青少年協会が設置した旨が記載されている．

（2）内部の資源を掘り出せ！

同じく華興社区の例であるが，研修で学んだ「内部の資源を掘り出せ」という手法を用いて，裴麗萍たちスタッフは「順風駅」と題するプロジェクトを成功させた．

順風駅は，もともとは北京にある高級住宅区で初めて考案されたものである．経済発展の加速により，自家用車が急速に普及していった．しかし，交通渋滞や環境汚染などの新たな問題も生じた．華興社区の住民は，比較的に収入の多い人が大半であるため，自家用車の所有率も高い．この資源を活用するために，社区居民委員会は，同じ社区の住民を車に乗せてあげる「順風駅」を設けた．まず，「同じ社区の住民を乗せてあげてもいい」と思う自家用車の所有者が，居民委員会に行って登録し，シンボルの「愛心娃娃（人形）」をもらい，助手席のところに飾る．順風駅を通るときには，そこで待っている人がいるかどうか確認し，いる場合は行き先を尋ね，方向が同じなら乗せてあげる，という仕組みである．また，登録者は「愛心カード」を車内に置き，乗せてもらった人がそのカードにシールを貼ることになっている．シールが3つ貯まれば，社区内にある自動車サービス工場で無料の洗車サービスを受けることができる．

この活動は，当初は居民委員会の主催で行なっていたが，時間が経つにつれて，住民たちがこのやり方に慣れ親しみ，自分たちでペアを組むようになった．インターネットで連絡を取り合い，参加人数も7，8人から20人余りに増えた．自家用車所有者と車をもっていない人を結びつけ，無料で車に乗せるこのサービスを，他の社区も模倣するようになった．順風駅の取り組みによって社区住民の間の交流が促進され，隣人関係もますます協調性に富むものとなっていった．

華興社区内には，3つの「小区」がある．「小区」については，また次節で

詳しく説明するが，不動産開発業者によって開発された大規模な，統一感のある住宅団地のことを指すと理解してよい．「京華苑小区」「海光新都小区」と異なり，「寧興小区」の住民の大半は収入レベルの低い人々である．社区居民委員会は，収入レベルの高い2つの小区から「内部資源」を発掘し，「寧興小区」の問題に当たろうと考え，まず目をつけたのが定年退職した党の幹部たちである．彼らを「寧興小区」の貧困家庭に連れていき，同じ社区内でもこれほど苦しい生活をしている人たちがいることを伝えた．老幹部たちがその状況を見て，自発的に金銭や物品の寄付をし，貧困家庭を支援するようになった．しかし，援助だけでは問題が解決しない．「寧興小区」には多くの失業者がおり，失業者の再就職が急務であった．居民委員会が次に目をつけたのは社区内の自営業者である．「寧興小区」の失業者を雇用してもらうために，居民委員会のスタッフたちは自営業者の説得に奔走した．

　単なる「単位システム」の代わりとして都市住民に対して行政管理を行ない，ある程度の福祉サービスを提供する「社区」ならば，単位に代わる新たな統治システムに留まるであろう．しかし，予想以上の展開がいつも見られるのが，今の中国である．以上の例がまさにその予想外の展開を我々に見せている．それが可能となったのは，草の根NGOの働きによるものであると，強調しておきたい．

第3節　生活者によるアソシエーション
—「小区」に生まれる草の根

1．「小区」と「生活者」

　社区が「行政型社区」であるとすれば，前記にも登場した「小区」は，「契約型社区」である．契約型社区とは，王暁燕によれば，市場システムによって形成された社区，すなわち所属単位によって提供された集合住宅ではなく，数多く開発された大規模な分譲団地を指し示すと考えられる[19]．中国では住宅改革の進展によって単位が住宅の供給から手を引くようになり，個人が自由に不

---

19) 王暁燕，2001「契約型社区的生成和発展（契約型社区の生成と発展）」北京社会科学院編『城市問題』第99号．

動産の売買ができるようになった．特に1998年6月に，「全国都市住宅制度改革・住宅建設工作会議」が開催され，住宅の商品化，住宅建設の加速の方針が確認された．2000年以降，各都市で大規模団地の開発がブームとなっている．

　従来の単位集合住宅と異なり，新開発の団地には様々な年齢層，背景，職業と経歴をもった人々が入居し，多様な住民構成を成している．行政型社区に比べれば範囲がはるかに狭く，顔の見える関係ができやすい．特に中国の不動産売買は基本的には内装をせずに行なわれており，またいっせい入居ではなく入居する時期に大きなばらつきがあるため，住民の間では内装に関する情報交換が盛んに行なわれ，コミュニケーションができやすい状況が見られる．そのうえ定年退職した住民を中心に，特定の組織によって組織されることがなくても各種スポーツ，文化，娯楽活動が自然に展開されている．このような契約型社区へのまなざしが，中国の都市における住民自治のあり方を探求し，コミュニティベースの自発的活動および活動組織が誕生する仕組みを模索する新たなステージを切り開いていくであろう．その際にキーワードとなるのが，「小区」における「生活者」としての存在である[20]．

写真8.3　長春市の新開発団地
上海や北京などの先進地では言うまでもなく，地方都市の長春市でも2002年から不動産開発が急ピッチで進められている．市内の市街地改造と郊外への拡張はめざましいスピードで行なわれ，不動産の購入が人々の最大の関心事となっている．

　「生活者」という言葉は，中国では使用されていない．しかし，市場経済の発展につれて，人々は以前よりも自分の主張や利益を自由に，多様に表現し追求できるようになり，生活の品質がかつてないほど重視されるようになった．すべてを「単位」に任せていた時代の個人を「単位人」と呼ぶならば，現在の個人は，まさに「生活者」に変わったといえよう．

　天野正子によれば，「生活者」とは，日常の暮らしの感覚をもつ人，「台所感

---

20) 以下の生活者に関する議論は，朱の「市民社会の条件としての自立的な市民－中国におけるアソシエーションに関する一考察」(『社会科学ジャーナル』2006年3月第57号) に基づくものである．

覚」や「主婦感覚」の持ち主，また「庶民感覚」のある人，あるいは高齢者や障害者，社会的にハンディキャップを負った人々の側に立つ人，といった多様な意味合いで使われているという[21]．「生活者」の概念を政治学的に使用した最初の理論家の1人でもある高畠通敏によれば，生活者は「小さな家庭の城に閉じこもる受身の庶民としてではなく，より広い社会，ひいては世界の積極的な参加者としてものを見る習慣を新たに育てつつある」人であるという[22]．さらに，千葉真は「生活者市民」を，生活世界に「生活の座」を置いている普通の人々であるが，私的な利益追求を行なうと同時に，公的世界の動向に対しても関心を寄せ，自分なりの意見と判断を有し，必要とあれば，政治についても声を上げ，直接間接に政治参加を行なっていく意志をもつ私的および公的存在であると定義した[23]．

中国の都市部では，行政管理のために規定される「社区」よりも，契約型の「コミュニティ」である「小区」が，生活者にとってより身近な存在であり，まさに彼らの「生活の場」そのものである．生活世界を守って，生活世界を広げようとする生活者の姿から，我々は自然に自発的な草の根組織の誕生をイメージできる．それはときには近隣関係や個人の趣味によって結ばれた親密圏として現れ，時には共益的な連合体として現れる．またときには，自分たちだけの利益ではなく，周りの人，例えば社会的弱者を助けようとする人々のアソシエーションとして現れる．

2．小区から生まれる草の根組織：京華苑の顧問委員会の事例

寧波市海曙区段塘街道華興社区に所属する「京華苑小区」には，およそ390世帯，約4000人が居住している．高級マンションによって構成されるこの小区は，定年になった幹部や自営業者など，富裕層に属する人が居住者の多数を占める．

華興社区居民委員会のメンバーによると，「京華苑」の住民は個人の権利を

21）天野正子，1996『「生活者」とはだれか－自律的市民像の系譜』中央公論社，14ページより．
22）高畠通敏，1993『生活者の政治学』三一書房，24ページより．
23）千葉眞，2002「市民社会・市民・公共性」佐々木毅編『国家と人間と公共性』東京大学出版会，133ページより．

擁護する意識が高いため，初期業主委員会（不動産オーナー委員会）の会員たちが，小区を管理する「物業公司」と喧嘩するのは日常茶飯事であったという．中心的な問題は3つあった．1つは，居住者が所有する土地と建物が，幼稚園として使われたこと，2つ目は，衛星放送が約束どおりに設置されなかったこと，3つ目は，居住者の了承を得ないまま，裏門が設置されたことである．一部の住民は以上の問題を理由に，管理費の支払いを拒絶した．管理費が徴収できないのも，また管理会社の不作為の理由になり，悪循環になった．

以上の問題をめぐって，業主委員会の内部は，「喧嘩派」と「交渉派」に二分化し，脱退する人も続出した．そのまま委員会は半年間もほとんど機能しなかったという．その後，区政府から担当者が派遣され，残りの成員を集め，第2期業主委員会が組織された．委員会メンバーは，すべて不動産の所有権をもつ「在職幹部」から構成された[24]．しかし問題は，在職幹部には仕事で忙しい人が多く，委員会に出席できる時間が限られていることである．そのときに，新任の業主委員会主任は，社区の「退休老幹部（定年になった元共産党幹部）」たちに顧問の仕事を要請した．

京華苑に在住する老幹部には，自分の子供と同居し，高級マンションで安逸な晩年生活を送る人が多い．不動産の所有権はもっていないが，彼らは，日常生活を誰よりも多く小区の中で過ごし，小区の本当の「主人」ともいえる．豊富な実務経験と高い社会責任感をもつ老幹部たちは，小区で多発する問題を無視できず，自発的に第2回業主委員会の選挙を傍聴し，監督する役割を果たした．彼らの行動は，社区の居民委員会幹部と新任の業主委員会成員に注目され，顧問委員会の成立も，3者の相談によって決定された．

顧問委員会の主な役割は，業主委員会に協力して，活動を展開させていくことである．特に，第2期業主委員会が成立した直後，委員会の活動が困難な時期において，である．業主委員会が順調に成長すれば，いつ解散してもいいという立場が取られた．設立から半年の間，顧問たちは，住民の意見を業主委員会に反映し，具体的な運営も手伝った．

---

24) 業主委員会の成員は「業主」，すなわち不動産の所有権をもつ人でなければならない．中でも在職中の幹部は，素質や能力が高いと一般的に思われている．

中でも最も注目すべきなのは，顧問委員会が管理会社に対して会計監査を行ない，1999年から2005年までの，7年間の財務記録を公開させたことである．この記録から，維持・修理の費用に10万元の資金不足があることが発覚しただけでなく，14万元の不正な支出も明るみに出た．この画期的な成功は，顧問委員会による「闘争経験」から生まれたものである．革命の時代を経験してきた老幹部たちには，「敵に準備する余裕を与えない」重要さを知っており，管理会社との交渉の中でも，監査に備える準備の時間を与えず，すばやく本物のデータを確保したのである．また，管理規定などのルールや契約も正確に調べ上げ，交渉を有利に進めることができた．

　計画経済の時代，国営の房屋管理所（家屋管理所）が建物の維持・修理を担当した．市場経済の発展とともに，現在，管理会社の形態は普及したが，管理会社の雇用は，最初は開発業者が決めるとはいえ，事実上，権力機関である房屋管理所とも関連している．したがって，業主は，法的には管理会社を雇用する権利をもっているものの，実際は簡単に管理会社を変えられないでいる．このような複雑な相互関係の中で，時間的に余裕のある，協調性と経験値の高い老幹部の顧問たちは，自分たちの長所を十分に発揮した．彼らの努力によって，管理会社の仕事の品質が向上し，管理費を支払う人も増えた．2006年3月まで，管理費の納付が20％から85％に上昇した．管理会社は従来の姿勢を一変させ，自分たちのオフィスの建物を小区に譲って，住民センターとして使用してもらうなど，業主委員会と協力関係を築くようになったという．

　一方，顧問委員会は，住民の信頼を得て，より広い範囲で活動し始めた．「京華苑」の住民はもともと「死ぬまで付き合わない」近隣関係であったという．ペットに起因する喧嘩や衝突が多く，警察を呼ぶ騒ぎになることもしばしばあった．顧問委員会の幹部たちは，ペットの飼い主を呼んで会議を開き，「家庭ペット協会」を立ち上げた．飼い主たちが集まり，犬のしつけやペットの飼い方の経験を交換する．現在，参加者は23世帯にのぼり，定期的に活動している．協会の活動によって，住民は互いに知り合い，新しい近隣関係も形成されつつある．また，顧問委員会の活動は，自分の「小区」内に留まらず，近隣の小区にまで広がった．前文で紹介した「寧興小区」での貧困家庭支援活動も，彼らが始めたものである．

3．生活者が作り上げる「自組織」

　顧問委員会の成功からは，老幹部たちの豊富な実務経験，高度な責任感，協調性や積極性など，いくつの要因を見いだせるが，中でも最も重要なのは，老幹部たちのリーダーシップと「生活者」の立場だと指摘できよう．

　まず，顧問委員会の構成を見ると，農業局元局長，元高級エコノミスト，元衛生局局長，エンジン会社の元総エンジニア，税関検査機関元幹部，という錚々たる経歴の持ち主揃いである．それ以上に，みんなが闘争経験豊富な元革命者でもある．第2期業主委員会の選挙会議が開催されるまで，老幹部たちは，互いに知らないまま，京華苑の中で安逸な晩年生活を送っていた．しかし，選挙の前夜，居民委員会の幹部から「会議が難航するかも」という心配を聞いた彼らは，自発的に会議に参加し，トラブルを起こさせないように，監督の役割を果たした．それをきっかけに，彼らは知り合い，顧問委員会を一緒に作り上げたのである．

　この自発性と責任感は，中国の老幹部たちが共有する性質かもしれない．時代が大きく変わり，政府はもはや市民生活の末端まで管理することはできない．社区の管理が困難に直面するとき，革命時代とその後の社会主義建設の中で身につけてきた経験や責任感が，老幹部たちの心に，脳裏によみがえったのであろう．老幹部たちはすでに定年になったにもかかわらず，自分の能力と人徳によって，住民たちの心をつかんだように見える．

　もう1つの重要な点は，老幹部たちの「生活者」という立場である．彼らは直接の業主ではないため，目先の短期的な利害関係に縛られることなく，生活者の目線から物事を考えることができる．また，長年の革命経験，仕事の経験を有し，共産党による長年の教育を受けてきた老幹部たちは，「公益のため」「みんなのため」という思想に対して，若い人たちよりもこだわりをもっており，強い信念をもっている．私益を守ることに終始するのではなく，公的世界の動向に対しても関心を寄せ，自分なりの意見と判断を有し，直接・間接的に政治参加を行なっていく意志を，彼らはもっている．「生活者市民」の概念に当てはまる存在を中国の都市部から探し出そうとすれば，まず出会うのは，彼らではないだろうか．

社区の事業に参入する草の根NGO，社区を変えていく草の根NGO，「小区」をベースに，生活者の視点から自発的に組織された草の根の活動．我々は前記の事例から，草の根NGOにとって社区，小区がもつ意味を，十分に認識に，そして想像を膨らませていくことができよう．

引用文献

中国語の論文と書籍

陳偉東，2004『社区自治－自組織網絡与制度設置（社会自治－自組織のネットワークと制度づくり）』中国社会科学出版社．

李学挙，1992『居民委員会建設』科学普及出版社．

王剛義・趙林峰・王徳祥，1990『中国社区服務研究（中国コミュニティ・サービス研究）』吉林大学出版社．

王暁燕，2001「契約型社区的生成和発展（契約型地区の生成と発展）」北京社会科学院編『城市問題』第99号：21-24．

許義平，2004『尋找家園－関于社区発展的思与想（住処を探し求めて－社区発展に関する思索）』中国社会出版社．

楊団，2002『社区公共服務論析（コミュニティ公共サービス論析）』華夏出版社．

日本語の論文と書籍

天野正子，1996『「生活者」とはだれか－自律的市民像の系譜』中央公論社．

千葉眞，2002「市民社会・市民・公共性」佐々木毅編『国家と人間と公共性』東京大学出版会：115-146．

李妍焱，1998「『居民委員会』再考－中国のボランティア活動との関連において」『日中社会学研究』第6号：76-96．

李妍焱，2004「『社区』と『社団』：『社区服務』と『社区建設』政策が開く中国非営利組織の活動空間」『地域社会学年報第16集』ハーベスト社：157-174．

岡室美恵子，2002「NPOによる社会改革の可能性」王名・李妍焱・岡室美恵子著『中国のNPO：いま，社会改革の扉が開く』第一書林：215-226．

高畠通敏,1993『生活者の政治学』三一書房.
朱惠雯,2006,「市民社会の条件としての自立的な市民－中国におけるアソシエーションに関する一考察」『社会科学ジャーナル』57(COE特別号):468-484.

その他

『社区参与行動ニューズレター』2004年第1号.
『社区参与行動2006年度報告』「組織概要」.

第3部
草の根NGOと
それを取り巻く外部環境

第9章

国際NGOと草の根NGO

朱惠雯[1]

　本書第3章でも指摘したように，近年の中国における市民社会の動きは，90年代世界的に見られた市民社会の台頭と密接な関係がある．中でも草の根NGOの形成と発展は特に国際的な潮流および国際NGOの影響を受けやすい．種々の体制上の原因により，国際NGOの活動は，中国大陸では多くの制限を受けている．法的に登記を済ませている組織は少数であるため，統計や研究のデータを探すことが極めて困難である．現時点では大陸で活動する国際NGOに関する信頼性の高いデータは少なく，中では特に信憑性の高いデータとして，第5章でも言及したように，2005年に中国発展簡報[2]が出版した『中国国際NGO200』が挙げられる．

　上記の本では200以上の国際NGOを紹介している。これらの組織は異なる国・地域から中国大陸に入り，それぞれ異なる伝統を有し，宗教的背景をもつ組織，世俗的な組織，人道主義的組織，村で活動する組織，資金援助を専門的に行なう組織など，多様性を見せている．本の中では組織ごとにその始まりと歴史，活動の内容，大陸での年間予算および組織構成について紹介している．ほかに参考できるデータが少なく，本章では事例研究以外に，中国における国際NGOの全容について述べた部分は，ほとんど中国発展簡報発行のこの本に

---

1) 本章原稿の執筆は朱による．翻訳と文章の再考は，李妍焱による．
2) 中国発展簡報のウェブサイト（http://www.chinadevelopmentbrief.com/）．中国発展簡報は英国人ジャーナリストが中国の市民社会を報道するために創設したメディアであり，中国国内で活動している草の根NGOの取り組みを海外に広く発信していたが，2007年7月に，許可なしで調査を行なったという理由で法律違反に問われ，北京市公安局，北京市統計局などの市政機関によって閉鎖された（この注釈は編者李妍焱による）．

依拠している.

第1節　中国における国際NGOの概況

　改革開放以来, 中国大陸に進出する国際NGOの数が大きく増大した. しかし, 中国が国際NGOに門戸を開放して20年以上経過したが, 未だに国際NGOの登記に関する統一法規をもっていない. 2004年に公布された「基金会管理条例」では外国の基金会について,「国内の基金会に関する規定に準ずる」とあるが, それも基金会に限られた規定である. このような状況下では, 政府が国際組織について一貫した態度を取れず, 中国大陸で活動する国際NGOが法規に基づいて登記し, 活動し, 事務機構を設立する際に障害がもたらされるだけではなく, 政府による統一した管理や活動に対する把握も困難となっている. したがって, 国際NGOについては, 正確な組織数や彼らの資金規模などに関する完全な統計データはなく, 全容を把握することは難しい. 政府部門も確かな数字を把握していない.

　『中国国際NGO200』を編集発行した中国発展簡報の編集長 Nick Young によれば, 現在大陸で事務所を構え, 活動を展開している国際NGOは300を超すという. それ以外に, 数百に上る海外のNGOが, 事務所を構えていないものの, 様々なルートを通して, 大陸で関連分野の活動を行なっている. 国際NGOが毎年大陸に投入している資金は2億米ドルに近いという. 国際NGOの大半は欧米やオーストラリアから来ているが, アジア諸国や香港, 台湾からのNGOもある.

　これらの国際NGOはどのように大陸で活動を展開しているのだろうか. 馬秋莎が以下の8つのパターンを指摘している[3].
　　1．香港やマカオで事務所を設置し, そこから大陸でのプロジェクトの運営を行なう. 例えばグリーンピース.
　　2．北京で事務所を開き, 中国政府の機構や外郭団体などを受け皿とする

---

3) 馬秋莎, 2006「全球化, 国際非政府組織与中国民間組織的発展 (グローバル化, 国際非政府組織と中国民間組織の発展)」,『開放時代』2006年第2巻, 119-138ページより.

場合．例えば，フォード財団は中国社会科学院を受け皿としている．
3．北京以外の街で事務所を開設するパターン．現在雲南省の昆明市は国際NGOが最も集中する都市となっている．
4．プロジェクトマネジメントチームだけを派遣する．この場合は，政府で登記する必要がない．
5．工商局で「公司（会社）」として登記する．例えばアメリカのNature Conservation．
6．政府組織もしくは官弁NGOと協働でプロジェクトを行なう場合，登記が必要とされない．
7．国家外国専門家局で「国際専門家サービス免許書」を申請する．
8．地方政府と「備忘録」の文書を交わし，合法的に活動できる権利を獲得する．雲南省は少なくとも十以上の国際NGOと「備忘録」を交わしている．

また，鄧国勝は，国際NGOを3つに分類している．1）プロジェクト助成型——通常は直接プロジェクトを運営せずに，発展途上国国内のNGOに資金を提供する国際NGO．2）プロジェクト運営型——発展途上国で直接プロジェクトを実施する国際NGO．3）混合型——直接プロジェクトを運営すると同時に，国内NGOを助成しプロジェクトを実施させ，そのキャパシティの向上に力を入れる国際NGO．である．この分類を参考すると，『中国国際NGO200』で紹介されるNGOのほとんどがプロジェクト運営型に属することがわかる．

しかし，編集者のNick Youngはそれと異なる角度から中国で活動している国際NGOを分類している．彼は，宗教，人道主義と慈善など3つの主要な伝統からこちらのNGOの特徴を理解できるという．同時に，この3つの伝統が互いに混じり，交差している中，また別のいくつかの支流を読み取ることができる．表にまとめると，表10.1のようになる．

第5章でも言及したが，『中国国際NGO200』のデータによれば，中国で活動する国際NGOの分野が広く，環境保護，動物愛護，HIV／AIDS問題，農村・農民・農業問題，基礎教育・職業教育問題，市民社会・法律・ガバナンス問題，公共衛生・健康問題，農民工と流動人口の問題，企業の社会的責任，ボ

表10.1　国際NGO類型

類型	例	資金リソース
宗教機構	World Vision, Misereor, ドイツ基督教発展服務社	教会；個人；募金；政府と基金による助成金
人道主義援助と発展機構	Oxfam, Save the Children, Plan, 国境なき医師団, WWFなどの環境団体	個人；募金；政府と基金による助成金
個人のファンド	Ford Foundation, Bill & Melinda Gates Foundation, The David and Lucile Packard Foundation	創始者による寄付金の利息
専門家型非営利的なコンサルティング＆プロジェクト運営機構	Winrock International, PATH, Family Health International, Planet Finance China	政府やファンドとの契約，助成金
職業協会	米国弁護士協会	会費；政府とファンドの助成金
互助，自助組織	Retina Hongkong, Heep Hong Society	会費；政府やファンドの助成金

ランティア活動，NGOのキャパシティー・ビルディング，貧困救助と災害救助，社区建設，民族・宗教問題，文化芸術，障害者支援，ジェンダー，家庭内暴力，同性愛，高齢者と子育てなどが例として挙げられる．最も組織数が多いのは環境保護と教育および社区建設であり，比較的に組織数が少ないのは高齢者，流動人口およびジェンダー問題である．主な活動地は北京，上海，および甘粛，広西，広東，四川，雲南とチベットの各省で，それぞれ20を超える国際NGOが活動している．うち雲南省では45の国際組織が活動しており，最も多いといわれる．

第2節　国際NGOと中国の草の根NGOとの関係

1．国際NGOが中国の草の根NGOに与え得る影響

　国際NGOが中国大陸で，資金の提供やセミナー・討論会の開催，および自らのプロジェクトの運営を通して，中国の草の根NGOに対して彼らの理念，経験とノウハウを伝えている．これらの取り組みは，中国のNGOが国際社会

と連動し，世界的な市民社会に参加していく上では不可欠な一歩となる．国際NGOによる積極的な促進機能について，以下の3つにまとめることができよう．1）資金援助，2）理念とノウハウの伝授，3）ネットワーク資源の創造，である．

まず，人々にとって最も理解しやすい支援の形式は，「資金」である．多くの草の根NGOは国際NGOの資金支援に頼って存在していることは否定できない事実である．例えば資金援助規模の最も大きい財団として，フォード財団を挙げることができる．改革開放後比較的に早期に中国大陸に入った外国組織として，フォード財団の当初の活動は，中国の研究者に海外で研修するための奨学金を提供することであった．1988年，中国共産党と中国政府の上層部の同意を得て，中国社会科学院がフォード財団の中国進出の受け皿となり，北京でのフォード財団事務所が設立された[4]．当時ではこれは異例な出来事であった．翌年，中国大陸におけるフォード財団の経費が一気に増加し，400万ドルに達した．その後中国がフォード財団のアジア進出の主要な拠点となり，2001年まで，中国の各種組織に提供した助成金および中国で展開したプロジェクトの経費の合計は，1.28億ドルを超えた．草の根NGOの台頭に伴い，フォード財団による資金援助も年ごとに増えていき，2000年になると，草の根NGO支援に用いられる金額だけでも400万ドルを超えるようになった．「自然の友」の収入の52％，「地球村」の収入の82％が，このような国際NGOから来ている[5]．

資金支援について，最も問題とされるのは，人件費の支出が困難であることである．通常の助成金は明確に「事業経費にしか用いることができない」と規定しており，プロジェクトを運営する事務所や事務職員の経費が含まれていない．この問題を解決していくために，フォード財団は2002年から「組織発展基金」を設立し，草の根NGOに3年間の期限付きで事務所経費を提供する試みをしており，草の根NGOにとって急を要する問題に対処してくれる貴重な財源となっている．

むろん，中国の諺にもあるように「世の中には無料の昼食がない」．鄧国勝

4）馬秋莎，2006（前掲書）．
5）王名編，2000『中国NGO研究－以個案為中心（中国NGO研究－ケース・スタディを中心に）』北京連合国区域発展中心，157ページより．

が指摘しているように，国際NGOが中国の草の根NGOを支援する際に，過度に干渉し，草の根NGOの独立性に影響が出ているケースも見られるという．筆者も2007年のはじめに国際NGOの資金支援を得たプロジェクトの調査を行なったが，資金の使い方，プロジェクトの評価について，出資側による干渉が多く，また，プロジェクトの成果の活用に対しても様々な制限が加えられており，資金援助を受けた草の根NGOが困惑していたことを目の当たりにした．生存していくために，多くの草の根NGOは資金集めを第1の課題としているが，資金源が国際NGOに大きく依存する場合，彼らは設立当初の理念や目標よりも，国際NGOの好みに合わせて活動内容を変更することもある．

　増え続ける草の根NGOが直面する資金不足の問題は，必然的に競争の加熱をも引き起こす．1つは草の根NGO間の競争，もう1つは草の根NGOと国際NGOとの競争である．財団が資金支援を行なう際に往々にして規模が大きく，ある程度成熟した組織を重要視し，設立して間もない，小さな草の根NGOを軽視する傾向にある．なぜなら，財団が自らの活動実績を求めるため，パートナーを選ぶ際にはリスクを考えなければならず，その結果，経験が浅く，人手不足の小さい組織にはほとんどチャンスが訪れない．逆に規模が大きく，ある程度成熟したNGOは簡単に必要な，あるいは必要以上の資源を獲得できる．財団のこのような活動様式が弱小草の根NGOにとって不利な状況を作り出し，市民社会の底流の形成にも不利な影響を与えるとされる[6]．

　しかし，より深刻な競争は，草の根NGOと国際NGOとの間に生じている．注意しなければならないのは，多くの国際NGOはプロジェクト運営型の組織であり，彼ら自身も資金を企業や財団から申請して活動を展開しているため，中国の草の根NGOにとって強力なライバルとなっていることである．一般的には国際NGOの方がより成熟した組織となっており，運営様式も社会的知名度も中国の草の根NGOよりはるかに優位に立っている．したがって企業，特に国際的に活動するグローバル企業による支援を申請する際には，国際NGOは有利な立場にいる．これは，中国の草の根NGOの財源を減らす一因にもな

6）焱火，2006「NGO観察：我眼中的境外基金会（NGO観察：私が見る海外の基金会）」，『民間通信』春号．

っている．むろん，本土の草の根NGOに比べると，国際NGOは人件費が高く，人員流動が多く，言葉や文化理解などの面で障害があり，費用の割には効果が小さいこともある．それゆえに国際NGOを「渡り鳥」と揶揄する人も多い．馬秋莎は，長い目で見れば，本土の組織を発展させることこそが市民社会を発展させる道だと指摘している[7]．

次に，第2の支援形式，すなわち理念とノウハウの伝授について見てみよう．草の根NGOの出現は，社会的なニーズに基づくものであるが，実践活動においては，資金以外にも多くの課題に直面している．中でも活動の経験とノウハウが最も必要とされる．国際NGOはしばしば本土の草の根NGOの良い教師となる．特に歴史が長く，大規模な国際組織は，本土の草の根NGOにプロジェクトを提供する際に，同時に長年の経験と組織運営のノウハウも中国に持ち込んでいる．本土の草の根NGOはそこから少なからず影響を受けている．「持続可能な発展」「参加型の運営」「キャパシティー・ビルディング」「アカウンタビリティ」「社会的弱者の支援」などの理念も，国際NGOの影響を受けてのものだと考えられる．例えば，米国百花研究会（Wild Flowers Institute）は「社区における住民参加」の概念を中国に持ち込み，草の根NGOのスタッフを育てただけではなく，さらに本書第9章でも取り上げた「社区参与行動」と一緒にセミナーを行ない，基層社会で実践する多くの社区事業のスタッフにこの理念を普及させる試みをしている．

最後に，国際NGOによる3つ目の支援，すなわちネットワーク資源の創出について述べてみよう．多くの国際NGOは，各国の政府やグローバル企業との間に豊かなネットワーク資源をもっている．中国大陸に進出したこのようなNGOの影響を受けて，中国本土のNGOも政府，企業と連携・協力する道を探るようになった．また，第5章でも言及した国際NGOのGLI[8]を例に見てみると，中国語・英語・日本語の3つの言語によるウェブサイトを媒体に，世界各地で社会問題に取り組むフレッシュな事例を取り上げ，公益事業に従事する人々の間のネットワーク構築に取り組んでいる．さらにNGOの国際交流を推し進め，中国と英国の草の根NGOの相互訪問を実現し，そこからイギリスの

7）馬秋莎，2006（前掲書）．
8）グローバル・リンクス・イニシアティブ（GLI）のウェブサイト（http://www.glinet.org）．

NGOと中国のNGOとの間で新しいプロジェクトも生まれた[9]．

2．事例の紹介

　ここでは，2つの具体的な事例から，国際NGOと本土の草の根NGOとの関係について分析していきたい．

　グローバル化が進む現代において，多くのNGOは，自らが主張する普遍的な価値の実現を追求するために，より広い発展空間を求めている．特に人権擁護，弱者救済，環境保護などの分野に顕著に見られる．中でも環境NGOにとって，グローバルな活動がとりわけ重要とされる．中国で発生した砂嵐は，ほとんど同日に日本にも届くことからもわかるように，環境破壊がもたらす影響は国境にまったく左右されない．地球全体が「運命共同体」であることから，環境保護の理論はいまや全世界に広がっており，よく知られている「京都議定書」もこのような背景で生まれたものである．

　しかし，中国では，本土の環境NGOが活発に活動しているのに対して，環境分野の国際NGOの活動は必ずしも活発ではない．『中国国際NGO200』の編集者 Nick Young はその理由について，多くの環境NGOの活動は「宣伝」「啓蒙」に偏っており，社会的に論争を引き起こすことによって，政府・企業と公衆の行為に影響を与えようとしていることを指摘している．「宣伝」や「啓蒙」を受け入れてくれる地元の人々が必要であるため，中国に興味をもつ国際環境NGOは，往々にして独自のプロジェクトを展開せずに，本土の環境NGOを通して活動をしているという．他にも，環境問題の性質による部分もある．短期間で資金力のみで解決できる問題ではないため，環境保護にはその土地に住む住民の参加と，その土地に合った方法が求められる．したがって外国の環境NGOには，「本土組織」に転身していく，もしくは本土のNGOに頼るなど，「本土化」のプレッシャーがかかっている．

　以下では，特に「外国と本土」との結びつきが密接な環境分野の事例を2つ挙げ，その関係について考察していきたい[10]．

9）第8章でも言及した，北京社区参与行動と英国の社会企業Track 2000が，寧波で展開している「再就職プロデューサー研修プロジェクト」．
10）この2つの事例分析は，朱が国際基督教大学21世紀COEプログラムの支援のもとで行なった調査

（１）グリーンピース・チャイナ

　オランダに本部のあるグリーンピースは，現在国際的にも最も影響力の大きいNGOの１つである．1971年に米国でアラスカ州の核実験基地に反対運動を展開して以来，グリーンピースはそのラディカルさと信念の固さで世に知られるようになった．組織の趣旨は，非暴力的な行動によって環境問題に取り組んでいき，環境保護に対する公衆の支持を獲得していくことである．

　グリーンピース・チャイナは1997年に香港で設立され，2002年２月に，中央民族大学と協働プロジェクトを展開したことをきっかけに，北京でも活動を開始したが，当時は非公開の状況での活動であった．2004年，グリーンピース・チャイナは公開活動を始め，メディアとつながりをもつ試みも行なった．登記の問題については，彼らが関係行政部署を訪ねたものの，「法規はまだ完備されていないため，待っていてください」との返事をもらった．今日に至っても状況に変化はない．

　だが，合法的な身分を有さないことは，中国におけるグリーンピースの活動にさほど影響を及ぼさなかったように見受けられる．特に過去数年の間，グリーンピースは中国国内で電子廃棄物に関する運動を引き起こすことに成功した．彼らはまず香港の新界地域に国際的な電子廃棄物運送センターが存在することを突き止め，その後，グローバル企業が電子製品に有毒物質を使用していることを非難し，中国で初めて電子廃棄物の危険性や問題点を指摘した．その運動の成果として，DELLやNOKIA，聯想（LENOVO）など８つのグローバル企業が，製品から有毒物質を廃除する約束をした．

　そのプロセスについて，詳しく紹介しよう．

　2005年５月，「台州高校生が北京科学技術博覧会にいく」と題する新聞記事が注目を浴びた．ことの発端は，５月26日午後，浙江省台州市にある高校の生徒と教師が，台州市で拾った「恵普（Hewlett-Packard Co.）」という商品名のついた電子廃棄物を，第８回中国北京科学技術産業博覧会のグリーンピースの展示ブースにもっていったことである．訪れた高校生は現場で，電子製品を生産する出展企業すべてに対して，電子廃棄物に関する意見書を提出し，もって

　　研究に基づいている．

きた5件の電子廃棄物を小包に入れ，宛名に「中国恵普公司　社長」と書き入れ，投函したのである．「意見書」では，高校生は電子製品製造企業に対して，「電子製品から有毒物質の排除，電子部品のリサイクル制度を作る」など5つの要求を提示し，「進んで背負う義務を果たし，環境の保護に貢献する」よう要請している．

　この新聞記事は大きな反響を呼び，恵普公司の社長もすぐに対応し，この高校生に対して，今後製品から意見書で指摘された有毒物質を排除すると約束した．この小さな環境運動は勝利を収めたが，我々はその勝利の背後にあるものを探っていきたい．

　博覧会に現れた生徒と教師は，台州市第一中学校[11]「電子廃棄物解体状況調査ワーキング・グループ」のメンバーである．このワーキング・グループが電子廃棄物について調べ始めたのは2003年であり，そのきっかけは，2002年，同校が港に近い新しいキャンパスに引っ越したことであった．放課後，生徒たちが校門でバスを待っていると，電子廃棄物を満載するトラックが目の前を走ることが多く，教師と生徒たちの注目を呼んだ．当時，地元の新聞やテレビ局も，同市の廃棄物分解による環境汚染問題をしばしば報道していた．2003年8月から，「研究学習」[12]という授業で，2人の教師と9人の学生が「電子廃棄物分解現状調査ワーキング・グループ」を立ち上げ，台州市の電子廃棄物の流通と分解について調査を始めた．彼らは，固体廃棄物の処理が集中する地域を10回以上も訪れ，水，土および廃棄物のサンプルを取った．そして，同地域の処理場で廃棄物の輸入から，分解，処分までのプロセスを調べた．同時に，電子廃棄物が集中する村を考察し，作業を行なう民家を訪問し，主要な港湾も8回訪れた．

　台州市のリサイクル産業は20年余りの歴史を有する．分解作業の対象について，最初は国内の廃電機，変圧器などが多かったが，近年は海外からの電子廃棄物がメインになりつつあり，中でも日本と韓国からの廃家電製品や業務用機

---

11) 中国では高校は「高等中学校」の略称であるため，学校の名称が「〇〇中学校」となっている．
12) 「研究学習」は，中国高校教育の一環として，学生の学習能力を高めるために設けられた授業である．学生たちは，自分が関心をもつ社会課題について調査を実施し，教師の指導を受けながら，研究を進める授業である．

械などが大きな比重を占めている．税関の資料によると，2002年は98万トン，2003年は135万トン，2004年と2005年の輸入量は公開されていないが，それぞれ300万トンに達していたという情報もある．海路で運び込まれた廃家電製品は，台州市の大規模なリサイクル工場や市郊外の民家などで，徹底的に分解・分類されてリサイクルにまわされる．高く積み上げられた金属の山から手作業で，銅や鉄など金属別に仕分けたり，パソコンの基盤を火であぶり，はんだを溶かして部品をとりはずしたり，酸液に基盤をつけて金属を取りはずしたりと，作業のほとんどが，安価な人件費に基づく手作業で行なわれている．深刻な環境汚染と人体への健康被害が多発したことで，電子廃棄物のリサイクル作業は地方政府に禁止されているが，高額な利益を目当てに，環境や健康の被害を無視してこの産業を続ける人が多数存在している．

　高校生の研究グループは14ヵ月の研究を経て，3万字の報告書を完成させた．しかしその後，彼らの行動は学校の調査実習に留まらず，草の根環境活動に変貌していった．市民に向けて環境保全の宣伝を行ない，政府に「5つの提言」[13]を行なった．その背後で，グリーンピース・チャイナが大きな役割を果たしたといえる．

　グリーンピースの電子廃棄物に関する調査は，主に広東省貴嶼に集中していたが，台州市の電子廃棄物問題についても関心を寄せていた．グリーンピースの電子廃棄物問題担当者のL氏は頻繁にワーキング・グループを訪れ，高校生たちと共同で問題の解決策を練り始めた．調査の方法や提言の内容，またメディアを利用してアピールする戦略等などはグリーンピースが伝授したものだと考えられる．L氏は，自らの経験をワーキング・グループのメンバーと共有し，彼らの行動をサポートした．その中で，北京国際科学技術製品博覧会という絶好の舞台があったため，高校生たちを環境運動の舞台に立たせたのである．グリーンピースの力を借りながら，生徒たちによる草の根NGOは強く成長してきた．当時のグループメンバーの学生はすでに大学生になったが，新しいメン

---

[13] 5つの提言：1）電子廃棄物の密輸入を厳格に制限し阻止すること，2）廃棄物問題を合理的な方法によって集中処理を行うこと，3）環境保全制度を整備し「汚染を起こす責任者に解決する義務をつける」こと，4）市民の環境意識を高めること，5）健康被害を受けた農民の問題を解決すること（調査グループリーダの教師による）．

バーの加入によって，このグループの活動は現在もなお持続されている．

最近になって，日本のメディアや環境NPOも台州の状況に関心をもつようになった．現場で活動するワーキング・グループは，海外と直接つながりをもつことは今までまったくなかったが，豊かなネットワーク資源をもつグリーンピースがその連絡役を担っている．海外の草の根と中国の草の根をつなげ，この問題に対処するための地球規模の市民ネットワークを形成させるべく，国際NGOグリーンピースがその独自の役割を果たしている．

(2) 東アジア環境協力システム

世界最大の人口を抱える中国は，急速な発展に伴い，汚染や水とエネルギーの不足などの環境問題に直面している．こちらの問題を解決していくために，中国政府も国際間の協力を要請している．近年，日本でも中国の環境問題への関心が高まり，日中NGO間において，様々な協力が進められている．

中国で活動する日本の環境NGOは，自然環境の保全や修復に直接関わるものが多く，平成16年度の統計を見れば，その活動分野は，「砂漠化防止」と「森林の保全・緑化」が最も多い．現地での植樹活動は，当初は日本人ボランティアたちだけの作業であったが，近年は現地の人々との共同作業が一般的となっている．2000年前後に発足した若手のNGOは，活動歴の長いNGOの教訓と経験を生かして，はじめから地域住民を主体とした事業を実施している[14]．

その中で，中国の環境NGOと長期的な協力関係を築き，情報発信と実践活動を同時に進めていく組織「東アジア環境情報発伝所」が誕生した．そのきっかけは，2001年に北京で開催された「アースディ」のイベントであった．日中韓三ヵ国の環境NGOが集まり，協力体制について議論し，2001年より，「自然の友」「緑色北京」「地球村」など中国主要な環境NGOのメンバーと一緒に，環境情報の共有を目的とした協力体制が整えられた．韓国のNGOとも連携し，日中韓の3つの言語で各国の環境情報を発信するウェブサイト「ENVIROASIA」[15]が構築され，運営が始まった．

「ENVIROASIA」では，日中韓のNGO関係者やボランティアがニュースを

---

14) 高橋智子，2004「NGO各種団体による日中環境協力」中国環境問題研究会編『中国環境ハンドブック2005-2006年版』蒼蒼社，368-370ページより．

15) ウェブサイト (http://www.enviroasia.info)．

収集・執筆し，翻訳チームによって，すべての記事が3つの言語で発信されている．今まで，英語が中心であった世界の潮流からあえて距離を取り，東アジアにおける協力体制を構築しようとするところに，その特徴がある．東アジア環境情報発伝所は，インターネット上のみならず，顔が見える直接的な交流活動も運営している．毎年，各国のメンバーが集まって運営委員会を開き，さらに隔年で「東アジア環境市民会議」を開催している．市民，環境NGO，行政マン，研究者などがそれぞれの立場を超えて協力体制の模索を目的とするこの会議は，2002年は東京，2004年はソウル，2006年は西安で開かれた．

　中国の環境NGOとの直接の交流を深めるために，2003年に北京で「東アジア環境協力ワークショップ」が開かれ，発伝所のメンバー以外にも，約20団体の中国環境NGOが参加した．筆者が会議で知り合った中国の団体を「ENVIROASIA」の日本語ページで紹介したところ，日本のある財団がそれを見て，中国の環境NGOに助成金を出す事業を開始した．2005年，発伝所が愛知万博の地球市民村に出展する際には，中国側のメンバーも参加し，その全プロセスを体験した．2010年の上海万博に向けて，中国の草の根NGOに何かできるかについて，彼らはすでに考え始めたという．この日中韓環境協力システムに参加する中国側のメンバーは，それまでそれぞれ違う環境NGOに所属していたが，現在は新しい団体を立ち上げる話もしているという．

3．事例の分析

　以上で紹介した2つの事例は，それぞれの違う特徴を見せているが，「現地の草の根NGOを重視する」点においては，共通している．

　まず，グリーンピースの事例で特徴的なのは，他の大型国際NGOに比べると，彼らは資金的な協力よりも実践での協働を重要視することである．その主な原因を以下の2つにまとめられる．1つは活動領域の特性である．環境の領域，特に電子廃棄物のような多方面に利害関係者が存在する場合，外来の国際組織として，基盤のないところで活動を展開することが難しい．台州市では，地方政府がすでに禁止令を出しており，メディアも盛んに報道していたため，電子廃棄物の解体に携わる人々は警戒心が強く，特に新顔に対しては敏感に反応する．地元のワーキング・グループでも第1次資料を入手するためには，い

つも小さいグループに分けて行動し，地理を熟知した人の協力を得て調査を行なっていたという．したがって，彼らはグリーンピースのような外来の組織が入手しにくいような資料も得られる．

　もう1つの原因は，国際NGOと草の根NGOは互いに補完的であるため，資源を有効に利用するためには協力が望ましいからである．グリーンピースは長い間広東省で電子廃棄物の調査を行なってきたため，多くの経験を蓄積させてきた．歴史の長い国際NGOは，多くの壁や課題を乗り越えてきただけに，豊かなノウハウをもっている場合が多い．これらの経験やノウハウは，成立したばかりのワーキング・グループにとっては重要な資源となっていた．また，地方の1つの町で活動しているにすぎないワーキング・グループは，社会から広汎の関心をひきよせるツールも影響力も足りない．グリーンピースの協力を得て，ワーキング・グループは行動の計画を立て，グリーンピースのネットワークを利用して，海外からの注目およびメディアの注目を得たのである[16]．逆にワーキング・グループの長所は，現地を熟知していることである．彼らが電子廃棄物に関心を寄せる理由はきわめて素朴で純粋――自分の身の回りの人と環境に関心をもっているからである．身の回りの人々が健康被害を受け，自分たちの生活空間が破壊されていくのを見て，彼らは自然に活動に身を投じていった．したがって，彼らの言葉はより説得力があり，彼らがいかに地元の人々に環境の問題と健康の問題を語ればいいのか，よく心得ている．科学技術産業博覧会での一幕は，両者の協力の効果を象徴した出来事だといえよう．グリーンピースだからこそ，このような大型展覧会においても自分の展示ブースを出すことができる．また，このような場における突撃的なパフォーマンスは，グリーンピースの得意技でもある．グリーンピースが提供したこのような舞台で，メディア関係者や業界関係者を前に，地元から来た高校生と教師が訴える．その言葉には，どんなベテランの国際組織が練った演説よりも説得力があったに違いない．

　2番目の事例は，草の根NGO間の国際協力に関する事例である．このよう

16）東アジア環境発伝所，読売新聞，西日本新聞など，日本の環境NGOやメディアもこのワーキング・グループの取材と報道をしている．

な協力形式に至る理由として，3つ指摘したい．第1に，大量の資金とスタッフを擁する大型国際NGOと異なり，海外のNGOは中国で独自のプロジェクトを立ち上げることが難しい．第2に，インターネットの普及が国境を超える連携に大きな利便性をもたらした．低コスト，同時性などの特徴を有するインターネットは，草の根NGOの国際的な協力行動にとってまさにもってこいのツールである．第3は，最も重要な点でもあるが，長年の活動を通して，海外のNGOは徐々に中国の環境問題に関する認識を改めたことである．中国の環境問題は単に木を植えれば解決できるものではなく，大事なのはそこで暮らす人々の環境意識の問題であり，その意識を高めるには，現地の草の根NGOの努力なしでは不可能である．環境問題の原因も一国内に留まるものは少なく，電子廃棄物を例にすれば，日本や米国などの先進国が輸出に制限を加えていないゆえに，また，輸出された電子廃棄物の処分に技術的な支援を怠ったがために，大量の電子廃棄物が発展途上国に流入し，深刻な環境汚染と人体に対する弊害がもたらされたのである．したがって，このような環境問題に対処するためには，国境を越えた草の根NGOの連携があって初めて問題の核心に迫ることができる．

以上の2つの事例から，我々は国際NGOと草の根NGOとの具体的な連携を見ることができた．前者は中国国内における連携，後者は国境をまたぐ連携である．連携の方式はそれぞれ異なるものの，いずれも中国の草の根NGOの成長と発展にとって有利に働く資源となり得る．

まず，理念とノウハウの伝授について言えば，1つめの事例でワーキング・グループがグリーンピースとの協働を通して，環境保護に関する多くの理念と活動のノウハウを習得でき，当初の「学習活動」から真の意味においての「環境運動」へと展開していったのである．2つめの事例では，日本の草の根NGOとの協働を通して，例えば市民会議や万博への参加を通して，中国の環境NGOは市民動員のノウハウを学び，視野を広げていったのである．

次に，ネットワーク資源に関して言えば，外部の情報とネットワークに欠けたワーキング・グループは，グリーンピースの協力を得て，外部の環境NGOやメディアともつながりをもつようになった．これらのネットワーク資源は次から次へとつながっており，まさに切れ目のない資源の鎖である．日中の環境

NGOの協力関係においても，双方がそれぞれもつネットワーク資源を供出していたため，より大規模なネットワークが形成されている．ネットワークの形成は，周辺的な，弱小NGOにとっては大きな財産となるであろう．

最後に，資金については，ネットワーク資源の増加に伴い，たとえ直接パートナーとなった国際NGOから資金が提供されなくても，海外の財団や他の国際NGOとつながりをもてたことによって，資金の支援にもアクセスしやすくなると考えられる．

4．まとめ

本章では，中国で活動する国際NGOの概要を紹介したうえで，中国の草の根NGOの発展に国際NGOが果たし得る積極的な役割を指摘した．具体的には，2つの事例を紹介・分析することによって，資金の支援以外に，実践における協力関係が，国際NGOの強みをより発揮できることを強調した．特に，中国本土の草の根NGOの長期的な発展，また同時に，国際NGOが中国で継続的に活動の空間を求めていくには，情報やネットワーク資源の供給が重要であることを指摘した．

国際NGOの「本土化」の問題は，多くの人によって提示されている．大半の国際NGOは本土の草の根NGOと連携し，本土で人材を育成していくことによって「本土化」を図っている．例えば，国際慈善団体の世界宣明会（World Vision）の中国で活動するスタッフは440名であるが，うち390名は本土のスタッフである．国際ライオンズクラブの方法はもっと戦略的である．2005年6月14日，中国ライオンズクラブが北京で登記することに成功した．国際ライオンズクラブの中国支部としてではなく，中国ライオンズクラブとしてまず登記を実現させ，その後国際ライオンズクラブに加入するという戦略が取られた．

本土のスタッフを増やすにしても，本土で法的身分を取得するにしても，国際NGOは現地の草の根NGOとより多く接触をもつことが求められている．2006年10月，中国発展簡報はフォード基金会の資金援助を得て，ウェブサイトで中国環境NGOのデータベースを作成した．そこでは環境NGOの連絡方法と活動分野・範囲が記されており，国際NGOがパートナーを探す際に，役に立つツールとして期待されている．

本土草の根NGOの組織力の向上と理念の成熟化に伴い，国際NGOとの協働の形式も今後変化していくと思われる．単に資金的援助を受け，ノウハウを学ぶ存在から，対等的な立場で対話と協働を行なう存在へと転換していくであろう．そのときになれば，国際NGOと草の根NGOとの新たな関係性が築かれていくであろう．遠くない将来において，さらに多くの，広範にわたるネットワークが，国際NGOと草の根NGOとの間で展開されることを願いたい．

引用文献

中国語の論文と書籍

馬秋莎，2006「全球化，国際非政府組織与中国民間組織的発展（グローバル化，国際非政府組織と中国民間組織の発展）」『開放時代』2006年第2期：119-138．

王名編，2000『中国NGO研究－以個案為中心（中国NGO研究－ケーススタディを中心に）』北京連合国区域発展中心．

焱火，2006「NGO観察：我眼中的境外基金会（NGO観察：私が見る海外の基金会）」『民間通信』，春号（http://news.21ch.com/today/lagend/2006/06/17/2617449.shtml）

中国発展簡報編，2005『中国国際NGO200』．

日本語の論文と書籍

高橋智子，2004「NGO各種団体による日中環境協力」中国環境問題研究会編『中国環境ハンドブック2005-2006年版』蒼蒼社：368-370．

第10章

草の根NGOと政府
―中国における民間非営利活動の規制緩和

岡室美恵子

　世界銀行総裁　ウォルフォビッツは，2005年の中国訪問時に記者会見を行ない，中国の市民社会組織をgovernment-run organizations（官弁組織）と grass-roots organizations（草の根組織）の2種に分類したが[1]，本書でも言及した怒江保護アドボカシーの中心となったのは後者であり，市民の自発性に基づき結成された団体である．

　日本では，市民による自発的な団体は，登記をしなくても活動は可能であるが，中国では未登記団体は非合法である．しかし現行制度による法定民間組織としての登録が困難であるため，企業として登録したり，既存の団体の下部組織として存在したりしている．2005年に出された『中国環保民間組織発展状況青書（中国環境保護民間組織発展状況報告書）』によると，全国の環境組織約3000団体の7.2％を占める草の根組織のうち，民政部門に社会団体または民弁非企業単位として正式に登録されている団体は29.5％，企業として登録10.7％，他の団体へ「掛靠」[2]9.8％，既存団体の二級社団として登録が3.6％となっている．

　合法性，社会的信用など自らの生存問題と常に隣り合わせる団体の活動が，中央政府の政策に影響を及ぼすような現象の出現はどのような意味をもつのであろうか．2004年12月，「全国先進民間組織表彰大会」の席上，民政部部長　李

1）"Press Conference with Mr. Paul Wolfowitz, President of the World Bank." Beijing, 18 Oct. 2005. (www.worldbank.org/) 2007年5月5日参照．
2）正式な下部組織ではないが，資金または管理監督面で他組織に付属していること．なお，「二級社団」は正式な下部組織である．

学挙は「科学，教育，文化，衛生，体育および人民の生活水準の向上に伴い出現してきた新型群衆組織を支持し引導する」と述べた．「新型群衆組織」には，前述のような草の根NGOもすべて含まれるのだろうか．

本章では，中国における民間非営利制度の枠の内外にある民間組織の動向を規制枠の変遷の視点から考察し，また，前章までに提示された事例を政府の視点から分析し，中国民間組織の発展プロセスにおける中国政府との関係を展望したい．

第1節　中国における民間非営利組織制度の動向

1．民間非営利組織制度の概要

本書第1章でも言及したが，2006年「民政事業統計発展公報」によると，民間非営利組織として正規の地位をもつ団体は，社会団体（以下，社団と略す）18万6000団体，民弁非企業単位（以下，民非と略す）15万9000団体，基金会1138団体と報告されている．1998年に公布された現行「社会団体登記管理条例（以下，社団条例と略す）」には「本条例の称する社会団体とは中国の公民が自発的に組織し，会員の共同意志実現のため，その定款に基づき活動を展開する非営利性の社会組織である」と記されている．会員制という性質上，日本の社団法人に類似するものと考えられる．日本の財団法人に類似する「基金会」は，長い間会員なき特別社団として扱われてきたが，2004年6月公布の「基金会管理条例」により「公益事業を目的とし，自然人，法人またはその他組織が寄贈した財産により設立された非営利性法人」と規定された．民非は「非国有財産で設立された非営利性の社会サービス活動に従事する社会組織（民弁非企業単位登記管理暫定条例より．以下，民非条例と略す）」であり，主に教育・研究，福祉，医療，娯楽等の施設，事業体が登記している．社団も民非も，1つの行政区に1分野1組織しか登録が認められていない．また日常業務の管理監督を行なう「業務主管単位」と団体の登録管理を行なう民政部門により二重に管理されている．

2．システム転換における民間非営利組織

改革・開放後の中国の民間非営利組織制度は，2度の改正を経て現在に至っている．「制度」は民間組織に対する中国政府の視点の指標であり，態度の規範である．草の根NGOは，この制度ゆえに草の根として存在している．

現代中国における民間組織の歴史は，社会主義国家の構成要素として組み込まれたことを起点としている．中国の民法通則（1986年公布）には，「企業法人」「事業単位」「機関法人」「社会団体」の4種が法人として記載されているが，これらは計画経済下の中国における経済・社会活動の分業セクターとして機能してきたものと捉えることができる．社会主義中国誕生後，国家行政に生産，分配などすべてを統括された生産現業部門の「企業」と，国家から供給された経費によって教育・研究，医療，福祉などのサービスを提供する部門である「事業単位」に対し，社会団体は，一般大衆に対する共産党の指令の伝達，集団・階層の利益の表出，学術・文化交流，公益のための募金活動など情報の仲介やコミュニケーションなどの間接的なサービスを提供する「社会的セクター」であった[3]．

3つのセクターのうち，1978年に四川省の6企業に一部自主権を与えることから始まった企業セクターの改革は，2002年の中国共産党第16回党大会で，私営企業家を「社会主義事業の建設者」として容認する段階に至っている．これに対して，社会的セクターとしての民間非営利組織の発展は1989年，1998年の2度の社団条例の公布を節目として，社会主義国家の構成要素としての位置づけに大きな変化がみられた[4]．

（1）社団秩序の形成と資金調達

改革・開放後の民間非営利セクターの歴史は混沌から始まった．新中国誕生後，社団の登記を担当していた内務部が文化大革命中に廃止された．その後，1978年に民政部が設置された後も，社団の管理は依然として混沌とした状況が

3）ここでは，各法人のアクターとしての活動の差異に着目し分類した．
4）中国の民間組織発展の歴史，法制度については，岡室美恵子，2001「社会主義市場経済と社会団体の発展－中国非営利セクターの統計的考察」『ノンプロフィット・レビュー』第1巻第1号，王名・李妍焱・岡室美恵子．2002『中国のNPO』（第一書林）を参照されたい．

続いた．1984年に通達された中共中央，国務院の「全国性組織の設立を厳格に規制する通知」は，行政機関などの単位とその幹部個人による勝手な社団の設立を規制することを目的に，社団の設立には中国共産党中央，国務院の許可を必要とすることを規定したものであるが，通知の効力により中央行政機関が社団設立の実質的な決裁権を握ることとなった．結果として，行政機関の裁量により学会や経済団体が増設され，それらの団体による費用や寄付の取り立てなどが横行し，混沌がかえって助長された．このような状況に対して，社団管理に関する秩序の形成を主な目的として公布されたのが1989年版社団条例である．この条例以降，社会団体に対する業務主管部門と民政部門による二重管理の規定が定着した．条例公布のもう１つの背景は，経済発展の影で露出し始めた社会問題である．1986年に国務院貧困地区経済開発小組（現扶貧開発領導小組）が設置され，1987年に民政部所轄の社会団体「中国社会福利有奨募捐委員会（中国社会福祉宝くじ委員会）」が国務院の批准を得て設立され，彩票（宝くじ）の発行が始まった．これらの政策に象徴されるように，経済格差や内陸部の貧困問題が広く認識され始め，その問題解決の資金源を社会に求める試みが始まった[5]．この流れを推進することとなるもう１つの背景が「党政分離」である．共産党第13回党大会における首相 趙紫陽（当時）の報告は，党と政府機関の分離を示す一方，群衆団体，経済・文化組織の役割を十分に発揮させることに言及した．その後，団体内の党組織は原則として廃止され，1988年の行政改革では，社団は行政編制[6]からはずれた．社団の自立を実践し，団体を法制度に基づく社団として処遇する試みは，1989年条例の細則[7]にも記述され，各人民団体に対し，登記の免除ではなく，手続きの簡略化を示した．このことは，手続きに限定すれば，一時的[8]ではあるが中国人民政治協商会議（以下，

---

5) 民政部部長（当時）崔乃夫が86年に国務院上層部に宛てた手紙には「経済発展に伴い競争は激化し，社会問題が増加している．これまで家庭が面倒をみてきた老人，障害者は社会に助けを求めている．競争の敗者，競争能力のない者は援助を必要としている．これらをすべて国家で面倒をみることは不可能である」と記されている（周金品，2006「新中国彩票誕生記（新中国宝くじ誕生記）」『縦横』2006年第7巻）

6) 行政機関としての予算や人的資源の割当を国家から受けること．

7) 民政部「『社会団体登記管理条例』に関する諸問題の通知（民社発〔1989〕59号）」．

8) その後，1992年，民政部「不登記社団範囲の勝手な拡大を禁ずる通知（民社発〔1992〕4号）」の中で8つの人民団体に対して要求した手続きを婉曲に訂正し，むしろ「統一戦線」としての8団

政協と略す）に参加する人民団体も民政部の管轄下に置かれたことを意味する．

1988年，募金活動が唯一許される特別な社団である基金会について規定した「基金会管理暫定弁法」が，社団条例に先立って公布された背景には，前述のように，社会からの資金調達が急務となったことが推察される．1991年に発表された「中国農村貧困開発白書」には，中国共産主義青年団所轄の中国青少年発展基金会の「希望工程（希望プロジェクト）」[9]など基金会による貧困削減事業の成果が報告され，1994年3月，全国人民代表大会（以下，全人代と略す）における政府の活動報告では「社会の力を動員し希望工程を継続的に実行せよ」と提示されるなど，民間の資金と人的資源を動員するための受け皿としての社団に対する支援が強化された．

企業が生み出す経済発展の益を取り立てる学会や経済団体，社会問題解決の民間資金の開拓ルートとしての基金会，性質や分野により行政側の意図に差異はあるものの，改革・開放後の社団の役割は，それ以前の「党と民衆との紐帯」「民衆の意思表出」から「政策実行や行政のための手足」へと変化しつつあった．小島・辻中は，社団の行動を拘束するのも，権益を保障してくれるのも党ではなく，圧倒的に政府であると分析している[10]民間組織発展のもう1つのハードルといわれている「1行政区1分野1団体」の原則は，計画経済下における経済主体の業種別管理を明確にするためのものであったが，前述のような様々な思惑により，団体間の競争を回避し，各団体の利益を保証することを目的に社団の登記にも用いられたと推測できる．

（2）民間非営利セクターの「民営化」と規制緩和

党からの分離に引導される社会団体の機能変化の後，2度目の転換点となるのが1998年の現行社団条例の公布である．

1994年に「社会主義市場経済」が提示された後，第9次5ヵ年計画（以下，9・5計画と略す）[11]は，「経済発展」から「社会の全面的発展」への転換を示し，「大きな社会小さな政府」の青写真ともいわれ，各現業部門の統括機構と

体の地位を確認し，一方で共産党の指導機能，執政党としての地位の堅持を示した．
9）中国青基会が89年に開始した貧困家庭の未修学児童に対する支援プロジェクト．
10）小嶋華津子・辻中豊，2004『「社団」から見た中国の政治社会－中国『社団』調査（2001－02）』日本比較政治学会編『比較のなかの中国政治』早稲田大学出版部．
11）以下，第○次五ヵ年計画は「○・5計画」と略す．

して機能していた政府部門のマクロコントロール機能化が図られた．同時に，国家の根幹に関わるような重要な企業と事業単位に対しては，集中的に国力を注ぎ，それ以外は民間にシフトさせる「抓大放小（大をつかみ小を放す）」政策が積極的に進められた．このような流れの中で，1998年の全国政治協商会議で，それまで主に「政府と人民公社との分離」の意味で使われていた「政社分離」が，政府と社会団体との分離の意味で使われた[12]．その考え方が中央組織部・民政部「社会団体に党組織の設置を要求する連合通知」などの公式な通知の中で明確に示された後，1998年版社団条例が公布された．翌1999年7月，全国地方政府機構改革工作会議の席上で，首相 朱鎔基（当時）は「政企（政府と企業），政事（政府と事業）・政社（政府と社会）の分離」について公式に言及した[13]．

　1998年条例が公布された当時，団体登録の要件が1989年版に比べ厳しくなったと，民間組織関係者は不満を漏らしたが，同時に公布された民弁非企業単位の条例と1組として考えるとその意図を明確にできる．党政分離が示された1987年は，民間による「事業」の発展にとっても転機の年となった．民政部は「社区服務」の概念を示し，また国家教育委員会は民間教育機関の振興を奨励する「社会力量（社会の力）による教育に関する若干の暫定規定」を公布した．90年代に入ると教育分野を中心に各行政部門による裁量の範囲で許可された民間のサービス組織が発展し，これを国家事業単位に対し「民弁事業単位」と呼んでいたが，1996年に「民弁非企業単位（民非）」の名称が規定された．「公司法」ですでに規定された民弁企業と同じ民間部門にありながら，企業と違い非営利性のサービスを提供していく組織の意味が含まれている．社団は会員制組織であり，民非は外部受益者に対してサービスの提供を行なう事業体であるため，組織の性格は違うものの，民非の誕生により，社団としての登録を諦めていた小さな団体も登記が可能となった．2つの条例は，従来の社団に対しては法人格を有する実力団体としてふさわしい条件を課す一方，新たに参入してく

---

12)「方案落実好（良い提案を確実に実行せよ）」『人民日報』1998年3月19日付．
13)「朱鎔基在全国地方政府機構改革工作会議上強調，積極穏妥推進地方政府機構改革，胡錦涛主持会（朱鎔基が全国地方政府機構改革委員会において，積極的かつ着実に地方政府の機構改革を行なうと強調，胡錦涛が委員会を司会」『人民日報』1999年7月24日付．

る団体に対する規制の緩和を示したものと考えられる．

　実際の状況はともかくも，「官」「民」という二分制への制度的な試み，つまり経済主体としての非営利セクターの「民営化」と「抓大放小」の推進が1998年条例の主たる目的であったと考えられる．

第2節　草の根NGOの発展と規制緩和

　前述のように，民間非営利セクターへの新規参入者に対する規制緩和が，制度上進展しつつある．長い間，民間組織としての地位をもつことのできない草の根組織の象徴であった「北京地球村環境文化中心（略称：北京地球村）」は，2004年「北京地球村環境教育中心」の名称で「学校」として民非の登記を実現している．

　規制緩和は，党の民間組織に対する視点にも現れており，中国共産党第16期中央委員会第6回全体会議（16期6中全会[14]）の中共中央「社会主義調和社会構築の若干の重要問題に関する決定」には「弁護士，公証，会計，資産評価などの事務所を発展，規範化させ，教育，科技，文化，衛生などの分野の民弁非企業単位を奨励し，行業協会，学会，商会などの社会団体の役割を発揮させ，基金会を発展，規範化させ，公益事業を促進させる」と記述され，制度上の民間組織がすべて網羅された．

　しかしながら，「制度の中に入る」ための基準は，依然として許可主義[15]の範囲に留まっていると言わざるを得ない．2000年より，眼科医，人大代表など164人が発起人となり，「中国愛眼協会」設立の申請許可を衛生部に求めていた．8度にわたる申請書の修正にもかかわらず，書類を受理したか否かの回答が得られないため，2005年2月，発起人の1人が行政の不作為を理由に同部を提訴した．これに対し，衛生部側は書類の不備や「行政復議（行政不服申し立て）」の期限切れを理由に答弁した．衛生部傘下には既存の官設社団が多数あるため，主管単位としての業務の増大や既存団体の利益を守ることが理由との憶測もあ

---

14) 以下，「第○期中央委員会第△回全体会議」を「○期△中全会」と略す．
15) 日本の公益法人制度も主務官庁の裁量で設立が許可される許可主義を採用し改革の焦点となっている．

るが，2006年12月の一審判決で原告側が敗訴した．

1990年代前半に出現した制度の枠に入れない，入らない草の根NGOはどのように生存・発展し，それに対し政府はどのように対応してきたのだろうか．以下で述べていく．

1．黙認から価値の利用へ

1993年，中国初の純民間環境団体といわれる「自然の友」が活動を開始した．この年，国家環境保護局[16]局長 曲格平（当時）が国連環境大賞を受賞した際の賞金を元に「中華環境保護基金会」が創設された．社団条例の規定では，業務内容が同様または似通った団体がある場合，同じ行政区に新団体を設立できない．自然の友は，翌1994年，会長 梁従誠が所属する社会団体「中国文化書院」の分院として登記した．一方，地球村の廖暁義は，96年に工商業行政管理局にて企業登記する道を選択した．同じ年，中央人民電視台の記者 汪永晨が招集人となり活動を開始した「緑家園」は，中華環境保護基金会に「掛靠」したのみで未登記のままである．

1995年，中華全国婦女連合会がホスト団体となり，国連第4回世界女性会議が北京で開かれた．同時に開催されたNGOフォーラムでは，1団体以上のNGOが分科会を主催することが必要条件となっていたため[17]，「北京紅楓女性心理諮問センター（略称：紅楓）」「農家女百事通（略称：農家女）」など当時，草の根活動を志向していた団体が表舞台に立った．また，環境ボランティアの身分で参加した廖暁義の自主制作フィルム「地球の女性」が好評を博し，後にフォード財団は4万元（約60万円）を，中国農業大学国際農村環境センターは事務所を廖に提供した[18]．同年，梁从誠が「日韓国際環境賞（毎日新聞，朝鮮日報主催）」を受賞し，1998年には訪中した米大統領クリントン（当時）が梁や廖らと会見するなど，社会主義国家中国の草の根NGOはその希少性により世界から注目され始めた．このような状況に対し，民政部門は「合情合理不合

---

16) 1998年に国務院直属（正部級）に格上げされ，現名称は「国家環境保護総局」である．

17) 劉伯紅，2000「中国婦女非政府組織的発展（中国女性非政府組織の発展）」『浙江学刊』2001年第4月号．

18)「廖暁義：地球的女児（廖暁義：地球の娘）」『北京日報』2000年3月7日．

法（実情に合い理に適い法に合わず）」として，「三不方針（接触せず，承認せず，取り締まらず）」による「黙認」の態度を取っていたという[19]．環境政策を担う国家環境保護局と草の根環境団体との関係は，必ずしも「三不」ではなく，団体側も設立当初から積極的に政府関係者を会議やイベントに積極的に招いている．廖暁義も地球村を設立する際，曲格平に相談をしたという[20]．

民間組織に対する周知と認知が急速に高まったのは，2000年以降である．本書では何度も言及しているように，この年，廖が環境のノーベル賞といわれる「ソフィー環境賞」を受賞し，8月，民間組織24団体とオリンピック招致委員会，国家環境保護総局（以下，環保総局と略す）が「エコオリンピック活動計画」の調印を行ない，梁や廖らが環境顧問に任命された．この頃より民間組織の価値を象徴するような外来語「NGO」や，その訳語である「非政府組織」が普及し始め[21]，人民日報は廖を紹介するコラムの中で「NGO」の文字を使用した[22]．翌2001年6月，民政部の機関紙『中国社会報』は「NGO視窓」欄を設置し，同年10月に発表された『中国農村貧困開発白書』には「非政府組織を引導する」ことが記され[23]，当時組織改革を進めていた有力官弁団体の中国扶貧基金会は「国際NGO扶貧シンポジウム」の名称で国際会議を開催した．このように，NGOの象徴的価値だけではなく実質的な価値の利用が国内外に向け広報され始め，一方で安定性を担保するかのように，民間組織主催の国際イベントに対する報道の管理や主催団体の合法性の確認などを規定した中央宣伝部弁公庁，民政部弁公庁「民間組織の宣伝報道の管理に対する通知」が9月に発布された．

---

19) 孫志祥，2001「"双重管理"体制下民間組織（二重管理体制下の民間組織）」『中国軟科学』2001年第7号，36-39ページより．
20) 2000年3月，北京地球村にて，廖暁義との面談による．
21) 清華大学NGO研究所（1998年設立当時は研究センター）は，当初「NGO」を含む名称に懐疑的な目を向けられていたという（1999年6月，センター主任［当時］王名談）．非政府組織はNGOの直訳語であるが，中国語で「非」は，「Non」「Not」だけではなく「間違った」「不信任の」「反」の意味を含むという（Ma 2006）．
22) 「廖暁義為地球母親而歌（母なる地球を謳歌する廖暁義）」（「人物春秋」コラム）」『人民日報』2000年6月17日．
23) 国務院新聞弁公室「『中国的農村扶貧開発』白皮書（中国の農村救貧開発白書）」2001年10月15日．

2．相互利益と協力

　環境草の根NGOの初期の活動は，国際社会の注目を集めつつあったとはいえ，その具体的な活動はチベットカモシカの保護（自然の友）や，居民委員会と共同で推進するゴミの分別処理（地球村）など，社会的な公正として受け入れやすい課題を中心に，広く訴え啓蒙していく活動がメインであった．この点について，環境保護分野は政治的な問題から距離があり，万人に関係する問題であったため，民間非営利活動の先駆けとなったと廖暁義は説明している[24]．

　2001年3月，緑家園，自然の友，地球村が，北京市内の河川工事に関する市民と政府との「対話会」を開催した．この頃より政府の意思決定に関係する課題に草の根環境活動がベクトルを向けるようになった．主催者側が当初「公聴会」と称していた[25]ことにも表れているように，同会議は草の根団体が政府と市民とのコミュニケーションの形成を通じて政策に影響を与えようとした最初の試みとなった．この会議の内容は参加した副市長の1人による「無組織の有組織活動（実質上組織的な魂胆が見え隠れする活動）」という批判によって，公になることはなかった[26]．その副市長は，いわば河川工事の当事者側の代表である．

　草の根環境NGOと「政府」との関係において，「政府」とは何を示すのだろうか．第1に，草の根NGOの法的生存環境をマクロ的に左右する民政部門，第2に同じ環境問題を担う潜在的な業務主管単位である環境部門，そして環境活動のターゲットとなる可能性のある政府部門である．第3の場合，環境行政部門とターゲットが同一となる場合もある．

　怒江保護アドボカシーは，怒江開発計画の審査会議でダム建設に反対し孤立奮戦する環保総局員の状況が緑家園 汪永晨の耳に入ったことが発端となった．一方，雲南での運動の中心となったNGO「大衆流域」の活動には，中国民主

---

[24]「中国NGO：我反対！（中国NGO：私は反対です！）」『中国新聞周刊』2004年7月5日.
[25] 汪永晨「緑家園支援者：公衆参与与走向制度化（緑家園支援者：公衆の参与が制度化に向かう）」『中国環境報』06年2月24日．民間組織側は主催する会議を「公聴会」と認識していたが，直前に公聴会は政府が開くものであると知り名称を変更した．
[26]「中国NGO：我反対！（中国NGO：私は反対です！）」『中国新聞周刊』04年7月5日.

同盟（以下，民盟と略す）の雲南省委員会のメンバーも多く参加し，副主任委員 戴抗は省政治協商会議で怒江開発について質疑し「雲南省地方政府内部に初めて出現した異議」と評された．全国政治協商会議では，林業局の高級工程師が，政協委員である梁従誡を通じて怒江ダム計画の停止を提言した[27]．

怒江保護活動は，このように民間組織が核となり，水平的な人間関係を中心としたネットワークを通じ，多様なアクターがセクターを超えて活動に参画し，アクター自身による2次行動を喚起しながら活動が有機的に発展した．2005年1月18日，国家環保総局は全国13省30件の違法建設プロジェクトの停止を宣告し，これに呼応し56の民間組織が連名で怒江保護活動の声援文を発表した．2005年1月3日付のニューヨークタイムズが「怒江ダム建設の棚上げ問題は工事再開を提言する開発推進派と，公聴会と更なる検討を要請する環境保護側の官僚間闘争が焦点……非常に稀なステップである公聴会は，経済発展に関与してきた政府部門が圧勝してきた後の大きな規制権力の獲得に，環境部門が乗り出していることの表れ」[28]と報じている．長い間，経済発展を先導する他部門から，経済発展を抑制する二級政府機関であるかのように軽んじられ威圧されてきた環保総局が，工事の停止を宣告した背景として，2005年末に通達される予定であった国務院「科学発展観を確固とし環境保護を強化することに関する決定」に向けて，党政幹部に対する人事考課への環境指標の導入がすでに試行されていたなど，環境政策は国家の最重要課題の1つとなりつつあったことが挙げられる．権限の執行を法規のみに頼る同局にとって，掩護射撃としての民間組織の潜在能力に対する期待が大きかったと思われる．

国家環保総局副局長の範岳[29]は，違法建設プロジェクト停止宣告後のインタビューで，「環境NGOは環境保護の重要な力であり社会的健康群体（社会的に健全な集団）である．NGOが制度に入るための条件を検討する」と言及し[30]，

---

27)「怒江：新一輪関注（怒江：新たな注目）」『情系怒江』（www.nujiang.ngo.cn/）参照2007年5月5日．
28) Yardley, Jim, "Chinese project pits environmentalists against development plans", *New York Times* 03 Jan, 2005, A-4.
29) 潘は，『中国青年報』副編集長，国家国有資産管理局副局長，国家質量技術監督局副局長，国務院経済体制改革弁公室副主任を歴任し，2003年3月に国家環保総局副局長に就任した．
30)「潘岳：中国無法支撑先発展後汚染（潘岳：発展の後に汚染が来ることに，中国は耐えられない）」『21世紀経済報道』2005年1月19日．

草の根NGOを「環境保護同盟軍」[31]の一員として制度の中に入れるための当面の策として，範が会長を務める，局主管の社会団体「中国環境文化促進会」の団体会員となることを奨励した[32]．この提案は，環保総局が間接的に草の根組織の業務主管単位となることを意味していた．

2005年4月には「大中華，大環境，大連合」を理念とする「中華環境保護連合会」が新たに設立され，理事には，林業部，水利部，建設部など環境関連官庁の現旧閣僚や企業，各界の著名人とともに，梁従誡，廖暁義，汪永晨，王燦発（政法大学公害汚染者救済センター代表）などの草の根NGOの代表も名を連ねた．

3．ニッチと協働

SARS（重症急性呼吸器症候群）の流行時に，NGO創成期に誕生した団体の元スタッフが発起人となった第2世代組織が，その機動性と専門性をバネに飛躍し，新たな社会問題に取り組んでいる．

世界女性フォーラムで注目された農家女の元スタッフ李涛らが創設した「北京協作者文化伝播センター（略称：協作者）」は，出稼ぎ者の特性を考慮した予防啓蒙活動で業務を開始した．2004年，国家安全生産監督管理局政策法規司，『中国安全生産報』，「香港Oxfam」との共同で「全国農民工職業安全と健康権益シンポジウム」を開催した．同団体は，政府部門，農民工，雇用事業主，学術研究者などの利害関係者を一堂に集めた会議の開催や，災害ボランティアネットワークの構築，ボランティアと農民工とのネットワーキングなどを展開し，そのファシリテーター[33]としての機動性，柔軟性に対して，関係行政部門が強

---

31) 「以高度的責任感使命感做好新時期環境宣教工作－環保総局副局長潘岳在部分省市宣教工作座談会上的講話（高度な責任感と使命感で，新しい時期の環境宣伝教育に取り組む：環境保護総局副局長潘岳が一部の自治体の宣伝教育座談会での講話）」04年7月26日，国家環保総局（www.zhb.gov.cn/）．参照2007年5月5日．

32) 「潘岳指示：加快健全公衆参与与環保機制（潘岳が指摘している：公衆の参与と環境保護のメカニズムの健全化を加速させよ」『光明日報』2004年12月9日．「中国環境文化促進会」は1992年に設立され，現会長は範岳．党政幹部による社団の要職の兼務は，特殊事情に限り，審査批准を受け，社団の定款に基づき登記管理機関で手続きすれば可能である（中弁発〔1998〕17号）．

33) 協作者の英文団体名は，Culture and Communication Center for Facilitators．ファシリテーターとは，組織のパワーを最大限に引き出し，高度な問題解決に導く専門職である（堀公俊，2004『ファシリテーション入門』日本経済新聞社）．

い関心をよせている.

一方，SARS患者や救護スタッフへの心理ケア活動を推進したソーシャルワーク組織「北京恵澤人コンサルティングサービスセンター（略称：恵澤人）」は，2003年4月，元紅楓の瞿雁らにより結成された．同年10月，北京市東城区司法局とともに，「コミュニティ矯正」[34]の試験プロジェクトに着手し，2004年より受刑者の受入れを開始した．中国にとって未開拓の分野を，司法行政改革の一環として政府が推進する背景には，プロジェクトの社会的意義だけではなく，人的，財政的資源の節減が大きな意味をもつ．上海司法局によれば，1年間に収容される受刑者の数は1982年の62万人から，2002年には154万人に増大し，2002年の監獄経費は144億元，1人年平均9300元に達している[35]．この事例は草の根NGOによる国家プロジェクトの試験的運営であり，民間組織のサービスを政府が購入する「購買服務」政策が草の根組織に適用される初めてのケースとなった．

元地球村スタッフの宋慶華らが結成した「燦雨石情報コンサルタントセンター（略称：社区参与行動）」は，2005年，浙江省寧波市海曙区と共同で「選聘分離体制下における街道と社区による参加型協働ガバナンス」事業を正式にスタートさせた．「選聘分離」とは，直接選挙で選ばれる社区居民委員会と社区工作弁公室（事務室）の人員登用の分離により，社区における自治の推進を図る体制である．宋は民政部社区建設アドバイザーチームの一員として，部からの要請分，自主活動分を合わせて1000名近い地方民政部門幹部，社区職員へのトレーニングを実施している．

3つの団体は，いずれも草の根第2世代の団体であり，中央行政部門との共催による全国規模のシンポジウム，国家のモデル事業の運営，他の行政区の政府との共同事業など，仮に社団や民非であれば，業務主管部門の許可を必要とする重大事業を実施しているという共通点をもつ．制度の枠の外に存在する誕

---

34) 「司法行政機関社会矯正事業暫行弁法」第2条によると，コミュニティ矯正とは，条件に適合する犯罪者をコミュニティに入れ，専門の国家機関が社会団体，民間組織，および社会支援者の協力のもと，その犯罪心理と行為悪習を矯正し，順調な社会復帰を促進する非監禁刑罰の執行活動である．
35) 上海司法局，2004「行政社会化問題之探討（上）（社会矯正問題の検討上）」『中国司法』2004年05巻，67-71ページより．

生間もない草の根団体がなぜ政府との協働を実現できたのだろうか.

3団体は，前記以外に，実験性が高く政府にとっても経験の蓄積のない課題に取り組み，いずれも「中国社会工作協会社会公益工作委員会」の団体会員であるという共通項をもつ．同委員会は，民政部所轄の全国性社団「中国社会工作協会」の専門委員会の1つとして2003年に新設された．俗に二級社団と呼ばれる下部組織であるものの，中国社会工作協会の名のもとに全国範囲で活動を展開することができる．「公益」は，業務内容の分野ではなく，その目的の性質に基づく概念であり，その範囲も広い．よって，地球村，自然の友，緑家園などの環境NGOも加入している．

団体会員の身分は，新たに出現した社会的課題に対して優位性をもつ草の根団体が，行政部門と協働するための前提として，民間組織としての合法性を間接的に保証するものである．これは環保NGOに対して「中国環境文化促進会」への加入を奨励するのと同じ方策であると思われる．

4．慈善活動インキュベーター（孵化器）

一方民政部は，草の根NGOに対する直接的な政策支援に着手し始めた．

2005年6月，世界銀行は扶貧弁公室および民政部とともに，同機関が全世界で展開する開発企画コンペティション事業「ディベロップメント・マーケット・プレイス」を中国で開始した．同年12月には，国務院扶貧弁公室，江西省扶貧弁公室が，1100万元の財政扶貧資金を投じ，江西省22の重点貧困村で実施するプロジェクトの公開入札を中国扶貧基金会に全権委託して行なうことを発表した．2つの事業に共通するのは，正規の民間組織として登録されていない企業登録の団体も申請が可能である点で，換言すれば，政府により正式な地位を与えられていない草の根NGOが，政府の主催する公募事業や競争入札に参入できる点である．

2004年秋，16期4中全会の中共中央「党の執政能力建設強化に関する決定」に「慈善事業」の文字が登場した．翌2005年の社会からの年間寄付総額は，29億2000万元に達し，中国の慈善事業は政府による全面推進段階に入ったと報告されている．この金額は同年の農村最低生活保障支出額25億1000万元，農村定期救済支出額26億8000万元を超えている[36]．

11・5計画には「社会による慈善，寄付，大衆間の互助など社会扶助活動を奨励し，ボランタリーなサービス活動を支持し，その制度化を実現する（第39章）」と記載されているが，その「提案」が5中全会で採択された直後，民政部は「中華慈善総会」とともに「中華慈善大会」を開催し，「中国慈善事業発展指導綱要（2006-2010）」を発表した．これに基づき，同部が地方民政部門に宛てた「慈善類民間組織の発展促進に関する通知（民函〔2005〕679号）」は，民政部門が社会福祉，社会救済分野の団体の業務主管単位を担うことを通知している．さらに，新設団体に対する事務所，資金，事業開発面の援助，また，法人として条件の整わない基層組織に対する備案（届け出）制度の整備や登録料・公告料の免除など新規参入者に対するインキュベーター（孵化器）的な支援を進めるという．

　民政事業全般の担当行政部門として，制度に準拠し，業務主管単位を一括して担うことにより登録要件の困難を解消する一方，民間組織管理部門としての経験に基づき，基層組織の備案制度などの規制緩和策を検討するなど，貧困削減・救済業務における資金，担い手不足の解消という実勢ニーズを最優先とする諸策が練られている．

5．「民間組織に属す」という規制

　2005年の民政事業の重点には，「慈善市場」の育成・拡大が掲げられた．その一方で，同じく重点業務の1つに挙げられたのが，中共中央弁公庁，国務院弁公庁「民弁社会科学研究機関の管理強化に関する意見（中弁発〔2004〕28号）」の省レベルにおける貫徹であり，同年末の業務総括では「民間社会科学研究機関の新しい管理体制を確立した」と報告されている．これは，2004年1月，中共中央「哲学社会科学分野のいっそうの繁栄発展に関する意見（中弁発〔2004〕3号）」で提示された「哲学社会科学のマクロ的，ミクロ的管理システムの構築を強化し，党委員会による健全で統一的な指導と，各部門の分業による管理体制を確立する」ことの行政部門レベルにおける実施であると考えられる．

36）民政部『2005年民政事業統計発展公報』．

民間のシンクタンクは 80 年代末からその萌芽が見られ，90 年代に入り研究者の「下海（ビジネスの世界に入る）」で続々と出現し，情勢の影響を受けながら盛衰を繰り返す[37]．今世紀に入ってからは 2001～2003 年の間に経済，社会，法律，憲政などの分野で数が増大した[38]．中弁発〔2004〕28 号の内容は非公表であるが，地方政府による法規・業務報告や報道記事などから次のような内容が確認できる．

1. 民弁社会科学類研究機関は，企業，事業単位，社会団体，その他社会の力と公民個人が非国有資産を利用し設立した哲学社会科学分野の研究活動に従事する非営利性社会組織として民非に属し，民政部門が登記管理部門，社会科学界連合会が業務主管単位を担う[39]．

2. 以後，工商行政管理部門は企業登録の査定に際し，哲学社会科学に関連する研究院，研究所，研究中心などの名称と哲学社会科学研究活動という生産経営範囲を許可しない[40]．

3. 北京市工商行政管理局宣武分局では 2004 年度の年度検査において，対象団体に対し新管理体制について説明と宣伝をした後，「民弁社科研究機関転換登記告知書」の発給，登記の抹消，経営範囲の縮小，登記名称の変更などの処置を行なった[41]．北京市レベルでは，2000 余りの民間の社会科学分野の研究機関に対し整理整頓を実施したと報告されている[42]．

本書でも紹介した北京天則経済研究所は「民弁科技企業」の身分を失った後，

---

37) 仲大軍, 2006「中国非政府研究機構（民間智庫）的発展状況（中国非政府研究機構（民間シンクタンク）の発展状況）」北京大軍経済観察研究中心網站（http://www.dajun.com.cn/）．参照 2007 年 5 月 5 日．
38) 賈西津, 2005『第三次革命：中国非営利部門戦略研究』清華大学出版社．
39) 「四川省民弁社科研究機構管理暫行弁法（四川省民間社会科学研究機構管理暫定方法）」第 2 条より．
40) 「四川省社科聯負責人就加強我省民弁社会科学研究機構管理問題答記者問題（四川省社会科学連合会責任者が我が省の民間社会科学研究機構の管理問題について記者の質問に答えて）」2006 年 6 月 5 日,『四川省社科聯』(www.scskl.cn/)．参照 2007 年 5 月 5 日．
41) 北京市工商行政管理局宣武分局「工作動態（事業報告）」05 年 4 月 15 日,（www.softway.com.cn/oppo_xwgs/home.asp）．参照 2007 年 5 月 5 日．
42) 「市工商局網上年検系統介紹（工商局オンライン年次検査系統紹介）」『首都之窓通迅』05 年 9 月号（www.beijing.gov.cn/）．参照 2007 年 5 月 5 日．

「中評網情報技術有限公司」へ事務管理を委託した[43]．呉敬璉，梁治平，江平らにより2002年に設立された旧「上海法律と経済研究所」は，再登記の際，上海社科聯が主管単位となることを承諾せず，「北京洪範東方コンサルタントサービスセンター」の名称で企業として再登記した．著名な人権弁護士 張星水と「孫志剛事件」にて全人大に違憲審査を求めた許志永，滕彪，兪江により2003年10月に設立された「北京陽光憲政社会科学研究センター（略称：陽光憲政センター）」は，「北京公盟コンサルタント有限責任公司（略称：公盟研究室）」の名称で活動を続けている．

前述の仲大軍（2006）はこれについて「谷底と退去の時期」と説明し，2005年9月6日付『星島日報』[44]は，「カラー革命」[45]や中国国内で多発する維権（権利擁護）運動が民間シンクタンクの生存環境に影響しているとコメントしたように，民間シンクタンクに対する締め付けが危惧された．

2006年に入り，新体制は直轄市，省レベルで正式な実施段階に入り，具体的な管理方法を記した「弁法（方法）」や「規定」が各地で制定された．工商登記（企業として登記）により称変更を選択した団体に対する報道規制が一部あると言われ[46]，社科連の許可がなければ民間組織として登録できないのも事実である．しかしながら，商業色の強い名称と業務内容に変更し営業税を払っても，寄付者や社会が周知すればこれまで通り活動が継続されているのも事実である．

ある組織が営利か非営利かという分別は，資本主義社会では，利益を構成員で分配するか否か，それに基づく税を払うか否かという組織自身の選択の問題である．締め付けに対する危惧の陰で見落としがちであるが，哲学社会科学に関する研究活動を「非営利」として規定したこの新規定は，計画経済における分業と分配の効率化を図るための業別管理を踏襲するもののように見受けられ

---

43) 天則経済研究所「関於天則経済研究所委託中評網管理的決議（天則経済研究所が中評ネットに管理を委託する決議）」2004年10月6日，（www.unirule.org.cn/）．参照2007年5月5日．
44) 「企業註冊加強官方互動民間智庫変招任夾縫求存（企業登記して政府と協働する民間シンクタンク，隙間で生存を追い求める）」『星島日報』2005年9月6日．
45) グルジアの「バラ革命」，ウクライナの「オレンジ革命」など旧ソ連邦諸国で起きた一連の民主革命．
46) 2006年11月19日，北京にて非営利組織研究者との面談による．

る．元来，中国における企業の名称は「地域名＋屋号＋業種＋会社形態」，民間組織は，「地域名＋業種＋形態」から構成され，どこで何をしている組織なのか一目瞭然であった．工商管理門の実務レベルでは，ここ数年，「○○中心（センター）」という名称の組織が急増し管理が煩雑になったという現場の声も聞かれる[47]．民間シンクタンクの生存環境の行方については今後の動向を待たざるを得ないが，総体的な発展において注目すべきは，「秩序」を付加する方策を通じ，中共中央によるマクロ的，ミクロ的管理の対象に工商登記の民間組織が組み込まれるほどに，旧来の業別管理を超え，マクロコントロールの目も届きにくい団体が増加しているという事実であろう．

第3節　規制緩和の行方

　民間組織の全方位支援へ向けて規制は緩和されているか．これまでの考察から，現行制度を担保する代行案を通じ，草の根NGOと関係行政部門との協働が開始されていることにまず緩和状況の一端を見いだせよう．これは，民間組織に対する実勢ニーズの発生により，潜在的な業務主管単位が，制度枠の際で方策を講じ，儀礼としての制度を実行しているものと考えられる．

1．制度の維持と脱却

　現行の民間非営利制度は，そのコーポラティズム[48]性とともに，早くから議論されており，Whiteほかは社団と主管部門との関係を「管理と協力」，行政区分ごとの設立数の制限を「利益表出のモノポリー化」と説明した[49]．石井は，社団と国家との関係について，国家コーポラティズムから社会コーポラティズ

---

47) 2004年11月12日，清華大学NGO研究所との面談による．
48) Schmitterは，コーポラティズムを「構成単位が，単一性，義務的加入，非競争性，階統的秩序，そして職能別の分化といった属性をもつ，一定数のカテゴリーに組織されており，国家によって（創設されるものでないとしても）許可され承認され，さらに自己の指導者の選出や要求や支持の表明に対する一定の統制を認めることと交換に，個々のカテゴリー内での協議相手としての独占的代表権を与えられる」システムと定義している（Schmitter, Philippe, 1974=1983, "Still the Century of Corporatism?", *Review of Politics* 36（1））．
49) White, Gordon, 1996, "Jude Howell and Xiaoyuan Shang", *Search of Civil Society－Market Reform and Social Changes in Contemporary China*, Oxford : Clarendon Press.

ムへの転換を指摘したうえで，Frolic（1997）が名づけた「政府に先導された市民社会」はコーポラティズムと同義語であると論じている[50]．同様に中国の現状から分析する康暁光（2000）は，多元主義よりもコーポラティズムを選択するほうが合理的かつ現実的であると言明し，その根拠として既存の政治協商体制における意思表出メカニズム（人民団体に見られる独占職能的な構造）のほかに，社会団体と民非に対する業務主管単位制度がすでに１つの制度的な保証となっている点を挙げている[51]．後の康の議論は新保守主義として物議を醸し出したが，民間非営利制度の枠外の草の根NGOを，環保総局や民政部が傘下の団体に統括させ裾野を広げさせていくような試みや，民政を担当する民政部が主管部門として慈善団体への積極的な支援を表明している現状からすると，民間組織の近未来的な発展に限っていえば，制度的な安定を確保しつつ，一方で急速に多元化する民意を集約する構造の１モデルとして，規制緩和による草の根NGOの制度化は合理性の高い仮説であろう．

　仮に前記のようなコーポラティズム的発展が近未来的に継続するとして，草の根NGOに対する主管単位的な業務は，官弁NGOにとって別の意味をもたらす．前述の中国社会工作協会公益工作委員会の団体会員は，許可を得れば委員会の名義で活動ができる．これは草の根NGOが間接的に社団の地位を得ることを意味するだけでなく，官弁団体側は未着手の新たな領域で組織の活動を拡大させることができることを意味する．民弁社科研究機関の業務主管部門を担うことになった社会科学界聯合会は，全国レベルでの統括部門をもたず，団体の意識も様々である．同団体の機能を現地の社会科学院が兼務する地域も多数ある中で，北京社科聯は，民間シンクタンクに対する管理強化を示す一方で，社会科学院と対峙する学術連合として競争力を高めることを目的に，民間の活力への期待を示している[52]．民政部がモデル地域で試行している「民間組織評

---

50) 石井知章，2001「中国における労使関係の展開－中華全国総工会を中心にして」『大原社会問題研究所雑誌』514号2001年９月号.
51) 康暁光，2000「権力的転移－1978－1998年中国権力格局的轉変（権力の転移：1978-1998中国権力構造の変遷）」『中国社会科学季刊（香港）』2000年夏季号.
52) 市委宣伝部副部長，市社科聯党組書記 宋貴倫「開好局，起好步，認真搞好北京市社科"十一"規格制定和実施工作（良いスタートを切ろう北京市社会科学「10・1」規格制定と実施事業の成果を目指して）」2006年３月２日，『北京社科規格』（http://www.bjpopss.gov.cn）．参照2007年５月

価システム」が正式に導入されると，社団と民非は第3者機関により組織構造，業務活動，資産財務管理，信用と影響力などの面から評価され，その結果によりランク付けされるという[53]．組織の存続をかけ，成果と効率を高めるために，社会の「活力」の取り込みが今後増大するものと考えられる．

　前節で述べたとおり，慈善・福祉分野の基層団体に対する民政部の積極的な支援策が検討されているが，広東省では，2005年12月，民間非営利制度打破の突破口と目される「広東省行業協会条例」が広東省人民代表大会常務委員会にて採択され，2006年3月に施行された．この条例により，業界団体は設立時に業務主管単位の許可を得る必要がなくなり，直接民政部門に申請することになった．公に広く意見を求め，激しい議論が交わされた「一行政区一分野一団体」の制限も削除された．その論点は，「一分野一団体」と「一分野多団体」の何れが，業界団体の発展により有効果という点であった．2006年2月に通達された「中共広東省委広東省人民政府関於発揮行業協会商会作用的決定（中国共産党広東省委員会・広東省人民政府による業界団体と商会の役割を発揮させるための決定）」は，代表の選出とスタッフの登用，事務管理における独立性，自発性，自己資金の5原則のほか，社会による監督と組織のアカウンタビリティの確保，第3者機関による評価メカニズムの構築など，自立した業界団体の発展促進と業務主管単位制を代替する安定性の確保のための指針が明確に示された．

2．「党建設」は目的かツールか

　既存のメカニズムを利用した構造的安定を維持しつつ民間を発展させる以外に，現行制度の維持は，国家と民間組織との関係に対し，どのような意味をもつのであろうか．

　16期4中全会以降，「両新（新経済組織，新社会組織）」に対する党建設工作が強化されている．強化の傾向や対象となる範囲の拡大は，経済・社会活動における新型組織の発展の趨勢，それらに対する制度的な規制緩和の逆指標また

　5日．
53)「民間組織評価弁法（検討稿）（民間組織評価方法検討案）」より．

はバーター的な指標とも捉えることができよう．党組織の実効性の向上，党員からの支持，大衆からの歓迎，オーナーの理解など，新型組織に対する新しいアプローチが必要であるといわれている．杭州市委党校連合調査チーム（2002）は，この点に関連し，民非の特徴として，1）学歴・文化水準が高く，独自の価値観をもつ構成員，2）財産権が独立しており政府との隷属関係がない，3）市場意識が強いなどの特徴を挙げつつ，党組織建設の基礎条件の改善のためには，一行政区一分野一団体の制限の撤廃や税制優遇など，公正な制度的環境を整備し，政府，党の配意を示すことによりアイデンティティの向上を図るべきなどの留意点を示している．さらに，資産・隷属関係のない民間組織と政府との関係において，基層党組織が紐帯の役割を果たすと提起している．その一方で，実際の実施に関しては，政府の職能の変化から徐々に所属地域（社区）への移行が望まれるものの，現段階では業務主管単位を中心に進める必要があると指摘している．

かつて，社団は党と民衆を結びつける紐帯，党の指令を伝達するルートとしての役割を付与されていた．現在，かつての紐帯を党に結びつける意欲を高めるため，民間非営利制度の見直しや党加入のメリットを示す必要性が論じられている．また，隷属関係のない新型組織と政府とを結びつける紐帯として党組織が期待される一方で，党建設の現状では，当面は業務主管単位制のルートに頼らざるを得ない．このような構造から浮かび上がってくるのは，結びつけるべき2つの対象と紐帯の3者関係の交錯である．

民間非営利組織制度の今後を決定する要因は，民間組織に対する実勢ニーズと構造的な安定性の確保にある．しかしながら，党建設における現行制度に対する正負の期待度も複雑に影響してくるものと思われる．

3．おわりに

草の根組織を含めた民間組織と政府との関係は，より実勢ニーズを重視し，競争と効率を基盤とした方向へ発展しつつある．10・5計画のキーワードは「社会の力を利用」する「社会化」であったが，11・5計画では「社会主義和諧社会」の実現を目指し「社会の活力の創造を最大限に励起」させ，人と人，人と社会，人と自然の間の矛盾を調整し，調和を導くことが重要課題とされて

いる．民間組織が有する「水平型ネットワーク」「双方向コミュニケーション」「既存の価値にとらわれない柔軟性」などの機能的特長[54]はこのような課題に対してこそ効力を発揮できると思われる．

　一方，民間組織と政府との協働の前提を問う事象が起こりつつある．浙江省温州市の海産養殖戸82名が，国家環保総局の下級行政部門に対する管理責任を問い行政不服申し立てを行なった．それに対する答弁をさらに不服として国家環保総局を提訴し，2006年6月，同局が敗訴した．また，2005年末より3度にわたり，北京の環境保護活動家が怒江開発に関する評価結果の撤回，関係単位による探査行為の停止と公聴会の開催を求め，無返答の場合は同局を提訴する意向を表明した．これまで国家環保総局と擁護の対象者や環境同盟軍との協働のベクトルは同一の第3者に向けられていたが，協働者は環保総局のアカウンタビリティを要求することを通じ，間接的に権利擁護の実現を求めてきている．一方，広東省では，政府の決定に業界団体が反抗する動きが出現している．2006年11月，広州文化娯楽業協会は，国家版権局が決定したカラオケ著作権使用料に対し，金額設定の根拠が不明瞭であることを理由に支払いの拒絶を表明した．同月，広州市が発布した電動自転車の市内乗入れ禁止令に抗議し，広東省自転車協会が9133人の署名を集め，交通政策に関する公正な公聴会の開催や条例の暫定的な停止などを求める意見書を信訪局に提出した．また，電動自転車を押収された市民により，人権弁護士や協会を後ろ盾とした行政訴訟も起きている．

　社会の調和はアクター相互のガバナンスが基本となる．これは，政府による公正なルールに基づく責任の開示ともに，民間組織側も責任あるアクターとして成長する必要性を意味する．

　Druckerは「非営利組織はミッションのため，社会と個人を変革するために存在する」と説明する[55]．中国の草の根組織の発展は，社会と政府に対し有効と優位を示し，認知を得，参加を促し，変えるプロセスであり，自らの生存空

---

54) 産業構造審議会NPO部会「中間とりまとめ『新しい公益』の実現に向けて」(2004年5月14日)．
55) Drucker, Peter F., 1990, *Managing the Nonprofit Organization*, New York : Harper-Collins Publishers．(＝1991, ピーター・F・ドラッカー著，上田惇生・田代正美訳『非営利組織の経営－原理と実践』ダイヤモンド社）

間を創出するプロセスであった．一方，民間非営利組織としての本質的な存在意義ゆえに，官弁NGOは自己変革の必要性に直面している．「社会の活力創造」に対し有効性を示す力量が，アクター間の今後の関係を決定づけるであろう．

引用文献

中国語の論文と書籍

国務院新聞弁公室，2001「『中国的農村扶貧開発』白皮書（中国農村救貧開発白書）」．

康曉光，2000「権力的転移－1978－1998年中国権力格局的轉変（権力の転移：1978-1998年中国権力構造の変遷）」『中国社会科学季刊（香港）』2000年夏季号：45-62．

賈西津，2005『第三次革命：中国非営利部門戦略研究』清華大学出版社．

杭州市委党校・杭州市委員会組織部・杭州市民政局連合調査組，2002「民弁非企業単位党建工作研究報告（民弁非企業単位党組織建設活動研究報告）」『中共杭州市委党校学報』2002年第6号：60-65．

劉伯紅，2000「中国婦女非政府組織的発展（中国女性非政府組織の発展）」『浙江学刊』2001年第4号：109-114．

上海司法局，2004「行政社会化（社会矯正）問題之探討（上）（社会矯正問題の検討上）」『中国司法』2004年5号：67-71．

孫志祥，2001「"双重管理"体制下民間組織（二重管理体制下の民間組織）」『中国軟科学』2001年第7号：36-39．

仲大軍，2006「中国非政府研究機構（民間智庫）的発展状況（中国非政府研究機構（民間シンクタンク）の発展状況）」『北京大軍経済観察研究中心網站』（http://www.dajun.com.cn/）．

日本語の論文と書籍

石井知章，2001「中国における労使関係の展開－中華全国総工会を中心にして」『大原社会問題研究所雑誌』514号2001年9月号：23-49．

岡室美恵子，2001「社会主義市場経済と社会団体の発展－中国非営利セクターの統計的考察」日本NPO学会『ノンプロフィット・レビュー』第1巻第1号：65-77．

王名・李妍焱・岡室美恵子，2002『中国のNPO：いま，社会改革の扉が開く』第一書林．

小嶋華津子・辻中豊，2004「「社団」から見た中国の政治社会 – 中国「社団」調査 (2001-02)」日本比較政治学会編『比較のなかの中国政治』早稲田大学出版部.
堀公俊，2004『ファシリテーション入門』日本経済新聞社.
Drucker, Peter F., 1990, *Managing the Nonprofit Organization*, New York : Harper-Collins Publishers. (＝1991，ピーター・F・ドラッカー著，上田惇生・田代正美訳『非営利組織の経営 – 原理と実践』ダイヤモンド社).

英語の論文と書籍

Ma, Qiuxia, 2006, *Non-Governmental Organizations in Contemporary China*, New York : Routledge.
Schmitter, Philippe, 1974＝1983,"Still the Century of Corporatism?", *Review of Politics* 36 (1) : 85-131.
White, Gordon, Jude Howell and Xiaoyuan Shang, 1996, *Search of Civil Society-Market Reform and Social Changes in Contemporary China*, Oxford: Clarendon Press.
Frolic, B. Michael, 1997, "State-led Civil Society", Brook, Timothy and B. Michael Frolic (ed.) *Civil Society in China*, New York: An East Gate Book.

第11章

草の根NGOと企業
―企業によるCSR,そして社会的企業への注目

李妍焱・朱恵文[1]

第1節 中国における企業の社会責任(CSR)の展開

1．中国における「企業市民」の理念の提唱

　2001年11月,中国が念願のWTO加盟を果たしたことを皮切りに,中国本土の企業が世界進出を意識するようになった．その1つの表れとして,2002年に開催された「中国企業リーダー年次大会」において,中国の企業家代表たちが初めて「企業家の責任と社会環境」をテーマに討論会を開き,「企業の社会的責任(Corporate Social Responsibility：略称CSR)」「企業市民」について議論が交わされた．

　そこで強調されたのは,企業家の社会的責任と,企業の社会的責任との違いであった．「企業家の社会的責任」は,企業リーダー個人によるものであるため,偶発生,随意性が指摘されるのに対して,企業の社会的責任は,制度化された価値観を示したものだという理解が共有された．同時に,「企業市民」の含意についても,「株主や従業員,クライアントに対して責任を負うと同時に,持続可能な発展を目指し,環境を破壊せず,コミュニティおよびより広域的な地域にサービスを提供し,非商業的次元における社会貢献を重んじる」[2]という定義が明確にされた．

---

[1] 本章第1節と第2節の第1項は李妍焱,第2節第2項は主に朱恵文の執筆によるが,全体の構成と文章の再考は李による．
[2] http://cssd.acca21.org.cn/2004/hot08.html (2007年10月30日参照)．

中国で企業市民の理念を提唱した先駆的なメディアとして，『21世紀経済報道』と『21世紀商業評論』雑誌社が挙げられる．この雑誌社によって2003年8月に開催された「企業市民ラウンドテーブル」や，2004年12月に開催された「最も優れた企業市民コンテスト」は，すべて中国初であった．これらのイベントの目的は，「良い企業の基準を改めて考えてもらう」ことであり，企業市民の基本的な理念を伝えることによって，企業と一般の人々の注目と思考を促進することであった．同時に，コンテストを通して具体的なケーススタディを行ない，中国の実情に合った実践の道を探ることもねらいの1つとされていた[3]．「最も優れた企業市民コンテストは」その後も毎年継続的に開催されており，フォードやキヤノン，ノキア，モトローラ，本田，コカ・コーラ，マイクロソフト，ソニーなど外資系企業の受賞が目立ったが，中国移動通信，万科グループ，内モンゴル伊利グループ，平安グループなどの中国本土の大企業も受賞している．

　国家民政部の支持を背景に企業市民の推進を早い段階から始めた組織として，「中国企業市民委員会」が挙げられる．この委員会は全国ソーシャルワーク協会に所属する非営利組織という位置づけで，2003年10月に設立された．「企業市民の理念を提唱し，中国企業の社会的責任感を育て，現代中国企業の優れたイメージを樹立させ，企業と政府，企業と社会，企業同士の間で互恵的な関係を築いていく」[4]という趣旨を掲げたこの委員会は，いくつもの著名な外資系企業，国営，民営企業を会員に擁している．委員会はさらに，この分野に関心を寄せた記者を組織して「企業市民ジャーナリスト連盟」を設立し，大学生ボランティアを組織して「企業市民ボランティア連盟」を設立し，有識者によって構成させる「専門家委員会」を立ち上げるなど，企業市民の理念と実践の普及に必要な人材資源を積極的に確保しようとしている．

　2006年は，中国の「企業市民元年」とされる．この指摘は，中国商務部に所

---

3) http://business.sohu.com/20041201/n223272495.shtml，2007年10月30日参照．コンテストでは，以下の6つの基準で審査が行なわれている．「会社のガバナンスと道徳的価値観」「従業員の権益擁護」「環境保護」「社会公益事業」「地域とのパートナーシップ」「消費者の権益擁護」である（http://finance.sina.com.cn/hy/20061201/17133128092.shtml)，2007年10月30日参照．

4) http://www.c-c-c-c.org.cn/abstract.asp，2007年10月30日参照．

属する雑誌「WTO経済導刊（China WTO Tribune)」によって行なわれ，その理由として以下の2点が挙げられている．第1は，すでに行なわれてきた様々な企業市民に関するイベントや研究／実践であり，第2は，企業市民の制度化が実現されたことである．2006年に施行された「新会社法」では，会社の義務として「社会的責任を果たす」ことが規定されたと同時に，党大会においても，個人と企業を問わずに社会的責任を果たすことの重要性が強調された[5]．この2つの出来事は，企業の社会的責任に関する制度化の象徴とされている．

国際的に競争力を高めていこうとする中国企業にとって，今後CSRへの取り組みがますます求められるようになる．2001年から国際標準化機構（ISO）が本格的に企業のCSRに関する国際規格作りをはじめ，2004年に規格化が正式に決定された．それまでの議論において，「第三者認証用規格ではなくガイダンス（指針）文書という形式にすること，ガイダンス文書作成プロセスには，消費者団体や労働組合，NGOなどの利害関係者も参画することなど，規格の方向性が決められた」という[6]．その後，2005年に規格番号がISO26000と決定され，それまでの議論や決定事項などに基づいた設計仕様書が採択された．ISO26000社会的責任ガイダンス文書が国際規格として発行されるのは，2009年春の予定である．中国企業がこの国際規格に合わせてCSRを進めていくならば，必然的にNGOの参画を得る努力をしていかなければならない．それはNGOに新たな資源と機会をもたらすと考えられる．

2．企業とNGOとの連携のあり方

企業のCSRの重要な一環として，NGO／NPOとのパートナーシップが挙げられる．日本の特定非営利活動法人（NPO法人）パートナーシップ・サポートセンターが編集した『NPOからみたCSR』では，野村総合研究所がまとめた企業の戦略的CSRの基本的フレームを引用し，NGO／NPOとのパートナーシップが企業のCSRにおいてどのように位置づけられるのかを明らかにした．それによれば，CSRは「守りの倫理」と「攻めの倫理」の2つに分類できると

---

5) http://bj.house.sina.com.cn/live/2006-12-22/1759166856.html．2008年1月11日参照．
6) http://asia.bsi-global.com/Japan+Sustainability/csrtrend.xalter．2008年1月11日参照．

いう．「守りの倫理」は企業倫理と言い換えることもでき，法令遵守や自己規制，社会責任活動がそれに基づいている．「攻めの倫理」に基づく活動は，1つは企業本来の事業活動を通じた社会革新，もう1つは慈善的な，投資的な社会貢献活動である[7]．守りの倫理によるCSR活動のみではもはや不十分であり，攻めの倫理の重要性が強調されている．

　攻めの倫理に基づいた活動において，不可欠なのがNGO／NPOとの関わりである．慈善的，投資的な社会貢献活動を遂行する場合，その分野を熟知したNGO／NPOをパートナーとして迎えられれば，活動の効率と効果の向上が期待できるのは想像しやすい．それだけではなく，企業本来の事業活動を通じた社会革新の場合でも，単に企業内部で行なうよりも，NGO／NPOによる「外部の視点」を取り入れたほうが，新しい発想とアイデアを生み出しやすいと思われる．例えば，前記のパートナーシップ・サポートセンターが主催した「パートナーシップ大賞」に受賞した事例には，歯医者が子育てNPOと連携することによって，隣室に託児所を作り，子どもの歯医者嫌いを直し，将来の顧客確保に努めるという新たなアイデアが生まれたケースや，医療機関が外国人支援のNPOと協働することによって，外国人労働者の健康問題に取り組むことができるようになったケースなどが含まれている[8]．NGO／NPOとパートナーシップを組んだからこそ，本業の事業にも新たな展開が可能となったのである．

　この点についてさらに詳細に分析したのが，横山恵子『企業の社会戦略とNPO』である．横山は，NPOとのパートナーシップによってもたらされる社会的意義を見るだけでは，企業側から見たパートナーシップのメリットや目的が明確化しにくいと指摘し，「企業側から見たパートナーシップ」の類型を示している．まず「企業の収益事業における関係構築」として，「対立関係からの脱却」「取引関係」「協力関係」の3つが挙げられ，次に「企業の収益事業外における関係構築」として，「既存NPOとの協力関係」「NPOを新設する」が挙げられている[9]．それぞれの特徴を下表のようにまとめることができる．

---

7) パートナーシップ・サポートセンター／岸田眞代編，2005，『NPOからみたCSR－協働へのチャレンジケーススタディⅡ』同文舘出版，16-17ページより．
8) 同上，122ページより．
9) 横山恵子，2003『企業の社会戦略とNPO－社会的価値創造に向けての協働型パートナーシップ』白桃書房，66-76ページより．

表11.1　企業側から見たNGO／NPOとの関係構築

企業の収益事業	対立関係からの脱却	企業による公害問題や環境汚染に対して，NGO／NPOが反対運動を展開したことによって，企業が自らの事業活動を見直し，誤りを認め，再出発するケース．
	取引関係	金融機関や企業がNGO／NPOを投資価値のある顧客として見なし，ビジネス・ベースでの関係を構築するケース．
	協力関係	社員教育プログラムをNPOに委託する，環境報告書作成に環境NPOの協力を有償で求めるなどのケース．
		従来の事業の延長上で，NPOと協力することによって新たに社会的収益事業を開発するケース．
企業の収益事業外	既存NPOとの協力関係	NPOを支援する「支援型」，活動を共催する「協働型」，複数の企業とNPOがネットワークを組む「ネットワーク型」が挙げられる．
	NPOを新設する	企業や企業を含む複数の団体がNPOを新たに設立するケース．業界団体がNPOを設立する場合もある．

　企業のCSRにとってNPO／NGOの重要性は，企業のパートナーという立場に留まらない．企業を監督し，社会一般に企業のCSRの成果および問題点を知らしめていくのも，NPO／NGOの役割である．日本では大企業を中心に，すでに多くの企業がCSR報告書を毎年作成し，企業のウェブサイトでも公表している．パナソニック，NTTコミュニケーションズ，東京ガス，JALなど有名企業による社会貢献活動報告書がよく知られている．それらの報告書に対して，必ず「第3者意見」がウェブサイトで公表されている．「第3者」とは，学識経験者だけではなく，NPO／NGOの実践者も含まれている．特に専門性の高い団体による第3者意見が顕著である．例えば，パナソニックのCSR報告書である「社会・環境報告書」に対して，スウェーデンの小児ガン医の提唱で設立された財団法人「ナチュラル・ステップ」が第3者意見を出している．この財団法人は現在世界的に広がりを見せている環境教育団体であり，その特徴の1つとして，「企業の環境対策を単なる社会的責任として捉えるのではなく，経営戦略・市場戦略の一環としても位置づけ，企業の競争優位を確立するための環境対策プログラムのコンサルティングを実施している点」が挙げられている[10]．東京ガスのCSR報告書に対しては，日本女子大の専門家以外に，特定非

営利活動法人「人と組織と地球のための国際研究所」の代表も第3者意見を出している．さらに株式会社トーマツ食品品質研究所では，「第3者意見」ではなく，より厳しい「第3者審査」という制度を環境報告書に対して導入しており，中間法人である日本環境情報審査協会に審査を依頼している[11]．以上の例からもわかるように，NGO／NPOは，その専門性を生かして，企業のCSRの評価者としてもその役割が期待されている．

3．中国における「企業市民」が草の根NGOにもたらすもの
（1）外資系企業のCSR

企業CSRの一環とされる社会貢献は，中国においてはどのような形で具体的に実践されているのであろうか．

まず中国市場に進出している海外企業の場合を見てみよう．ナチュラル・ステップがパナソニックに対して出した第3者意見において，次の一節があった[12]．

　　中国の人々の生活水準を上げるための経済発展は，持続可能な社会の制約条件の中で行なわれる必要がある．それは，壮大なチャレンジである．そして，中国で事業を行なう企業は，社会のステークホルダーの1つとして積極的にその責任を負う必要がある．

　　松下電器（現パナソニック）は2つの分野でさらに進歩することができる．1つは，既存の内部監査を活かしたサプライヤーの労働環境監査であり，もう1つは，中国がエネルギー効率を大幅に高め，温室効果ガスの排出量を減らし，再生可能なエネルギーを開発するための取り組みへの支援である．これらの分野において中国はスタートラインに立ったばかりであるため，松下電器がこれらの分野で活動すれば，画期的な成果が得られる可能性は日本での可能性よりも高いだろう．

中国はグローバル企業にとって，CSRの分野でも優先度の高い地域の1つである．日本企業よりも早くスタートし，中国社会で着実に影響力を発揮しているのは，欧米の外資系企業によるCSR活動である．2004年から欧米系の外資企

---

10) http://www.tnsij.org/about/index.html，2008年1月11日参照．
11) http://www.teri-o.tohmatsu.co.jp/service_ems_view.html　2008年1月11日参照．
12) http://panasonic.co.jp/csr/opinion/index.html，2008年1月11日参照．

業を中心に，中国におけるCSR報告書が出されるようになり，「WTO経済導刊」がそれらの報告書について報道している。フォード，マクドナルド，ウォルマート，GAP，NIKE，スターバックス，MOTOROLAなどの米国企業を中心に，イギリスのMarks & Spencer, Boots, ドイツのADIDAS, オーストラリアのWoolworthsによる報告書が並ぶ中，日本企業はNEC一社に留まった[13]。

富士通総研経済研究所の金堅敏は中国における外資系企業のCSRを調査し，欧米企業によるCSRの特徴を次のように指摘している[14]。1．グローバル化と現地化をミックスした活動（本社の成功経験を現住すると同時に，中国の実情に合った活動を行なっている）．2．横並びは見られず，それぞれ独自性のある活動を行なっている．3．寄付よりもボランティア活動を推奨し，顔の見える「参加型」の活動に熱心である．4．中国の政策に合致した活動を心がけ，特に技術伝播とイノベーションに力を入れている．5．単にCSRの成績を宣伝するのではなく，自社経験の共有化を図っていくことによって，「顔の見える宣伝」を行なっている．それに比べると，日本企業は依然としてCSRを単なる企業宣伝のツールとして捉える傾向が強く，植林活動や学校に行けない子どもたちの支援など無難な分野で横並び的に活動を展開しており，活動のスタイルも金銭による慈善的な寄付が多い．加えて情報公開と活動の透明性を重要視せず，活字で活動をまとめることがあっても，生の声で社会と経験を共有していこうとするPRをほとんどしていない[15]。その結果，ニーズにあったCSRにはほど遠く，投入している金額の割には社会的認知度も低い．

中国日本商会が2005年7月から11月にかけて，法人会員の559社を対象にCSRに関するアンケート調査を実施し，74社から回答を得た．回収率の低さ自体が，すでに日本企業のCSRへの意欲の低さを反映しているのかもしれない．その結果を見てみると，中国でのCSR287件のうち，実に109件は北京で行なわれており，上海41件，大連約23件，広州約17件と，ほとんど大都市に集中していることがわかる．活動分野も教育や環境，福祉といったオーソドックスな分

---

13) http://www.csr-china.org/Html/csrzl/, 2008年1月11日参照．むろん，中国でCSR活動を展開している日本企業は，NEC一社ではない．それに関しては後述する．
14) http://cpj-cpjac.jp/ronden/jinjianmin/jinjianmin4.pdf, 2008年1月11日参照．
15) 同上．

野に集中しており，個性的な取り組みが少ない．活動のスタイルは，寄付や協賛が中心であり，参加型は植林活動や清掃・ゴミ拾い，学生との交流など数少ないものしかない[16]．この調査結果は，前述の金の議論を裏付ける格好となっている．

ほかにも日本企業のCSRの問題点として，見落とされがちなのは「言葉の壁」である．欧米企業の場合は，英語を使えばそのまま中国側とコミュニケーションを図ることができる．CSRを担当する専門のスタッフが直接中国で活動をしていくことが可能である．それは，中国側に英語が話せる人材が豊富にいるからである．しかし，日本企業の場合は，日本語ができる中国人スタッフが少ないため，CSR担当の専門スタッフにすることはできない．母国語ではない中国語もしくは英語で中国側とコミュニケーションを取っていかなければならない．日本企業のCSR担当者にとっては，言葉の壁がまず障害として立ちはだかる．

さらに，日本企業のCSRの問題点として提起しなければならないのは，「ビジネス界全体としての取り組みがない」ことである．ドイツ対外貿易小売業協会は業界統一のCSR基準を設けており，具体的な実施プロセスについても規定している[17]．海外において個別の企業がCSRを独自に展開するよりも，業界としてCSRに取り組んだほうが，コストパフォーマンスの点で有利なだけではなく，影響力も大きくなる．業界全体としての取り組みの未熟さは，日本本土における企業のCSRの未熟さを露呈しているかもしれない．

本書の第5章や第9章で詳しく論じてきたように，グローバル企業を含む海外組織からの資源は，中国の草の根NGOにとってとりわけ重要である．草の根NGOの成長に伴って，今後は支援型だけではなく，企業のパートナーとして幅広いNGOがCSRに関わる日もそう遠くはないであろう．実際，企業や社会団体などが協力してNGOを新設するという新たな関係構築がすでに始まっている．2006年10月，マッキンゼー，デロイト＆トーシュ，オギルビー＆マザ

---

16) http://www.cjcci.biz/public_html/topics/060308_b1.pdfおよびhttp://www.cjcci.biz/public_html/topics/060308_b2.pdf．2008年1月11日参照．

17) http://www.csr-china.org/Html/csrzl/0662142647561207420944085770982.html．2008年1月11日参照．

一,君合弁護士事務所,MOTOROLA,ノバルティス,永豊余グループ,中国青少年発展基金会,中国貧困扶助基金会などが共同発起組織および理事会メンバーとなり,NPP (Non-profit Partners Foundation) と名づけられたNGOが設立された.そのマネジング・ディレクターはプリンストン大学で電気機械学学士,ハーバード・ビジネススクールでMBAを取得している陳宇廷であり,リスク投資の考え方を非営利分野に導入し,運営管理サポートセンターとしてNPPを機能させたいというのが,陳の考え方である.草の根の公益組織をサービスの対象として位置づけ,無償で専門的なサポートを提供していこうとするNPPに,発起組織となった企業が財力と専門性を生かして支えている.既存草の根NGOと企業とのパートナーシップの事例も見られるようになった.2006年に成立した上海浦東非営利発展組織センターのNPI (Non-profit Incubator) は,中小の草の根NGOと社会的企業の支援を活動目的とするNGOであり,2007年はMOTOROLAの従業員ボランティア協会と協働事業を行ない,聯想グループ(レノボ)などの企業にCSRの実践に関するコンサルティングも実施した[18].

(2) 中国本土の企業の取り組み-非公募基金会の可能性

中国本土の企業による取り組みも活発の一途を辿っている.2005年9月,「WTO経済導刊」雑誌社とCSR EUROPE,中国国際経済技術交流センター,中国労働関係学院,北京大学中国経済とWTO研究所の共同主催により,北京で「中国-ヨーロッパCSR国際シンポジウム」が開催され,中国企業のCSRをいかに推進していくべきかに関する白熱した討論が行なわれた後,「中国企業の社会責任構築北京宣言」が発表された.「宣言」では,企業と社会との調和的な発展を実現するために,中国企業は積極的に自らの社会責任を実践し,責任に基づいた競争力を高めていき,専門性を環境問題や社会問題の解決に活かしていき,社会との共生共栄を追求していると述べている.この宣言が掲げたCSR活動は中国国内に限らず,EUにおいて中国企業のイメージアップを図ることをも視野に入れている[19].

中国本土において,草の根NGOにとって特に影響が大きいと思われる企業

---

18) http://www.npi.org.cn/sort_003.asp, 2008年1月11日参照.
19) http://news.sina.com.cn/o/2005-09-07/14346885395s.shtml, 2008年1月11日参照.

の取り組みとして,「企業による基金会の設立」が注目に値する.2005年6月,中国初の非公募型民間基金会「香江社会救助基金会」が,家具や建築材料,内装材料,不動産開発を手がける国内の大手企業「香江グループ」の出資により設立された.1990年に創業された香江グループは1992年から貧困地域で小学校,図書室を建設する活動や奨学金を提供する活動を行なってきたが,2004年に基金会管理条例の成立により,非公募型基金会の設立が可能となった.香江グループがすぐに5000万元(約7億5000万円)を出資し基金会の登記を行なった.その後教育と救貧分野のみならず,雇用増進や災害救助,孤児・病児の援助など活動の幅が広がり,合計4億元(約60億円)が公益活動に用いられてきた.2007年,基金会は「5つの1000」プロジェクトを発足させた.「1000ヵ所の図書室を建設し,1000人の孤児を援助し,1000世帯の貧困家庭を支援し,1000人の貧困学生に奨学金を交付し,1000人のボランティアを募集する」ことが目標とされた[20].このような成功した企業によって設立された基金会は,それ自身が草の根NGOとして実効性の高い活動を進められるだけではなく,活動を展開していく中で,関連分野のNGOとの協力関係の構築や,ボランティア活動の活発化への貢献も期待されよう.

2006年末まで,中国では1144の基金会が設立されたが,うち非公募型の草の根基金会は349に達しており,ほぼ3分の1を占める.「公募型基金会」は社会一般に募金を広く求めることが許されるのに対して,非公募型基金会の場合は企業もしくは個人の資産家によって設立され,公開募金が許されない.その特徴と可能性について,国家民間組織管理局局長 孫偉林は次のように述べている[21].

　　まず,資金を出すほうが安心できるということ.自分たちで基金会を作って直接運営すれば,一円一円がどんなところに使われているのか,どのように使われているのかすべてが明確です.ほかの基金会に寄付するよりも自分たちで直接やったほうが安心できるということです.第2に,やることが自由ということ.つまり,活動の分野の選択肢が自由ということです.孤児の支援でもよし,障害者

---

20) http://www.hkf.org.cn/hkf/jjhjs/jjhjj/7366.html, 2008年1月11日参照.
21) http://218.249.33.14/ngo/article/show.asp？id=975, 2008年1月11日参照.

の支援でもよし，選択はすべて自由にできるわけです．ほかの基金会に寄付すれば，決まったプロジェクトしか実施されません．多くの企業もしくは企業家が，自分たちで基金会を作りたいと思うのは，おそらくやりたいことが自由にできるからでしょう．……第3に，持続性があるということ．社会的弱者を対象にした活動は，1回では問題が解決しないのがほとんどです．非公募型の基金会なら，継続的に取り組んでいくことができます．継続していけば，出資している企業と企業家にとってもイメージアップにつながり，一石二鳥となります．

確かに香江社会救助基金会の例を考えれば，以上の3点はいずれも的を射た意見だといえる．しかし，中には自分たちで直接事業を運営するのではなく，コンペティションの方式でNGO／NPOを募集し，プロジェクトの運営を任せる「助成型」の非公募型基金会もある．「南都公益基金会」の3億元公開コンペティションの例を見てみよう．

南都公益基金会（Narada Foundation）は，電源や電池の生産を行なう企業などによって構成された上海南都グループが1億元（約15億円）を出資し，2007年5月に設立した非公募型基金会である．前述の上海浦東非営利組織発展センターのNPIも，この基金会の出資を受けて活動している．基金会は農民工の子弟に良質な教育を提供することを目標に，2007年より3年から5年の間に約3億元を投入し，100ヵ所の学校（「新公民学校」と命名）を建設プロジェクトを進めている．平均1ヵ所に起動資金として150万元から200万元が投入される予定となっており，学校の運営はコンペティションで選ばれたNGO／NPOに任される．コンペティションは，標準化された4つの段階によって公平／公開に行なわれる．新公民学校の開設については，すでに北京や広東省，広西省などで政府の教育部門と合意が得られており，北京市朝陽区の2つの私営の農民工子弟学校が，非営利の「新公民学校」として転換を果たしている[22]．有名な「希望工程（希望プロジェクト）」を実施した中国青少年基金会の副理事長はこの計画を，「希望工程のバージョンアップ版」と呼んでいる[23]．

---

22) http://www.nandufoundation.org/sys/html/lm_9/2007-07-13/140839.htm, 2008年1月11日参照．
23) http://www.sclf.org/gygj/200707/t20070717_5033_5.htm, 2008年1月11日参照．

直接の資金提供のみならず，ほかにもこの基金会は学生社団による公益活動のコンテストを主催しており，ネット投票には32万人以上が参加したという[24]．公益活動とNGOへの注目を引き寄せる優れた取り組みだったといえる．

　非公募型基金会の展開は今後を待たなければならないが，草の根NGOと公益事業への貢献が期待される一方で，他方ではいくつかの問題点も指摘されている[25]．1つは，創設した企業への依存度が高く，自立しにくいことである．例えば2007年7月，「公益時報」が北京光華慈善基金会を取材し報道した際に，独立したNGOであるにもかかわらずその財源の99％は光華グループに頼っている現状に言及し，オフィスもスタッフの給料も企業からもらい，独立した財務，人事部門ももっていないことを指摘している．もう1つは，専従スタッフや専門性の高い人材が少ないため，独自にプロジェクトを進めることができない点である．しかしこれについては，ほかのNGOとの協力関係が生まれやすいという意味では，むしろ可能性として捉えることもできよう．

第2節　社会的起業家と社会的企業への注目：GLIの活動を中心に

　第1節では，企業のCSRという視点から，企業と草の根NGOとの関連性について考察してきたが，本節では中国で見られた最新の動き，「社会的起業家」への注目と「社会的企業」への取り組みについて紹介しよう．

1．社会的起業家および社会的企業の概念

　社会的起業家という概念はもともと，欧米で生まれたものである．その背景に，旧来の社会福祉システムが成り立つ条件がなくなり，社会福祉の質を保証するために，新しい，有効な福祉システムが必要となったことが挙げられる．社会的起業は，自立型の福祉システムを構築していく存在，停滞した社会を活性化する存在として注目され，広がっていった．医療，福祉，教育，環境など

---

24) 同注22．
25) 同注23．

の分野で，ベンチャー精神と独創性でもってビジネスを興し，コミュニティの資源を活かし，創造的なビジネスの手法でこれらの分野におけるニーズを満たし，問題を解決していく創業者が，「社会的起業家」と呼ばれる．そして社会的起業家が進めるビジネス組織が「社会的企業」であると，やや乱暴にまとめればこのようにいえる．

だが，EUの中でも社会的企業に関する理解が統一されているわけではないと，藤井敦史が指摘している．中村陽一，藤井敦史ら4名が科学研究費補助金のプロジェクトとして，イギリスとイタリアの社会的企業を調査した．その調査結果報告書において藤井は，英国の社会的企業は，社会的起業家の資質や能力，ビジネスの独自性と組織の個性を強調する理解と，協同組合の色彩が強い互助組織としての理解の2つの流れが存在すると述べている[26]．しかし実際の組織の多様性はさておき，ブレア政権下においては社会的企業に対する積極的な促進政策が打ち出され，社会的企業を主たる対象に新しい法人格CIC（Community Interest Company）が設けられた．

中国で社会的起業家と社会的企業の考え方を最初に提唱し，かつ普及させていくための実践に取り組んだのは，本書第5章にも登場したGLI（グローバル・リンクス・イニシアティブ）である．GLIが唱える社会的企業は，藤井がまとめた2つの理解の前者に近い．協同組合を意味する後者に比べると，起業家精神とビジネス的な発想，資源獲得の独創性を強調する前者の理解のほうが，中国では受け入れられやすいと考えられる．

2．社会的起業家と社会的企業の理念と手法を中国で提唱するGLIの活動

グローバル・リンクス・イニシアティブ（略称GLI）は2003年10月に東京で成立した非営利組織であるが，理事はほとんど英国人であるため，イギリスでチャリティー法人に登記している．コアメンバーは，英国，日本，中国に拠点を置く国際的なバックグランドと非営利セクターでの活動経験をもつ有志によ

---

[26] 中村陽一・藤井敦史ほか，2006，『イギリスとイタリアにおける社会的企業の展開とその社会的／制度的背景に関する調査報告』（平成15年度から17年度文部科学省科学研究費補助金による調査報告書），22ページより．

って構成されている．2006年4月に上海事務所が開設され，中国での事業が大きな柱の1つとなった．様々な社会的課題に取り組む社会的起業家と社会的企業を，国境を越えてつなぎ，さらなる創造的な事業が生み出されることを目指している．現在，イギリス・中国・日本を中心に，50数ヵ国，800人以上のメンバーが構成するネットワークをもち，交流プログラムのほか，日中英の3言語WEBサイトを通して，市民社会，特に社会起業に関連する情報発信に力を入れている．

GLIの組織目標として，以下の4点が挙げられている．
1. 共通の社会的課題に取り組む人たちの連携を図り，共同プロジェクトの立ち上げをサポートする．これにあたり，ITを情報と経験を交流する有効的な手段として最大限に活用する．
2. 市民ならびNPO・CSOが社会変革に積極的に参加する機運を高める．
3. ソーシャル・インクルージョンの課題に取り組む効果的かつ柔軟的な手法を追求する．
4. 企業の公益活動ならびコミュニティとの連携を促進し，NPOとのパートナーシップの構築を支援する．

GLIの主なプログラムは以下の3つである．
1. NPO・NGOのキャパシティ・ビルティングを支援するために，日中英3言語のウェブサイトを運営し，NPOや社会起業に関する最新情報を提供し，様々な社会的課題に取り組む人々からなるネットワークを構築する．
2. 「企業パートナー&サポーター」システムを設立し，企業への提言やプロジェクト運営などを通して，企業の公益活動およびNPOとの連携を支援する．
3. 従来の政府と企業の枠組みの中では対応し得なかった，社会福祉をテーマとする草の根の交流プロジェクトや共同調査などの企画・支援・実行．

中国とイギリスの国情は大いに異なるが，資金問題で持続性や独立性を失う恐れに直面する中国の草の根組織にとって，社会的起業の革新的な取り組みは間違いなく参考になるとGLIは判断し，2004年から中国で社会的起業に関する

第11章 草の根NGOと企業

宣伝活動を始めた.

2004年11月, GLIは駐上海英国総領事館の助成を受け, 北京と上海で, 中英社会的起業家・NPO交流プログラムを実施した. GLIに招かれたイギリスの代表的な社会的起業家, KaleidoscopeのMartin Blakebrough, マンチェスター起業支援センターのAdrian Carridice-Davids, およびRuralNet U.K.のJane Berryが構成する訪問団は, 上海と北京の7つの草の根NGOを訪れ, それぞれの活動現場でスタッフやサービス対象との交流を深めた. こちらの団体の活動分野は, 農村女性の職業訓練, 外来労働者に対する生活支援, 児童教育, 社会的弱者への法律援助, コミュニティ構築などである.

訪問最終日の中英社会的起業家・NGO懇談会では, まず, イギリスの専門家たちがそれぞれの起業経験を中国の参加者と共有し, イギリスの民間非営利セクターおよび社会的起業家の現状を紹介した. 次に, 「中国における社会起業の可能性」をめぐって, 中英参加者の間で意見交換が行なわれた. イギリスの取り組みをどこまで参考できるかは一言で言い切れないが, 「資源の多様化」や「ビジネスの手法」, また「ネットワークづくりと情報・資源の共有」などの社会的企業の経験は, 中国の草の根NGOにとっても重要であることについて, 来場者の意見が一致した.

2004年に行なった中英交流プログラムの成功を受けて, GLIはさらなる啓蒙活動を計画した. 2005年11月に, GLIは2004年のプログラムにも参加した中国の草の根NGOリーダーと記者など6名の参加者をイギリスに引率し, Bromley by Bow, コミュニティ・アクション・ネットワーク (CAN), Kaleidoscopeなど, 社会的起業家が運営している地域再生プロジェクトを訪れ, 彼らのノウハウや, 地域と人々の再生に関する経験を分かち合った.

実際の視察を通して, 中国側の参加者は, 社会的起業をより深く理解し, イギリス社会的起業家との共同プロジェクトを進めるなど, より深い交流と連携を希望した. 同行した『21世紀商業評論』の記者は, 訪問活動を38ページにわたって報道し, 予想よりも大きな社会的反響を呼んだ. 帰国後, GLIは上海YMCAと合同セミナーを開き, 草の根NGOや研究者にイギリス訪問の感想を報告し, 社会的企業の役割について議論を重ねた.

以上のような交流活動の成果として, 2007年3月に「寧波市海曙区就職マネ

ジャー能力研修プロジェクト」という中英共同プロジェクトが中国の地方政府，ブリティッシュ・カウンシル，「社区参与行動」の共催によって行なわれた．2005年の中英交流プログラムに参加した社区参与行動の代表宋慶華と英国の社会企業Track 2000の責任者Tony Crockerがメインスピーカーを務めた．この研修プロジェクトの主旨は，質の高い就職マネジャーを養成し，失業者のレベルアップと就職援助を行なうことである．英国社会企業の経験に関する講義を聴き，グループディスカッション，ロールプレイングなど一連の課程を終えた39名の就職マネジャーは，修了証書を取得した．GLI事務局長の李凡もこのプロジェクトの調整，コンサルタントおよび評価過程に参与した．NPO・政府・社会企業の連携によるこのプロジェクトは，新しく生まれた事業形式ともいえよう．

2006年夏，GLIはイギリスの社会的企業に大きな影響を与えたブックレット*The Rise of the Social Entrepreneurs*[27]を中国語に翻訳し，その後，ブリティッシュ・カウンシルの協力のもとで発行し，同年10月に北京で開催した「ソーシャル・イノベーション＆革新型国家の建設」と題する国際大会で大会資料として参加者に配られた．翻訳と編集作業は，GLIボランティアチームを中心に，約5ヵ月間の作業を経て完成した．より多くの人に読んでもらうために，現在，中国語版（PDF）はGLIのサイトで無料ダウンロードの設定をされている．

2006年から，社会的企業への研究と実践をさらに推進していくために，GLIは，北京社会科学院副院長の馬仲良教授[28]の提案に応じて，共同ワーキンググループ（以下WG）を立ち上げた．WGの発起団体はGLIのほか，北京社会科学院と社区参与行動がある．参加する団体・機構は，北京市朝陽，宣武，東城，西城の4つの区の5つの社区（コミュニティ）の行政担当者，民政局代表，業界団体代表，学者など約20名である．8月に設立されたこのWGは，2007年3

---

27) The Rise of the Social Entrepreneursの原作は，イノベーションに関するオピニオンリーダー，Charles Leadbeaterの執筆による．英国シンクタンクDEMOSによって出版された．英国での5人の社会的起業家の事例を中心に，英国での社会的企業誕生の歴史背景，政府政策，社会的企業と非営利セクターの関係，社会的起業家の役割と将来性について，コンパクトに論説した著書である．
28) 馬教授は「ソーシャル・エコノミー」を提唱する著名な学者．北京市政府が立ち上げた「北京市コミュニティ・リフォーム研究チーム」のリーダー役も務めている．

月までに合計4回の会合を行なった．3回目は，イギリスから招聘された社会的起業家に加え，西城区民政局，中国ソーシャル・ワーカー協会，寧波海曙区代表，メディアの記者，コミュニティの住民など，計50数人が会議に参加した[29]．4回目には，日本の社会起業支援組織ETICも参加し，日本における社会的企業の現状と経験を参加者と共有した[30]．2007年にWGはさらに海外学習ツアーを行ない，報告書と提言書をまとめ，北京のコミュニティでパイロットプロジェクトを発足させた．

　2006年11月，GLIは日本の社会起業支援団体ETICと日中社会的起業家交流プログラムを計画し始めた．近隣同士の日本と中国は，コミュニティづくりや弱者支援などの分野で，同じような社会問題を直面している．それらの課題に取り組む人々に連携する機会を提供するために，GLIは自らのネットワークを利用し，日中交流にプラットホームを提供しようとしている．2007年1月，GLIのコーディネーターのもとで，ETICのメンバーが北京を訪れ，社会起業関連のセミナーに参加し，中国の社会的企業を訪問した．これは，日中社会的起業家の最初の接触でもある．その後5月と9月にETICはそれぞれ上海と北京を再度訪問し，12月には，中国の社会的起業家および支援組織一行の来日をコーディネートした．

　むろん，中国で社会的企業の理念と実践を推進しようとしている組織はGLIだけではない．実際すでに社会的企業といえるような組織も少なくない．

　第5章で挙げた富平学校もその1つである．ほかにも老人ホームを経営する天津鶴童高齢者福祉協会，観光ガイドと工芸品制作で知的障害者の施設を運営し，障害者に給料も支給する北京慧霊知的障害者コミュニティサービス機構，農民工を対象に職業訓練学校を主催するアモイ五斉人文職業訓練学校などの例が挙げられる．しかし，GLIの取り組みによってこれらの組織（の一部）が社会的起業家と社会的企業の概念を理解することができ，それまでバラバラに行なわれてきた個別の事業が，共通した大きな枠組みで捉え直されることが可能となった．それは，新たなネットワークの誕生を意味する．

---

29) 詳細はhttp://www.gliorg.net/standard.asp?id＝2245．2007年1月11日参照．
30) 詳細はhttp://www.gliorg.net/standard.asp?id＝2522．2007年1月11日参照．

中国の草の根NGOは，様々な制約の中で常に存続の困難に直面している．それだけ今後よりいっそう，資源を豊富にもつ企業もしくは企業的な手法に対しては，熱い視線を注いでいくであろう．

参考文献

日本語の論文と書籍

中村陽一・藤井敦史ほか，2006，『イギリスとイタリアにおける社会的企業の展開とその社会的／制度的背景に関する調査報告』（平成15年度から17年度文部科学省科学研究費補助金による調査報告書）．

パートナーシップ・サポートセンター／岸田眞代編著，2005，『NPOからみたCSR－協働へのチャレンジケーススタディⅡ』同文舘出版．

横山恵子，2003，『企業の社会戦略とNPO－社会的価値創造に向けての協働型パートナーシップ』白桃書房．

あとがき

本書は，中国における市民社会の可能性を模索するという目的で，特に「下から上への」自発的な草の根NGOに注目し，3部構成で考察を進めてきた．

第1部では，なぜ草の根NGOを対象にするのかを説明するために，中国における非政府・非企業の「第3部門」の現状と特徴を示し，草の根NGOこそが市民社会を支える底流となり得ることを強調した．さらに市民社会の理論に依拠して中国社会の第3部門を理解するには，組織の規模や数ではなく，「公共への関心と行動」「自発的組織化」「組織の自治」の3点を「市民社会」の論理と見なし，この3点を可能にしていく動的なダイナミズムに目を向けなければならないと主張した．市民社会を動的なプロセスとして，社会における様々な面でのバランスを追求していく動き・力として捉えるのが，本書の基本的な視点である．

このような視点に基づき，第2部ではそれぞれ人的資源の角度から公共知識分子の役割（第4章），物的資源の角度から資金源の模索（第5章），社会的資源の角度からメディア（第6章）と社会的ネットワーク（第7章）および活動空間（第8章）に関する考察を行なった．この3つの資源は，草の根NGOが市民社会の論理を実践していくうえで不可欠である．第2部での考察を通して，われわれは具体的に市民社会の論理を支える諸要素を以下のように見いだすことができた．1）公共知識分子による提唱とその生活様式の影響力，2）海外組織からの資金獲得およびビジネス的手法の導入，3）マス・メディアを味方に付ける戦略と自らがメディアを創造していく戦略，4）個人的な人的ネットワークを駆使した資源獲得と，公共的な社会関係資本の創出に向けた戦略，5）政府の社区政策と市場における不動産開発の好機を活かした活動空間と地域的基盤の獲得，である．

第3部は，草の根NGOをめぐる環境的要素として海外NGOとの関係性（第9章），政府との関係（第10章），そして企業との関係（第11章）の3つを取り上げた．海外NGOが中国本土で活動を展開していくには，本土の草の根NGOとの連携が肝要となるため，海外NGOは今後も本土のNGOに資源とエネルギ

ーを投入していくと思われる．これは本土のNGOの発展にとっては促進要因となるであろう．政府との関係は単純に結論づけることはできないが，「調和の取れた社会」が政府目標として掲げられている現在，草の根NGOを含めた民間組織に対して，政府は基本的に規制緩和の路線を打ち出していることがわかる．これは間違いなく草の根NGOにとっては以前に比べるとオープンな政治的機会をもたらす．しかし同時に，自らの活動の創造性と専門性，活動スタイルの公開制と透明性，問題解決における実効性などを，草の根NGOがより力強く追求していかなければならないことを意味する．草の根NGOが市民社会を創出していく醍醐味は，まさに自ら生存空間を切り拓いていくプロセスにある．企業との関係に関しては，中国における企業CSRの展開と企業による基金会設立の動きが，草の根NGOに新たな資源と発展の機会をもたらすこと，そして社会的起業家や社会的企業の考え方の導入によって，草の根NGO自身が自らの存続を求めていく道がさらに増えたことを示唆した．

では，今後，中国における草の根NGOはどのように展開していくのであろうか．市民社会を支える確固たる力となるためには，どのような課題が立ちはだかっていると考えられているのか，最後に見ていこう．

朱健剛は草の根NGOにとっての困難として，「法的身分が保障されない」「人材の欠乏」「資金的困難」「信頼性の問題」「知識と能力の不足」を列挙している．これらの問題点は，ほかの研究者によってもしばしば言及されている．朱は2つのケーススタディを通して，上記の課題への対策を論じている[1]．

まず法的身分の問題については，草の根NGOは自らの努力によって，法的身分の欠如によって生じる不利益を乗り越えることができると朱は強調する．それは例えば自らの信念を貫くことによってボランティアを集め，一致団結して低コストで効果的な活動を行なうことが挙げられている．本書の中でも「形式的合法性」と「実質的合法性」に分けて捉える議論をしており，形式的に法人格を所有しなくても，何らかの形で「公的に活動を行なうことを認めてもらう」ことが可能であると示している．清華大学の王名教授は2007年12月に大阪

1）朱健剛「草根NGO与中国公民社会的成長（草の根NGOと中国市民社会の成長）」（http://www.usc.cuhk.edu.hk/wk.asp）2008年1月11日参照．

で開催されたNPOメッセに参加するため来日する際に，編者とこの問題について議論したことがある．王名教授は，法律の不備は必ずしもすべて草の根NGOにとってマイナスとは限らないと述べ，法律が事細かく整備されることによって，逆に活動できなくなってしまう草の根NGOも出てくるだろうと説明している．

むろん，「管理する，規制する」という視点に基づいて法律が整備された場合，王名教授が憂慮している事態が生じることは容易に想像できる．しかし，法律は秩序を作り上げるための規制・ルールであると同時に，その社会に生きる人々の権利を保障するためのツール・証明でもある．日本では，1998年に成立した特定非営利活動促進法によって，非営利・非政府の領域が画期的に活気づき，1つのセクターといえるほどの規模と力をもつようになった．そこで重要となったのが，行政による「許可」ではなく，届け出に対して手続き的な審査のみで「認証」するという制度である．中国の場合も，立法に関する攻防は，間違いなく草の根NGOの前途を左右する最も重要な課題に違いはない．

第2の「人材」の課題について，朱は専門性をもったボランティアの力に注目している．特に企業的なノウハウと専門性をもったボランティアの重要性が強調されている．確かに中国の草の根NGOは，知識レベルの高いボランティア，大学生ボランティアの活用においては，日本のNPOよりも優れているという印象がある．公益事業そのものに興味のある大学生が多いだけではなく，NGOでの仕事の経験を通して，将来のキャリアアップをねらう若者も多い．しかし，大学生や若者のボランティアもしくはスタッフの流動性がきわめて高く，同じ組織に長期間落ち着くことは考えにくい．その理由は単一ではないが，草の根NGOで仕事をすることは，多くの場合若者にとって，ライフワークではなく，青春の1ページもしくはキャリアアップの一環として考えられていることが挙げられる．本書で強調している公共知識分子の役割，特に社会中間層における公共知識分子の影響は，まさにこのような「若者頼み」の人材戦略に対して，1つの確固たる社会支持層を築いていくための方向性を示唆したものである．

第3に資金の問題については，朱は「お金を集めることよりもゼロコストを目指す」「お金がなくてもやれることがある」という草の根NGOの取り組みを

指摘している．しかし，逆にゼロコストでできることは限られているともいえよう．本書は正面から資金集めの重要性を主張し，多様な資金源の確保の方策を追求してきた．創業者の寄付もしくは海外からの資金援助に頼るような現状から脱却するための条件，可能性として，本書では非公募型基金会への期待や，社会的企業の考え方と方法の導入について述べている．

　第4に信頼性の問題について，社会一般の信頼だけではなく，組織内部のスタッフやボランティアからの信頼も問題になると朱は特に強調している．草の根NGOの場合，金銭的・権力的な資源はそもそも少ないため，汚職・不正の確率が低く，したがって内部の権力闘争や資源の争奪は生じにくいと朱は指摘している．同時に朱は社区に根ざした活動の重要性を強調し，草の根NGOと住民の間の信頼関係はボランティア活動を媒体にすれば構築しやすいと主張する．信頼性や社区との関係に関しては本書でも議論しており，社会一般からの信頼については，本書はむしろメディア戦略に注目している．社区については，単に草の根NGOが活動する空間としてではなく，NGOが誕生する土壌としての可能性にも注目している．人的資源の部分では，本書は社会的支持層の獲得の重要性を強調していたと同様に，社会的資源の問題として信頼性や社区を考える場合，本書は特にメディア戦略によって獲得される道義的な支持と，地域的な母体，支持基盤としての社区を強調している．

　最後の「知識と能力の不足」の問題について，朱は「実践しながら学ぶ」ことを唱える．北京などの中心地で研修を受けても，地域の特性や活動分野の特性によって，実戦ではさほど役立たないことを草の根NGOは経験から学んでいる．したがって，彼らは自らの実践を通して，絶えず反省しながら知識と経験を蓄積させていくしかないと，朱は述べている．特に中国の草の根NGOは，社会調査の手法を駆使して，自らが活動を展開する地域と分野に関する調査を実施したうえで，プランを立てることが多い．専門的な知識とその地方・地域の独自性をミックスさせたプランは，地方政府に受け入れられやすいと朱は指摘する．本書では草の根NGOの知識レベルと能力の向上について集中した議論は行なっていない．中国国内では，第1世代の草の根NGOもしくは中間支援的NGOによる能力建設（キャパシティ・ビルディング）講座が，草の根NGOを対象に頻繁に主催されている．だが，朱が述べているように，これらの講座

は飛躍的に草の根NGOの能力向上をもたらすとは考えにくい．中国の草の根NGOには，大学生や知識分子がたくさん参加していること，草の根NGOのリーダーが本の出版やDVDの制作などを通して，活動の記録に熱心であること[2]など，NGOの知識レベルと能力の向上を促進する要素を，ケーススタディを通して見いだすことはできる．知識と能力の向上は，「教える」「育てる」という視点だけでは不十分であり，むしろNGO自身の活動スタイルに含まれた行動様式や組織文化に注目しなければならない．本書を編集する段階においては，この部分の研究は未熟であったため，本書では独立した章として構成に加えることができなかった．今後の課題としていきたい．

朱は論文の最後で，草の根NGOの重要性は何よりも，「市民性を育てる」ことにあると強調している．それはすなわち，市民による「参加」の意識を促進することができるという意味においてである．本書が市民社会の論理の1つとして挙げた「公共への関心と行動」に向けた実践と，相通ずる議論だといえよう．

劉偉は論文「中国第3部門の発展が直面する困難」において，次のように述べている[3]．

　健全な現代社会には，効果的な活動ができる社会中間層が不可欠である．これには当然第3部門が含まれる．2003年に発生したSARSの危機はまさに，自発的な第3部門の欠如によってもたらされた弊害を示している．非常事態が発生したときに，政府には対応していく能力がなく，民間の社団は関わろうと思っても，関われるような環境と条件がそなわっていなかった．そのために，大きな犠牲が生じた．中国の第3部門の発展に伴う困難は，様々な要因によって引き起こされているが，何よりも重要なのは，この領域における国家権力の配置と行使の不適切さが指摘されよう．

---

2) 例えば，出稼ぎ者を支援する「小小鳥（Little Bird）」のリーダーは，自らの活動を1冊の本にまとめており，北京慧霊智知的障害者コミュニティサービス機構は，大型のイベントの記録をDVDに残している．これらの方法を活かしていけば，草の根NGOの中における知の蓄積が可能となる．また，多くの公共知識人が草の根NGOの理事として活動に関わっており，彼らの力を借りて，客観的に，専門的に組織の知的体系を整えていくことも可能だと考えられる．
3) 劉偉「当前中国第三領域発展面臨的難題（目下中国の第3領域が直面している難題）」（http://www.usc.cuhk.edu.hk/wk.asp）2008年1月11日参照．

政府と社会との分離がある程度進行しているとはいえ，社会の分野は依然として「官主導」から逃れられていない．特に自発的組織化に対する政府の姿勢は，過去の歴史的経緯もあり，依然として前向きとはいえない．成立した組織に対する姿勢も，「管理／監督」の範疇から出ていない．「自発的組織は第3部門の中でも資源的に恵まれないだけではなく，発言権と合法性の面でも劣勢だといわざるを得ない」と劉は指摘し，社会において声を上げられるのは，環境保護，教育，障害者の分野で名前が知られているいくつかの草の根NGOにすぎないと述べている．「政治秩序（安定）ばかり強調した発言は，理性的な思索であるというよりも，中国にとって緊急で避けられない問題からの逃避と隠蔽にほかならない」と，劉はこのように論文を結び，草の根NGOの声の重要性を強調している．

　草の根NGOが中国の市民社会を支える底流となるかどうか．問題を隠蔽するのではなく，問題を社会と政府に提示し，解決と改善のための独自の取り組みを行ない，さらに公共への市民の参加と意識を促進していくという社会的な使命を，草の根NGOは果たしていくことができるのかどうか．草の根NGOを内部から支える諸要素と，外部組織，他セクターとの関係に関する本書の議論が，草の根NGOの発展に数々の示唆を与えることができると確信している．

　何よりも，本書が日本のNGO／NPO関係者，研究者，企業のCSR関係者，そして中国社会に興味のあるすべての人々に，中国における市民社会を考えるための手がかりを与えることができれば，編者としてこれ以上の喜びはない．

参考文献

中国語の論文と書籍

劉偉「当前中国第三領域発展面臨的難題（目下中国の第3領域が直面している難題）」（http://www.usc.cuhk.edu.hk/wk.asp）

朱健剛「草根NGO与中国公民社会的成長（草の根NGOと中国市民社会の成長）」（http://www.usc.cuhk.edu.hk/wk.asp）

組織名索引

● あ行

青を守る志願者(ボランティア)の会　4
アジアキリスト高等教育連合会　85
アジア発展銀行　88
アメリカ赤十字　90
アモイ五斉人文職業訓練学校　217
アラゼンSEE生態協会　7
イェール大学中国連合会　85
英国国際開発庁　87
英国児童救助の会　30
HZP　121
XM研究所　121
NGO発展交流ネット　6
NPI (Non-profit Incubator)　209
NPO情報諮問センター　6, 73
NPP (Non-profit Partners Foundation)　209
ENVIROASIA　170
オーストラリア・エイド　87

● か行

海南農民工の家　107
カナダ国際開発署　87
官弁NGO　119
環境と発展研究所　7, 93
グリーンピース・チャイナ　167
グローバル環境研究所　7
グローバル・リンクス・イニシアティブ　92, 213-218
恵澤人　13, 90, 107, 189
香江社教救助基金会　5, 210
広州文化娯楽業協会　198
紅丹丹　107
工友之家　5
国際交流基金　88

国家環境保護局　104, 119

● さ行

自然の友　4, 9, 16, 73, 112, 119, 163, 186
社会科学界聯合会　195
社区参与行動　7, 13, 139, 142, 144, 189
上海熱愛家園青年社区志願者協会　73
首都女性記者協会　107
人民大学政府管理と改革研究センター　38
清華大学NGO研究所　38, 74
セーブ・ザ・チルドレン　85
世界銀行　88
全国婦女連合会　116

● た行

地球村　9, 73, 105, 163, 186
中国エイズ分野民間組織全国連合会　7
中国(海南)改革発展研究院　70
中国河川ネット　7
中国環境文化促進会　188
中国協市民委員会　202
中国草の根組織学習ネット　6
中国国際民間組織合作促進会　7, 12
中国慈善総会　191
中国社会科学院持続可能な発展研究センター　38
中国社会工作協会社会公益工作協会　190
中国日本商会　207
中国発展簡報　88, 159
中国文化書院　115
中国法政大学環境法律援助センター　115
駐馬店上蔡県文楼村赤いリボン協会　5
青島サンシャイン同志プロジェクト　5
出稼ぎ者青年芸術団　4
天津鶴童高齢者福祉協会　217

●な行
南都公益基金会　211
ニュージーランド中国友好協会　85
農家女文化発展センター　13, 73, 112
農村女実用技術訓練センター　82

●は行
番禺出稼ぎ者サービスクラブ　8, 107
東アジア環境協力システム　170
東アジア環境情報発伝所　170
フォード財団　163
富平学校　92
プリストン・イン・アジア　84
米中関係全国委員会　85
北京愛源情報相談センター　5
北京愛知行研究所　7
北京瀚亜文化発展センター　13
北京協作者文化伝播センター　13, 188
北京洪範東方コンサルタントサービスセンター　193
北京市太陽村特殊児童救助研究センター　5, 83
北京市西部陽光農村発展基金会　101

北京慧霊知的障害者コミュニティサービス機構　5, 217
北京星星雨教育研究所　5
北京大学婦女法律援助センター　115
北京大学ボランティアサービスと社会福祉研究センター　38
北京地球村　4
北京天下渓教育諮問センター　7, 107
北京天則経済研究所　71, 112, 192
北京紅楓女性心理諮尋センター　13, 73, 116, 117
北京豊台知的障害者リハビリセンター　5
香港赤十字　85

●ま行
緑の島　7

●ら行
緑映公益事業発展センター　73
緑色江河　119
緑家園　4, 17, 103, 104, 112, 186
廬山市民会館　139
ロックフェラー財団　85

用語索引

●あ行

アカウンタビリティ　101
アソシエーション　40
新しい公共領域　122
アドボカシー　103, 186
インキュベーター　190
上からの民間組織　53
エンパワーメント　74
大きな社会小さな政府　181
オーストラリアBanksia環境賞　18
公　124
オレンジ革命　86

●か行

海外組織　84, 87
外国商会管理暫行規定　91
外資系企業のCSR　206
外的形成過程　53
科学技術知識分子　65, 67
カラー革命　193
カリスマ的支配　9
関係論的／環境論的考察　37
官弁NGO　10, 12
企業市民　201
　──元年　202
　──コンテスト　202
基金会　11
　──管理条例　5, 90, 160
記者サロン　103
規制緩和　183
規範的概念　38
希望工程（希望プロジェクト）　181
共感　127, 130
業主委員会　152
行政型社区　149

行政編制　180
共媒　129
許可主義　183
草の根の声　7, 109
草の根NGO　10, 13
　──間の国際協力　172
　──の資金源　81
　──のメディア戦略　100
形式的合法性　114
契約型社区　149
結社　22
公益時報　128, 129
公共世界への関心と行動との結びつき　54
公共知識分子　68, 69
「公-私」関係　124
合法性　113, 114
合法的社団　30
コーポラティズム　46, 194
国際NGO　159, 161
虎跳峡ダム　8

●さ行

差序格局　125
三元論　42, 43
士　64
CSR　89, 201, 203, 205
CCTV中国著名人物ランキング　16
資金支援　163
下からの民間組織　53
実質合法性　114
実践的概念　38
私的な社会関係資本　112
自発的　40
　──組織化　55, 72
市民社会　37

──の研究　38
──の定義　39
──の論理　53
市民の論理　55
社会化　136, 137
社会関係資本　122
社会関係網　111-122, 131
社会団体（社団）　11, 12, 25, 28, 44
　──登記管理条例　113
　──登記暫定方法　25
社会中介組織　11
社会的起業　92
　──家　92, 212
社会的企業　212, 213
社会的信用度　101
社区　133
　──ガバナンス　146
　──居民委員会　135, 138
　──建設　135
　──自組織　141
　──自治　142
　──に入る社団　140
　──服務　134, 182
　──服務センター　139
社交圏　112
社団の独立性　45
社団の分類　29
主管単位　3, 114, 195
小区　149
焦点訪談　104
新華文摘　15
シンクタンク　192
新公民学校　211
人文知識分子　65, 67
人脈　112, 115
人民公社　25
生活者　149-151, 154
政社分離　182
制度的マネジメント　9
全体社会　25

専門知識分子　68
組織の自治　55
組織論的考察　37
ソフィー賞　18, 90

●た行
第3者意見　205
第三部門　42
対中援助　84
第4回世界女性フォーラム　17
第4の権力　95
WTO経済導刊　203
単位　115, 137
　──制　25
知識分子　63, 64
地の利　144, 145
中華環境保護基金会　184
中華人民共和国都市居民委員会組織法　138
中間層　77
中国企業の社会責任構築北京宣言　209
中国新聞週刊　15
中国人民政治協商会議　180
中国青年報　108
中国婦女報　107
電子廃棄物　167-174
天理　126
同意性　113
動的プロセス　47
怒江工事　104
都市居民委員会組織条例　138

●な行
内的生成過程　53
南風の窓　14
南方週末　15, 108
二元論　40, 43
21世紀経済報道　15, 202
21世紀商業評論　202
二重管理　3
日本企業のCSR　208

人間関係資源　112
人間関係資本　131
人間関係優先主義　124
人情　125, 127, 130
認証性　113
ネットワーク資源　165, 173
農家女百事通　82, 89
農民工　18

●は行
半官半民のNGO　10, 12
非合法的な社団　30
非公募型基金会　5, 93
非公募型民間基金会　210
人の和　144, 145
氷点　108
ファンドレイジング　81
ブランド力　101
法定NGO　10
本土化　174
本土組織　166

●ま行
マイクロクレジット　92

民間　109
――シンクタンク　70
――組織　10, 21, 24
――組織の改造　24
――組織の台頭　26, 27
――非営利組織制度　178
民主建設　52
民政部　4, 133
民弁非企業単位　11, 13, 182
メディアとNGO　98
面子　125, 127, 128

●や行
楊柳湖工事　103
横のネットワーク式動員　116
世論　103

●ら・わ行
楽活族　78
理念とノウハウの伝授　165, 173
良心　127
和諧社会　74, 75

編著者紹介

＊：編者

李妍焱＊（Li Yan-yan）
駒澤大学文学部社会学科准教授．1971年生まれ．1993年，吉林大学外国語学部日本語学科卒業．1994年来日．2000年3月，東北大学大学院文学研究科人間科学専攻博士課程修了，博士（文学）．2002年4月から駒澤大学に就任．著書『ボランタリー活動の成立と展開』（ミネルヴァ書房，2002年），共著『中国のNPO』（第一書林，2002年），共編著『NPOの電子ネットワーク戦略』（東京大学出版会，2004年）など．

徐宇珊（Xu Yu-shan）
中国清華大学公共管理学院NGO研究所博士課程在籍．1980年生まれ．

劉培峰（Liu Pei-feng）
北京師範大学法学院副教授．1968年生まれ．中国西北政法学院法学学士，陝西師範大学政治経済学院哲学修士号取得後，中国社会科学院博士課程に進学し，2000年9月，法学博士号取得．著書『結社自由及其限制（結社の自由とその制限）』（社会科学文献出版社，2007年）など．

趙秀梅（Zhao Xiu-mei）
法政大学中国基層政治研究所研究員．1969年生まれ．1999年来日．2003年東京工業大学学術博士号取得．2004年から2006年，日本学術振興会外国人特別研究員．

朱惠雯（Zhu Hui-wen）
国際基督教大学行政学博士後期課程在籍．1973年生まれ．上海東華大学卒業後，中欧国際工商学院でアシスタント・マネージャーを務め，2001年来日．国際基督教大学行政学修士号取得．

李凡（Li Fan）
グローバル・リンクス・イニシアティブ（GLI）事務局長．1973年生まれ．1994年，蘇州大学文学部卒業．2001年，早稲田大学大学院アジア太平洋研究科にて国際関係修士号取得．日本NPOセンタースタッフを経て，2003年10月にGLIを創立．

王慶泓（Wang Qing-hong）
ハワイ大学政治学研究科博士課程（PhD Candidate of the Department of Political Science, University of Hawaii at Manoa）在籍．太平洋論壇助手（Adjunct Fellow of the Pacific Forum CSIS）．1976年生まれ．政治学修士．

孫春苗（Sun Chun-miao）
中国清華大学公共管理学院NGO研究所博士課程在籍．1981年生まれ．

```
　　　　　版権所有
　　　　　検印省略
```

台頭する中国の草の根NGO
―市民社会への道を探る―

2008年2月29日　初版1刷発行

李妍焱　編著

発行者　片岡　一成
印刷・製本　株式会社シナノ

発行所／株式会社 恒星社厚生閣
〒160-0008　東京都新宿区三栄町8
TEL：03(3359)7371／FAX：03(3359)7375
http://www.kouseisha.com/

(定価はカバーに表示)

ISBN978-4-7699-1073-2　C3036